PPP项目私人投资决策与政府补偿对策

PPP Project Private Investment Decision-making and Government Compensation Strategies

吴孝灵 著

南京大学出版社

图书在版编目(CIP)数据

PPP 项目私人投资决策与政府补偿对策 / 吴孝灵著. — 南京：南京大学出版社，2018.6
ISBN 978-7-305-20174-5

Ⅰ. ①P… Ⅱ. ①吴… Ⅲ. ①政府投资－合作－社会资本－研究－中国 Ⅳ. ①F832.48②F124.7

中国版本图书馆 CIP 数据核字(2018)第 090582 号

出版发行	南京大学出版社
社　　址	南京市汉口路 22 号　　邮　编　210093
出 版 人	金鑫荣
书　　名	**PPP 项目私人投资决策与政府补偿对策**
著　　者	吴孝灵
责任编辑	丁　群　苗庆松　　编辑热线　025 - 83596923
照　　排	南京南琳图文制作有限公司
印　　刷	南京大众新科技印刷有限公司
开　　本	880×1230　1/32　印张 10.875　字数 225 千
版　　次	2018 年 6 月第 1 版　2018 年 6 月第 1 次印刷
ISBN	978-7-305-20174-5
定　　价	44.80 元

网址：http://www.njupco.com
官方微博：http://weibo.com/njupco
官方微信号：njupress
销售咨询热线：(025) 83594756

* 版权所有，侵权必究

* 凡购买南大版图书，如有印装质量问题，请与所购
　图书销售部门联系调换

本著作的出版得到了

中国博士后科学基金面上项目《兼顾效率与公平的PPP项目政府补偿机制研究》(项目编号：2012M521053)

国家自然科学基金面上项目《互联网环境下考虑内生信息的邻避集群行为演化机理研究》(项目编号：71571099)

国家自然科学基金面上项目《基于公众认知视角的邻避项目环境风险评估与治理研究》(项目编号：71671080)

国家自然科学基金青年项目《基于情景风险分析的PPP项目政府与社会资本合作机制研究》(项目编号：71701090)

资助

内容提要

本书针对 PPP（Public-Private-Partnership）项目的收益风险性，提出政府补偿的不完全契约问题，并将私人投资者在风险环境下的不完全理性行为纳入契约结构研究中。本研究主要运用行为决策理论和博弈建模的方法研究私人投资者对 PPP 项目的决策机制和政府相应的补偿对策，以寻求政府补偿契约最优设计的有效方案。研究结果不仅有助于 PPP 模式在我国公共基础设施领域的推广使用，也为 PPP 项目的实施提供理论上的参考和借鉴。

本书既可作为工程管理、系统工程、金融工程、管理工程等学科专业的研究生参考用书，也可为政府相关职能部门、企事业单位投资部门、私营投资部门、金融投资机构，以及从事工程项目管理的专业技术人员提供参考。

序　言

为打造大众创业、万众创新和增加公共产品、公共服务的"双引擎",国务院、财政部等部门近来连续发文表示,在基础设施及公共服务领域大力推广运用政府与社会资本合作的 PPP(Public-Private-Partnership)模式,以鼓励社会资本通过特许经营等方式参与基础设施项目融资。PPP 模式泛指政府(公共部门)和社会资本(私人部门)的合作关系,具体是指政府通过特许权协议方式委托私人投资者负责对公共基础设施进行设计、建设和运营,并通过"使用者付费"和必要的"政府付费"给予私人合理投资回报,而政府则主要负责监管,以实现公共利益最大化。

PPP 模式由于能够较好地解决政府债务或资金短缺问题而被广泛应用,但由于生产的产品通常为纯公共品或准公共品,往往使得项目收益有较高的风险性。当项目的实际收益较低而致使私人利益受损时，私人部门很可能会终止该项目，从而损害了项目社会福利。所以，在PPP项目收益风险环境下，政府给予适当补偿是保证项目持续有效运行的关键。

PPP项目的政府补偿是事前很难确定的问题，事前补偿很可能由于过高或不足而导致项目社会福利或私人利益受损，这使PPP项目一般需要设计事后补偿机制。然而，只有事后补偿又会忽略了事前补偿对私人投资的激励性而导致补偿无效性。基于政府对PPP项目补偿的决策困境，我们有必要将事后补偿与事前补偿有机结合起来。对此，本文从政府的角度，通过引入项目运营收益的相对补偿指数而设计一种单期补偿契约，即考虑政府事前准予私人投资要求的特许收益，而事后根据PPP项目实际收益与特许收益的相对比较而给予私人一定程度的补偿。

PPP项目政府补偿契约如何进行最优设计，不仅要使项目的公共利益或社会效益最大化，还应保证私人投资者获得合理的期望收益。而私人投资者如何进行决策以实现其预期收益，我们有必要考虑PPP项目收益风险环境下私人投资者可能会存在哪些决策行为特征（如风险规避、过度自信、不公平厌恶、损失厌恶等），这将会有助于增强政府补偿的针对性。因此，本文将运用行为决策理论和博弈建模方法，构建包含私人投资者各种不完全理性行为特征的投资期望效用函数，从而在政府补偿契约框架下，通过公私行为博弈均衡分析来探讨私人投资PPP项目的决策机制与政

序 言

府相应的补偿对策。

本书主要依托中国博士后科学基金面上项目《兼顾效率与公平的PPP项目政府补偿机制研究》(项目编号:2012M521053)和国家自然科学基金面上项目《互联网环境下考虑内生信息的邻避集群行为演化机理研究》(项目编号:71571099),综合应用项目管理、运筹学、经济学、行为科学、博弈论、计算仿真等多学科的理论和方法,将个体不完全理性行为偏好引入公共设施项目投融资和建设的冲突协调管理,对PPP项目的政府补偿问题进行深入研究。

本书是基金项目的部分研究成果,在写作过程中得到了南京财经大学会计学院和南京大学工程管理学院的大力支持,在此对他们表示衷心的感谢!

此外,限于作者的学术水平,文中难免会有谬误和不妥之处,尚祈专家、读者不吝批评、指正。

吴孝灵

2017年5月

目 录

绪 论 ……………………………………………………… 1
一、问题提出及研究意义 ………………………………… 4
二、国内外研究现状评述及展望 ………………………… 6
　（一）PPP项目及其风险研究 ………………………… 7
　（二）PPP项目政府补偿研究 ………………………… 10
　（三）投资者不完全理性行为研究 …………………… 12
　（四）现有研究不足之处及发展趋势 ………………… 20
三、研究思路及内容安排 ………………………………… 21

第一章　完全理性决策和不完全理性决策 ……………… 27
一、决策：无处不在的现象 ……………………………… 30
二、决策的概念、要素及其分类 ………………………… 32

（一）决策的概念 ……………………………………… 32
　　　（二）决策的要素 ……………………………………… 33
　　　（三）决策的分类 ……………………………………… 37
　三、完全理性决策：期望效用理论的公理化假设 ………… 45
　四、不完全理性决策：期望效用理论的修正和改进 ……… 54
　五、行为决策：完全理性与不完全理性的统一 …………… 60
　六、本章小结 …………………………………………………… 65

第二章　基础设施项目融资的 PPP 模式概述 ……………… 67
　一、基础设施项目的含义与特征 …………………………… 70
　　　（一）项目与工程项目的概念及特征 ………………… 70
　　　（二）基础设施项目的概念及分类 …………………… 72
　二、项目融资的内涵与方式 ………………………………… 76
　　　（一）项目融资的定义及其特点 ……………………… 76
　　　（二）项目融资渠道及其筹措方式 …………………… 80
　三、PPP 模式的概念、特征与本质 ………………………… 82
　　　（一）PPP 模式的基本概念 …………………………… 82
　　　（二）PPP 模式的基本特征 …………………………… 86
　　　（三）PPP 模式的契约本质 …………………………… 92
　四、基础设施 PPP 项目融资的必要性及其存在的问题 … 94
　　　（一）基础设施 PPP 项目融资的必要性 …………… 94
　　　（二）基础设施 PPP 项目融资的现状和存在的问题
　　　　　 ………………………………………………………… 96

五、国家体育场PPP项目案例 …………………………… 99
　　六、本章小结 ……………………………………………… 101

第三章　PPP项目政府补偿的契约问题与模型构建 ……… 105
　　一、政府补偿的概念、特征和分类 ……………………… 107
　　　　（一）政府补偿的概念 ………………………………… 108
　　　　（二）政府补偿的特征 ………………………………… 109
　　　　（三）政府补偿的分类 ………………………………… 111
　　二、PPP项目政府补偿的必要性及主要方式 …………… 113
　　　　（一）PPP项目补偿的必要性 ………………………… 113
　　　　（二）PPP项目补偿的主要方式 ……………………… 114
　　三、PPP项目政府补偿的契约问题及模型表示 ………… 116
　　　　（一）PPP项目补偿的不完全契约问题 ……………… 117
　　　　（二）PPP项目补偿契约的模型表示 ………………… 117
　　四、PPP项目最优补偿契约设计的博弈模型构建 ……… 119
　　　　（一）私人投资者的单期利润函数 …………………… 119
　　　　（二）项目的单期社会效益函数 ……………………… 120
　　　　（三）PPP项目补偿契约的公私博弈模型 …………… 122
　　五、案例：北京地铁4号线PPP项目补偿机制 ………… 123
　　　　（一）项目概况 ………………………………………… 124
　　　　（二）实施过程 ………………………………………… 126
　　　　（三）补偿机制 ………………………………………… 129
　　六、本章小结 ……………………………………………… 131

第四章 基于私人完全理性的 PPP 项目补偿契约有效性 …… 132

一、PPP 项目私人投资者的完全理性假设 …… 136

二、私人完全理性下的 PPP 项目补偿契约最优设计 …… 137

    （一）集中决策方案分析 …… 138

    （二）分散决策方案分析 …… 140

三、PPP 项目补偿契约的有效性与政府对策 …… 146

四、数值分析 …… 149

五、本章小结 …… 154

第五章 基于私人风险偏好的 PPP 项目补偿契约设计 …… 157

一、风险偏好的概念及其类型 …… 160

    （一）风险偏好的概念 …… 160

    （二）风险偏好的类型 …… 161

二、PPP 项目私人投资者的风险偏好及效用表示 …… 162

    （一）PPP 项目私人投资的影响因素 …… 163

    （二）私人风险偏好的表现形式 …… 165

    （三）私人风险偏好的效用表示 …… 166

三、基于"均值-方差"模型的私人投资者风险偏好表示 …… 168

    （一）均值-方差模型的概述 …… 168

    （二）私人不同风险偏好的期望效用表示 …… 169

四、政府补偿契约下不同风险偏好的私人最优决策分析 …… 170

目录

　　（一）私人投资决策模型 …………………… 170
　　（二）模型求解与分析 ……………………… 172
五、政府补偿决策与最优补偿契约设计 …………… 174
　　（一）政府补偿情景建模 …………………… 175
　　（二）最优补偿契约设计 …………………… 176
六、基于私人风险偏好的PPP项目补偿契约应用 …… 179
　　（一）应用算例 ……………………………… 180
　　（二）数值分析 ……………………………… 180
　　（三）政府对策 ……………………………… 186
七、本章小结 ………………………………………… 186

第六章　基于私人过度自信的PPP项目补偿契约设计与选择
………………………………………………………… 189

一、过度自信理论概述 ……………………………… 192
　　（一）过度自信的基本概念 ………………… 192
　　（二）过度自信的影响因素 ………………… 195
　　（三）过度自信的定量描述 ………………… 196
二、PPP项目私人投资者的过度自信行为及模型描述
………………………………………………………… 201
　　（一）私人投资者过度自信的影响因素 …… 201
　　（二）私人投资者过度自信的模型描述 …… 202
三、PPP项目政府补偿下过度自信私人最优投资策略
………………………………………………………… 203

（一）私人投资决策模型 …………………… 204
　　（二）私人投资决策分析 …………………… 205
四、私人过度自信条件下PPP项目最优补偿契约 ……… 209
　　（一）私人过度自信可观察情形 …………………… 209
　　（二）私人过度自信不可观察情形 …………………… 214
五、私人过度自信影响PPP项目补偿的实例分析 ……… 217
　　（一）PPP项目实例 …………………… 218
　　（二）数值分析 …………………… 219
　　（三）对策启示 …………………… 225
六、本章小结 …………………… 225

第七章　基于私人公平偏好的PPP项目补偿契约有效性 … 229
一、公平偏好理论概述 …………………… 232
　　（一）收入分配公平偏好模型 …………………… 234
　　（二）互惠公平偏好模型 …………………… 237
二、PPP项目政府补偿的公平问题与模型构建 ……… 240
　　（一）私人投资者的公平偏好及效用表示 ……… 240
　　（二）PPP项目政府补偿问题的博弈模型构建 … 242
三、基于公私博弈分析的PPP项目补偿契约激励性 …… 243
　　（一）信息对称情形 …………………… 244
　　（二）信息不对称情形 …………………… 246
四、PPP项目政府最优补偿契约设计及其有效性 ……… 250
　　（一）最优补偿契约设计 …………………… 252

（二）最优补偿契约有效性 ············ 254
　　（三）政府有效补偿对策 ············ 257
　五、数值分析 ············ 267
　六、本章小结 ············ 267

第八章　政府补偿下基于私人损失规避的 PPP 项目投资分析 ············ 269
　一、损失规避的内涵及其特征 ············ 272
　二、PPP 项目私人损失规避的前景理论描述 ············ 274
　　（一）前景理论概述 ············ 274
　　（二）私人投资 PPP 项目的损失规避描述 ············ 278
　三、损失规避型私人投资 PPP 项目的决策模型 ············ 279
　　（一）模型构建与相关假设 ············ 279
　　（二）情景分析与模型求解 ············ 283
　四、私人损失规避对其投资决策的影响 ············ 289
　五、数值分析 ············ 291
　六、本章小结 ············ 292

第九章　PPP 项目政府补偿研究：结论与展望 ············ 295
　一、研究结论 ············ 297
　　（一）基于私人不同风险投资行为的 PPP 项目补偿对策 ············ 298
　　（二）基于私人过度投资行为的 PPP 项目补偿对策 ············ 299

（三）基于私人不公平厌恶行为的 PPP 项目补偿对策 ………………………………………………………… 299

（四）政府补偿下损失规避私人投资 PPP 项目的决策机制 ……………………………………………… 300

二、研究展望 …………………………………… 302

三、本章小结 …………………………………… 304

参考文献 …………………………………………… 306

后　记 …………………………………………… 324

图目录

图 0-1 研究内容、研究思路与结构安排 …………… 22
图 1-1 决策系统的概念模型 …………………………… 36
图 1-2 不同风险偏好的个体效用曲线 ………………… 49
图 1-3 奚恺元的冰淇凌实验 …………………………… 56
图 2-1 PPP 模式的组织结构图 ………………………… 87
图 2-2 PPP 项目中各利益主体之间关系 ……………… 90
图 2-3 PPP 项目的公私契约合作关系 ………………… 93
图 3-1 PPP 项目的公私契约合作结构 ………………… 116
图 3-2 PPP 项目政府补偿契约时序 …………………… 118
图 3-3 北京地铁 4 号线的 PPP 模式 …………………… 126
图 3-4 北京地铁 4 号线 PPP 项目的合同结构图 ……… 127

图 4-1　运营风险对项目最优特许收益的影响 …………… 150

图 4-2　预期收益对项目最优运营补偿的影响 …………… 151

图 4-3　运营风险对项目最优运营补偿的影响 …………… 151

图 4-4　预期收益对项目最优成本补偿的影响 …………… 152

图 4-5　运营风险对项目最优成本补偿的影响 …………… 153

图 4-6　政府最优补偿与项目实际收益关系 ……………… 154

图 5-1　私人参与程度与其风险程度的关系图 …………… 164

图 5-2　风险规避者的效用函数 …………………………… 167

图 5-3　风险偏爱者的效用函数 …………………………… 167

图 5-4　风险中性者的效用函数 …………………………… 167

图 5-5　私人投资和期望利润受其风险偏好的影响 ……… 181

图 5-6　政府最优补偿契约参数受私人风险偏好的影响 … 182

图 5-7　政府期望补偿与项目福利受私人风险偏好的影响

……………………………………………………… 183

图 5-8　最优投资关于风险偏好与项目差异系数的等值线

……………………………………………………… 184

图 5-9　项目差异下的最佳社会效益受私人风险偏好的影响

……………………………………………………… 184

图 5-10　项目差异下的最优期望补偿受私人风险偏好的影响

……………………………………………………… 185

图 5-11　项目差异下的私人最优期望利润受风险偏好的影响

……………………………………………………… 185

图目录

图6-1 私人过度自信对项目最优投资 C^* 的影响 ………… 220

图6-2 私人过度自信对最优补偿契约参数 S_0^* 的影响 … 221

图6-3 私人过度自信对最优补偿契约参数 S_1^* 的影响 … 221

图6-4 私人过度自信对政府最优期望补偿 $E[\tilde{S}^*]$ 的影响 ………………………………………………………… 222

图6-5 私人过度自信对其最优期望利润 $E[\prod_p^*]$ 的影响 ………………………………………………………… 224

图6-6 私人过度自信对项目最优期望社会效益 $E[\prod_g^*]$ 的影响 ……………………………………………………… 224

图7-1 不公平效用与收益的比较关系 ………………………… 236

图7-2 私人公平偏好对项目最优投资的影响 ………………… 263

图7-3 私人公平偏好对政府最优期望补偿的影响 …………… 264

图7-4 私人公平偏好对其最优期望利润的影响 ……………… 264

图7-5 私人公平偏好对政府补偿有效性的影响 ……………… 265

图7-6 补偿成本对政府补偿有效性的影响 …………………… 266

图8-1 前景理论的价值函数 …………………………………… 276

图8-2 前景理论的决策权重函数 ……………………………… 277

图8-3 私人损失规避度对其投资决策的影响 ………………… 292

表目录

表 1-1　风险型决策的损益矩阵 …………………………… 42
表 2-1　世界银行对基础设施的分类 ……………………… 73
表 2-2　基础设施项目属性分类表 ………………………… 75
表 2-3　项目融资与传统公司融资方式的比较 …………… 78
表 2-4　PPP 模式与 BOT 模式的优缺点比较 …………… 92
表 3-1　PPP 项目的前补偿与后补偿比较 ………………… 116
表 4-1　私人投资策略的比较静态分析 …………………… 140
表 4-2　相关参数取值 ……………………………………… 149
表 5-1　私人投资策略的比较静态分析 …………………… 173
表 5-2　算例参数取值 ……………………………………… 180
表 6-1　政府不同补偿情形下私人完全理性和过度自信最优投

资策略比较 ·· 208
表6-2　基于私人不同类型投资策略的最优补偿契约参数组合
　　　 ··· 215
表6-3　PPP项目相关参数取值 ································· 219
表7-1　私人公平偏好对政府补偿有效性的影响 ············ 255
表7-2　基于不同比较情景的政府有效补偿与私人公平偏好关
　　　系 ··· 261
表7-3　数值算例的相关参数取值 ····························· 262
表8-1　数值分析的相关参数取值 ····························· 291

绪 论

绪 论

作为绪论,本部分主要介绍选题的来源和背景、问题的研究现状与研究思路。首先,结合近年来我国政府在公共基础设施领域大力推广使用政府部门与私人部门合作的 PPP(Public-Private Partnership)模式,基于 PPP 项目收益的风险性,提出政府补偿问题,同时考虑到私人投资者在风险环境下会表现不完全理性行为,将"风险环境下基于私人不完全理性的 PPP 项目投资决策与政府补偿对策"作为本书的研究主题。然后,围绕研究主题,展开相关的文献梳理和评述,指出本研究的意义以及学术贡献。最后,针对本研究要解决的问题,给出具体的研究思路和技术路径,从而对研究内容做相应的章节安排。

一、问题提出及研究意义

无论是"一带一路"的战略构想,还是亚投行的启动,在国际经济缓慢复苏,中国经济面临下行压力、步入中高速增长的新常态下,新型城镇化所涉及的基础设施建设等,仍将是长期拉动我国经济的重要引擎。据国务院研究发展中心测算,预计到 2020 年我国城镇化率将达到 60% 的目标,而要实现这一目标,估计将要拉动 42 万亿的基础设施投资。面对庞大的建设投资需求,政府有限的财政资金根本无力应对。那么,如何拓宽融资渠道,以满足基础设施建设所需的大量资金?

近来,国务院、财政部等部门连续发文,大力推广使用政府与社会资本合作的 PPP 模式,以鼓励社会资本通过特许经营等方式参与公共基础设施项目融资(国办发 42 号,2015)。PPP 模式泛指政府(公共部门)和社会资本(私人部门)的合作关系,具体是指政府通过特许权协议方式委托私人投资者负责对公共基础设施进行设计、建设和运营,并通过"使用者付费"和必要的"政府付费"给予私人合理投资回报,而政府则主要负责监管,以实现公共利益最大化(张喆,贾明,2012;Dean, et, 2011)。

PPP 模式自提出以来已在国际上广泛应用,尤其在一些发达国家,其应用范围已经涵盖水业、交通、电力、医疗、国防等领域。我国政府在国发〔2010〕13 号《国务院关于鼓励和引导民间投资健康发展的若干意见》中明确提出,鼓励和引导民间资本进入基础设施领域,表明PPP模式正被应用到我国基础设施建设领域,如沈阳第八水厂、杭州湾跨海大桥、国家体育场"鸟巢"等都是典型的PPP项目。而且,随着近年来的全球经济下行,PPP模式更是受到各国重视。在2014年APEC财长会上,各国官员都将PPP融资作为重要的议题之一进行研究和交流,这充分表明PPP融资模式对于解决目前各国经济发展瓶颈的重要作用。特别是,我国政府已在2015年的工作报告中明确提出,在公共基础设施投资领域,积极推进政府与社会资本合作的PPP模式,这充分表明PPP模式已发展成为满足基础设施投资需求与化解政府财政紧张的重要途径。如北京地铁4号线建设项目在政府提供有限资金的同时,广泛吸收私人资本,大大地减轻了政府的财政负担问题(裴劲松,2010)。

PPP作为一种新的融资模式,虽然已在公共基础设施建设等领域被广泛应用,但由于生产的产品通常为纯公共品或准公共品(张喆,贾明,2012),往往使得项目未来收益很难补偿私人巨额的初始投资。这就意味着,要使PPP项目持续、有效运行,政府给予私人适当补偿就非常重要。然而,政府补偿是事前很难确定的问题,过高补偿将会导致社会成本加大,项目社会有效性降低;而过低补偿将会导致私人利益受损,项目建设效率低下。所以,对PPP项目而言,更需设计事后补偿机制。

同时,考虑到事后补偿又会忽略了事前担保对于私人投资项目的激励性而导致事后补偿的无效性,本文首先将事后补偿与事前补偿有机结合而引入一种单期补偿契约，即针对PPP项目收益的不确定性或风险，考虑政府事前准予私人投资PPP项目的单期特许收益，而事后根据项目实际的单期收益与特许收益的比较而给予私人一定程度上的补偿。而且，考虑到私人投资者在政府补偿和面临风险环境下会表现出不同的非理性或不完全理性行为（如风险规避、过度自信、损失厌恶等），本文还将借助偏好或序理论，构建私人不完全理性投资行为的期望效用函数，并运用行为博弈方法分析私人投资PPP项目的决策机制与相应的政府补偿对策。

本书将私人不完全理性行为引入PPP项目补偿契约研究中，不仅改变了长期以来单纯从政府角度来研究PPP项目补偿问题，也弥补了传统规范性研究仅仅假设投资者完全理性的不足。这不仅有助于使政府补偿问题的研究在理论和方法上有所创新，也有利于使政府补偿策略在应用上更有现实性、针对性和可操作性。所以，本书的研究结果对PPP项目的较好实施具有一定的理论意义和实际价值。

二、国内外研究现状评述及展望

PPP项目受限于自身的准公共物品属性，未来现金流很难弥补私人巨额的初始投资，所以政府给予私人适当补偿在很大程度上决定了这类项目运行效率的高低。对于PPP项目的补偿问题，学者们大都还是局限于从事前或事后的角度进行相关研究，尚未能将事前补偿与事后补偿相互结合,忽略了政府补偿对私人投资决策的影响,特别是忽略了私人投资在政府补偿情形下很可能会表现出不完全理性或非理性行为倾向。本研究通过引入一种单期补偿契约而将政府事后补偿与事前补偿有机结合,并将私人投资的不完全理性行为(如风险规避、过度自信、不平厌恶、损失厌恶等)引入 PPP 项目补偿契约研究中。因此,结合本书研究内容,可对国内外相关研究做如下几面的简要综述和分析。

(一) PPP 项目及其风险研究

PPP(Private-Public-Partnership)即公私合作伙伴关系,是指作为伙伴关系的公共部门与私人部门共同提供公共产品的模式,目前人们对其还没有形成统一概念。Viktorija(2006)认为公私伙伴关系可看作是公私部门关注的公民或客户管理文化中的一个重要组件,包括调查各种替代服务的交付机制,它是公私间竞争的要求。陈梅(2008)将 PPP 分为两种方式,一种是投资者通过对 PPP 项目使用者收费而获得商业利润,认为 BOT(Build-Operate-Transfer)、BTO(Build-Transfer-Operate)、BOO(Build-Own-Operate)等模式均采用这种形式;另一种是投资者不对使用者进行收费而将政府购买作为其收益,像 DBFO(Design-Build-Finance-Operate)等模式。而一些国际机构认为 PPP 因公私双方合作的方式和深度没有具体规定,其确切定义要视具体情况来定,如联合国培训研究院将 BOT、BOO、BT(Build-Transfer)等均归入 PPP 范畴(United Nations Institute for Training and

Research, 2000）。PPP 模式自 1992 年在英国首次正式应用以来,已被认为是公私部门共同提供公共物品或服务的一个重要模式(Eric,2008)。但也有一些学者认为 PPP 模式与传统的 BOT 等模式有区别,如杜亚灵和尹贻林(2011)把 PPP 看作是公共项目投资与管理思想的体现,有别于 BOT 等公共项目融资模式;而袁永博等(2011)则把 PPP 具体化,是指公私双方基于前期协商和谈判达成共识,各自明确自身的权利义务,规定私人在合同期内收回成本且获得一定利润,在特许运营期结束后将项目无偿返还给政府。实际上,PPP 与 BOT 的主要区别在于前者提供的产品通常为纯公共品或准公共品,这使 PPP 项目相对 BOT 项目而言,其未来现金流很难补偿私人巨额的投资成本。因此,PPP 项目投资应具有较高的风险性。

  PPP 项目由于特许经营期较长,期间的不确定因素多,所以对其风险的研究具有必要性。国内外众多学者从不同角度研究了 PPP 项目风险的识别、分类、影响、评估以及相应的管理措施等。Peter Moles(1995)对英国的 Skye Bridge 项目采用私人部门融资方式时的相关风险进行了系统研究;而 Tiong 等(1995b;1997a)则系统地讨论了 PPP 项目的融资风险、债务风险和偿债担保的影响,他认为通过招投标的竞争机制可以优化融资结构、最大化长期债务和固定利率的债务,减少再融资风险和利率风险;同时,Tiong 等(1995a)还研究了私人投资者在投标中面临的经济和政治风险,并给出了相应的风险分担机制,希望通过政府担保来分担部分风险。Patrick(1999)通过案例研究方法分析了不同国家、不同类型的 PPP 项目都会受到众多潜在的风险影响,认为所有通过社会资本融资的项目都存在固有的内在风险,如汇率和利率变动风险、资产负债率过高的风险、使用大量短期贷款的风险、额外的利息成本的风险,需求受市场影响的项目还存在收入波动变化的风险等,而且他还认为影响 PPP 项目运行的比较大且比较难控制的风险应是政策风险,而政策风险的主要来源是政府政策的不一致性。事实上,除了政策风险影响 PPP 项目的运行,还有许多其他风险对于 PPP 项目的实施同样非常重要,这些风险主要包括资本预算、建设工期、建设成本、运营成本、政治政策、合作信任、市场变化、经济环境等(Delmon,2000)。基于公共部门或政府部门的角度,Jonathan P. Don(2003)分析了 PPP 模式下公用事业项目的运营风险。基于风险的不同层次划分,Li Bing(2005)将 PPP 项目在建设运营过程中的风险划分为三类,即宏观风险、中观风险和微观风险。基于小城镇基础设施融资的 PPP 模式,万东君等(2006)研究了 PPP 项目的运行风险。为了定量的分析和评估 PPP 项目运行风险,Nisangul(2002)运用敏感性分析方法和蒙特卡洛模拟方法从一个全新的角度研究了 PPP 项目中可能存在的寻租行为和腐败现象给该项目的实施带来了一系列风险;而 Darrin Grimesy 与 Mervyn K. Lewis(2002)则通过对 PPP 项目的风险进行分类,基于蒙特卡洛模拟法对 PPP 项目的运行风险进行了评估研究。为了能够较好地管理 PPP 项目的运营风险,Yeo 等(2000)

对 PPP 项目的运行风险进行了分类研究，并使用大量的案例来定性地分析对 PPP 项目的关键风险变量进行控制的重要性；而 Kumaraswamy 等（2001）研究认为，要使 PPP 项目顺利运行，政府在 PPP 项目中往往需要承担一部分的责任，政府既要通过经济优惠政策来吸引私营机构投资 PPP 项目，又要保证 PPP 项目能够高效运行，以为社会公众提供优质服务或产品。这也表明，要让 PPP 项目能够正常实施，政府应对私人投资者所承担的某些风险给予担保或补偿，即由政府对通货膨胀风险、汇率风险等经济风险提供保证，通过政府保证并由政府采取相应的规避措施来避免或在损失发生后给予私人投资者经济上补偿。那么，政府或其他部门究竟如何对 PPP 项目的运行风险进行分担？目前学者们大都从定量角度进行研究，即从 PPP 项目实际运行出发，尽可能构建一个完整的风险分析模型（Iyer，Jin，Ke，2010），如 Medda（2007）构建公私双方最终要约仲裁博弈模型，分析了交通 PPP 项目的风险分配问题；何涛等（2011）通过考虑项目参与方的风险偏好，构建了允许风险转移的最优合作风险分担模型；而吴孝灵等（2011）通过考虑投资者参与约束建立了一个风险收益分配模型，研究了风险分担相关对策。现有的研究大都表明，PPP 项目风险的合理分担是实现项目有效运行的关键（柯永建，王守清，2008）。

（二）PPP 项目政府补偿研究

PPP 项目收益的高风险性使得政府对其补偿非常必要，因为政府补偿在很大程度上可分担私人的投资风险。最早研究政府补偿的是 Mason 和 Baldwin(1988),他们将政府补偿看作一种期权而对项目进行评价。在此基础上,Ho 和 Liang(2002)给出了 PPP 项目融资可行性的政府补偿期权模型;Cheah(2006)以马来西亚高速公路为例,给出了 PPP 项目融资的政府担保期权定价;而Fearnley 等(2004)根据项目实际绩效,讨论了挪威城际轨道的政府补贴计算问题。而后,Vanreeven(2008)建立了公共交通项目的补贴模型,认为政府补贴的确定与莫宁效应不相关;Chowdhury 等(2009)通过对亚洲四国 PPP 项目的实证研究,认为政府补贴是影响 PPP 项目融资的重要因素之一。相比而言,我国学者对政府补偿问题的研究起步较晚,仝允桓(2001)在构建交通项目最优票价模型基础上,给出了政府补偿原则和补偿强度的计算方法;王健等(2006)考虑到 PPP 项目公益性,认为政府适度补贴是必要的,而且适度补贴标准应为恰好能补偿项目亏损为宜;杨帆等(2010)通过建立公共交通补偿优化模型,给出了最优补偿额度测算方法;王刚等(2006)则将 PPP 模式分为前补贴和后补贴两种,认为政府在项目建设期的直接投资是前补贴,而在运营期的资金支持是后补贴;廖楚辉等(2011)通过建立项目建设期和运营期最小化比例补贴优化模型,分析了两个时期的不同财政补贴方式,为政府补偿决策提供了一定参考。

现有的一些研究表明,学者们对 PPP 项目补偿问题研究大都还是倾向于事前或事后的角度。为了事前吸引私人积极投资项目,政府有必要在事前给予私人最小收益或特许收益保证等(Jun,

2010；赵立力等，2009），但政府由于事前很难预知未来可能发生什么情况，所以事前补偿很可能过高或不足而导致项目社会福利或私人利益受损（高颖等，2014）。因此，政府补偿是事前很难确定的问题，它必须依赖于事后观察到的项目实际收益情况，这就需要设计补偿机制。从事后角度，政府补偿应根据项目的实际运营绩效，并以恰好能补偿项目亏损为宜（Ho，2006），但事后补偿又会忽略了事前担保对于私人投资项目的激励性而导致事后补偿的无效性。为此，吴孝灵等（2014）考虑政府事前准予私人投资PPP项目的特许收益，而事后根据项目实际收益与特许收益的比较而给予私人一定程度上的补偿，即通过引入项目运营收益的相对补偿指数而设计一种单期补偿契约，并通过公私之间博弈分析给出该契约的最优设计及有效补偿对策。该研究虽然弥补了事前补偿或事后补偿的不足，并将二者有机结合，但还是局限于私人是完全理性的假设，忽略了PPP项目收益风险环境下私人投资者可能会表现出风险规避、过度自信、不公平厌恶、损失规避等不完全理性或有限理性行为倾向。

（三）投资者不完全理性行为研究

在PPP项目风险环境下以及政府补偿情景下，私人投资项目很可能表现出不完全理性行为倾向，本文将主要考察风险规避、过度自信、不公平厌恶、损失规避这几种典型的个体行为特征，所以对相关研究做如下几方面概括：

绪 论

1. 风险偏好研究

PPP项目收益的风险性必将影响私人投资决策行为,而私人投资PPP项目也同样会表现出一定的风险偏好。针对风险投资的偏好或个体风险偏好问题,Starks(1987)基于"均值-方差"框架,研究了管理者的投资策略如何受业绩激励合同的影响,并在此基础上得出管理者与投资者有相同的风险厌恶程度;Berkelar等(2004)探讨了风险厌恶的管理者如何进行组合投资的问题;田厚平等(2004)将委托人和代理人的风险偏好分为四种组合,研究最优激励合同问题;在其基础上,华冬冬等(2011)探讨九种不同组合情形下的最优激励契约问题;闫森等(2011)通过建立模糊风险规避度的委托代理模型讨论代理人风险偏好问题;张茂军等(2012)基于风险约束的投资组合策略,研究损失厌恶管理者的委托投资组合管理问题;王颖林(2013)基于政府和私人投资者的风险偏好,借助讨价还价博弈理论和实物期权理论,研究了政府担保的期权价值分配问题。

除了个体投资存在风险偏好问题,当前对风险偏好的研究大都还是集中在供应链管理领域,如Gan等(2005)研究了零售商具有风险规避行为的供应链协调问题;Choi等(2008)在其基础上,借用均值方差模型进一步研究了供应链协调;而Hsieh和Lu(2010)研究了供应链的协调如何受零售商的风险规避度影响;高文军和陈菊红(2011)在风险规避制造商和零售商的闭环供应链领域,探讨了基于条件风险值的契约模型;邱若臻和黄小原(2011)则构建集成目标函数来描述零售商的风险规避和风险偏爱特征,并应用于回购契约的供应链协调研究。然而,将个体风险偏好行为引入项目管理,特别是针对 PPP 项目补偿问题进行相关研究,目前尚未见到。

本书将考虑私人投资存在不同风险偏好行为,借助"均值-方差"模型,建立私人投资的期望效用函数,并运用主从对策博弈对政府补偿问题进行行为建模和分析,以研究私人投资不同风险偏好行为对补偿契约的影响,从而给出政府补偿相应对策。

2. 过度自信研究

过度自信通常指人们过度相信自己的判断能力,即对未来的预期表现出过分的乐观和自信(Malmendier, et, 2011;张征争,黄登仕,2009)。已有大量研究表明,过度自信是经济行为中普遍存在的心理现象,是人类心理与行为偏差的重要表征(Galasso, Simcoe, 2011)。这种心理特征对投资决策和投资绩效有着重要影响,最初在行为金融领域颇受关注(Gervais, 2011),而后逐渐渗透到组织团队研究中(Cesarini 2006;庄新田,王健,2010)。随着过度自信对决策行为的影响越来越大,已有学者将过度自信引入委托代理的契约研究中。

在委托代理的研究框架下,激励相容约束是不能忽视代理人过度自信对委托代理关系的影响(Shefrin, 2001)。通过建立代理人过度自信的委托代理模型,Jeremy 和 Huang(2007)研究发现过度自信投资者会在利好信息情形下表现出过度投资行为;Sandra

绪　论

和 Philipp(2011)的研究结果则表明适当过度自信的代理人会相对理性代理人付出更多的努力。代理人的过度自信由于影响自身的决策行为，所以在道德风险框架下必然影响激励契约的最优设计(Dela，2011)。通过分析委托人或代理人的过度自信水平对契约激励程度的影响，黄健柏等(2009)获得了与二者都是完全理性时的不同结论；陈其安和杨秀苔(2007)探讨了代理人过度自信对效益工资和委托人监督成本的影响关系；李娟等(2014)则针对委托人和代理人持有的不同过度自信组合，分别探讨了线性合同与阈值合同的参数设计。实际上，无论是代理方还是委托方，只要存在过度自信行为，都会影响到委托代理关系和任何一方的决策行为。王健和庄新田(2008)将经纪人过度自信行为引入激励与监督机制中，从市场宏观和微观两个层面上探讨了经纪人过度自信对资本市场委托代理关系的影响。肖迪等(2014)将零售商作为委托方，探讨供应链成员过度自信行为对零售商库存决策和供应商质量投资决策的影响。查博等(2015)通过建立创业企业、银行与风投公司三者之间的委托代理模型，分析了创业企业家过度自信的心理特征对各参与方委托代理关系的影响。现有的这些研究虽然涉足不同领域，但他们的研究思路都是一致的，即考虑代理人或委托人的过度自信对委托代理关系的影响，这为本文研究提供了有益的学术借鉴。

随着过度自信行为被引入委托代理契约研究中，个体过度自信在供应链管理领域也颇受关注。Ren 和 Croson(2013)借助过度精确描述过度自信倾向,通过分析报童模型发现过度自信决策者将会选择次优订购策略。赵道致和吕昕(2011)通过 VMI 模型研究了供应商在有利信息情形下的过度自信行为会使零售商的利润提高;石岿然等(2014)在此基础上研究发现,回购契约下市场有利信息时零售商的过度自信反而会使供应商的利润降低;而徐玉发等(2014)研究发现,零售商的过度自信行为促进了自身努力程度的提高,使制造商更愿意与拥有较高自信度的零售商进行合作。

尽管过度自信行为已在不同领域引起了人们关注,但将其引入 PPP 项目的公私契约合作研究还较为鲜见。本文将考虑 PPP 项目私人投资者在政府补偿契约下会存在过度自信倾向,研究私人最优投资决策和政府最优补偿契约问题,讨论私人过度自信对其投资决策和政府补偿契约结构的影响,以及对完全理性假设下的决策结果的冲击。

3. 公平偏好研究

对于 PPP 项目的补偿问题,目前研究基本上还是局限于政府角度,只考虑补偿的社会效率而忽视了补偿的公平性,这不利于 PPP 项目的可持续运作(Li, et al, 2005)。政府补偿是否公平往往较大程度上取决于私人对公平的偏好,因为大量实验和实证表明,个体确实存在公平偏好的有限理性行为特征(Kahneman, et al, 1986),如最后通牒博弈实验、信任博弈实验等都验证了人们具有"公平偏好"倾向(Clark, et al, 2010; Nicholas, 2012)。为了定量刻画人们对不公平的厌恶行为,Fehr 和 Schmidt(1999)给出了FS模型,Bolton和Ockenfels(1993)给出了BO模型,前者以其他人的收益作为公平比较对象,而后者以群体平均收益作为公平参照对象。BO模型由于没有具体函数形式而很少被使用,而FS模型则由于简洁和可操作性已被应用于供应链管理等行为运作领域(刘作仪,查勇,2009),如Cui等(2007)和Ozgun等(2010)分别假设市场需求为线性和非线性函数时,通过理论模型研究了零售商具有公平偏好行为的两阶段供应链协调问题,他们都考虑将供应商或制造商的利润作为零售商公平参考点,这与Debruyn和Bolton(2008)的研究是一致的,即认为处于劣势地位的决策者更倾向于关注自己收益和对方收益的比较;为了反应对方收益对己方公平效用的影响,Loch和Wu(2008)还通过引入己方关注对方的参数,构建了更加简洁的公平效用模型,并将其应用于供应链渠道合作研究,而Ho和Zhang(2008)则通过实证研究表明,供应链环境中的这种公平关切行为是确实存在的,但只是对公平关切进行了描述,尚未展开行为决策分析。近年来,国内学者也尝试将他人收益作为公平参照点对供应链协调等问题进行研究,如杜少甫等(2010)在传统供应链中考虑零售商存在公平偏好倾向,研究了公平偏好对供应链契约与协调的影响;丁川等(2013)通过构造基于公平偏好理论的零售商效用函数,探讨了供应链渠道合作定价问题;张克勇等(2014)通过引入零售商的公平关切行为,讨论了闭环供应链成员的差别定价策略;段庆康等(2014)基于大型工程项目投资主体对资本分担的公平偏好行为,提出了项目最佳融资方案；曹启龙等（2014）通过考虑代建单位具有追求公平偏好的"互惠性"行为，研究了政府对代建单位的激励监督机制。现有的这些研究主要还是以他方收益作为判断公平的参考点，只是考虑了公平的外生性而忽略了公平的内生性，这使公平参考点的选择还有待进一步思考（杜少甫等，2013）。

尽管学者们对公平偏好的研究正悄然兴起，但现有的理论方法还不能完全移植到 PPP 项目补偿公平性的研究，主要表现在：第一，虽然政府对 PPP 项目补偿是否公平更多地依赖于私人公平偏好，但私人投资时并不会以政府收益或项目的社会效益作为公平比较对象，更关心的是与资本市场上其他投资机会相比较而应获得的收益或与市场投资平均收益的差距，这就使现有的理论模型还不能直接刻画私人投资决策的公平偏好。第二，按照"多投资多收益、少投资少收益"的公平原则，私人投资时的公平参考点选取必然会受到其投资决策的影响，即私人公平参考点具有内生依赖性，而当前基于外生参考点的公平行为建模使得参考点依赖成为无效假设（Copeland, et al, 2007）。第三，私人公平偏好是否影响政府补偿的激励性和社会效率还有待深入探讨，这也是现有研究尚未涉及的问题。

鉴于此，本研究将私人公平偏好融入政府对 PPP 项目的补偿契约设计中，主要借鉴 BO 模型的思想，将私人投资要求的特许收益作为其公平参考点，并对 FS 模型加以改进，以构建更加贴近现实的私人公平偏好效用函数，同时运用主从博弈的思想和方法对最优契约问题进行行为建模和分析,以揭示私人公平偏好对最优补偿契约及其有效性的影响机制。

4. 损失规避研究

近年来,损失规避已被很多学者认为是个体不完全理性行为的重要特征之一。损失规避就是指个体面对相同的收益和损失,往往表现出对损失更为敏感。对于PPP项目而言,损失规避的私人投资者很可能会认为项目投资的低收益或政府补偿不足而坚持拒绝投资项目。私人投资决策的损失规避行为并不是绝对的,而是相对于某一决策参考点的收益或损失,决策者对损失的反应要比对相同数量收益的反应更强烈,这已获得大量的实验和实证支持(Kahneman & Tversky,1979)。Tversky和Kahneman(1992)最早研究表明,损失规避能够更好地描述个体在不确定条件下的决策行为特征。个体损失规避行为假设已被很多学者引入供应链的优化与协调研究,Schweitzer和Cachon(2000)最早通过实证研究了损失规避型决策者的报童模型;沈厚才等(2004)则在前文基础上讨论了存在损失规避偏好的制造商的采购决策问题;Wang等(2007,2010)进一步研究了一个风险中性的供应商与一个损失规避的零售商的供应链协调,并对多个损失规避型零售商组成的竞争性报童模型展开分析;Shi和Xiao(2008)在他们的基础上考虑了存在缺货惩罚成本时的供应链协调问题;李绩才等(2013)分析了多零售商的损失规避度对一对多型供应链决策的影响;孙玉玲等(2013)则针对前面文献都是考虑单一产品的报童模型,研究了损失规避型零售商对多种农产品的订货决策；而甘小冰等（2013）通过引入网络销售渠道，讨论了损失厌恶型零售商与生产商的最优订货定价决策。就仅有的这些研究来看，他们对损失规避的描述都是假设决策参考点为零或是给定的外生变量，忽略了决策参考点的内生性，使得参考点依赖成为无效假设（Munro & Sugden，2003）。然而，本书所要研究的私人投资项目的利益参考点应与其投资决策有关，即私人投资越大，其要求政府给予的最小收益或特许收益就越大，这就使得当前供应链管理研究中关于个体决策参考点的选取方法还不能完全用于私人对 PPP 项目的投资决策。

为此，基于私人投资行为的损失规避特征，本研究借助前景理论，以私人投资要求的特许收益作为其决策参照点，构建私人损失规避的效用函数，从而建立基于政府不同补偿情景的私人投资决策模型，并研究模型解的存在性及其性质。

（四）现有研究不足之处及发展趋势

尽管上述相关研究为本研究奠定了有益的基础，但有关 PPP 项目补偿研究大都还是局限于从政府角度考虑事前或事后补偿，忽略了补偿对私人投资决策的影响，特别是忽略了私人在 PPP 项目收益的高风险环境下以及在政府补偿情形下很可能会表现出不完全理性或有限理性行为倾向。因此，对 PPP 项目的补偿问题还有必要进一步研究，有必要基于私人投资决策的不完全理性行为，运用行为博弈的方法研究政府补偿策略。

绪 论

事实上,行为博弈正突破了完全理性人假设,并在供应链管理等领域取得一批富有创新性成果,这正为PPP项目政府补偿问题的研究提供了有力借鉴。而且,随着行为科学的悄然兴起,并在供应链管理等领域取得较好成果,这也正激励本书基于私人不完全理性行为来研究政府对PPP项目补偿问题。所以,基于私人投资决策的不完全理性或有限理性行为倾向,通过对私人投资决策的偏好或行为进行建模,运用行为博弈的方法研究私人对PPP项目的投资决策机制和政府补偿对策,将是PPP项目补偿问题研究的未来发展趋势。

二、研究思路及内容安排

针对PPP项目收益的高风险性,本书首先从政府的角度引入一种单期补偿契约,即考虑政府事前准予私人投资项目的特许收益,事后根据项目实际收益与特许收益的比较而给予私人一定程度补偿;然后基于私人在项目风险环境下以及政府补偿情形下会表现出各种不完全理性行为,借助偏好或序理论,构建私人投资不同偏好的期望效用函数,从而通过公私行为博弈建模和均衡解的性质(如存在性、稳定性和灵敏性等)分析,探讨私人投资项目的决策机制与相应的政府补偿对策。具体研究思路如下图0-1所示。

基于上述研究思路,可将本研究内容分为以下几个主要部分:

第一部分,即绪论。基于我国当前新型城镇化举措的实施,引出了公共基础设施项目的PPP融资模式及相应的政府补偿问题,

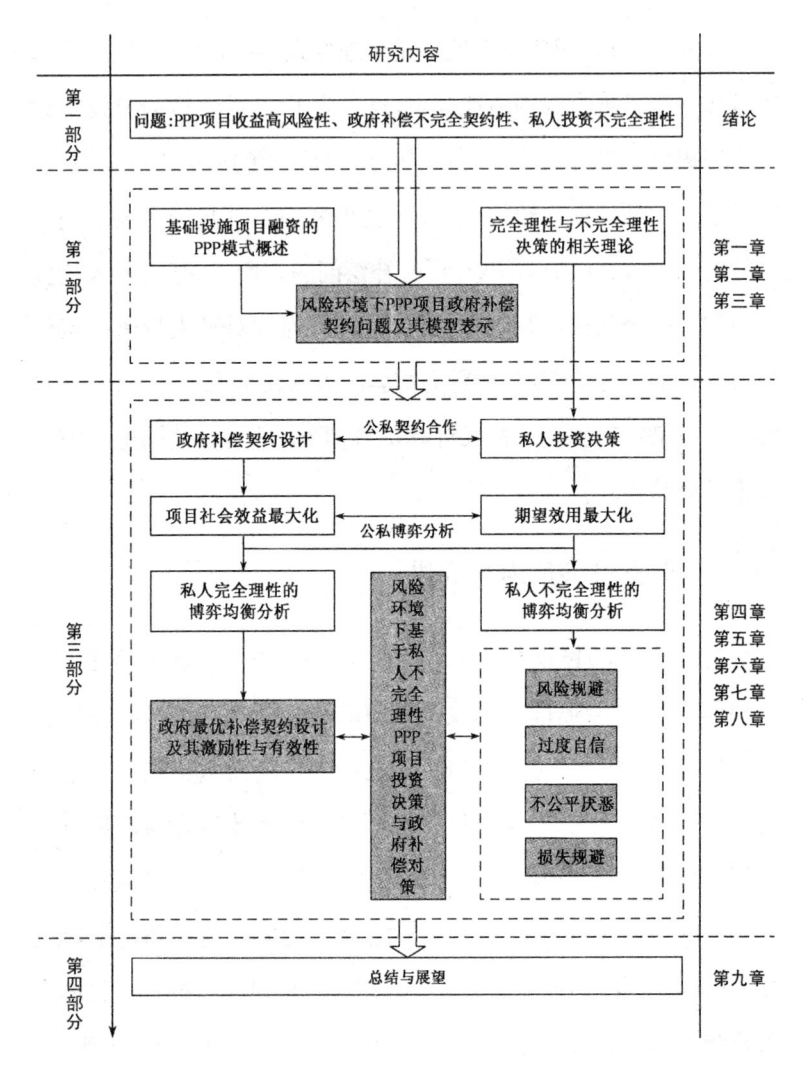

图 0-1 研究内容、研究思路与结构安排

由此展开相关文献的梳理和评述,并指出现有研究存在的不足之处以及未来发展趋势,进而在现有研究的基础上,给出本文的研究

22

绪 论

主题、研究内容和研究思路。

第二部分,即包括第一章、第二章和第三章,共三章内容。第一章主要针对 PPP 项目私人投资者的决策存在不完全理性行为特征,介绍决策的概念、要素及其分类,以及完全理性决策和不完全理性决策的相关理论,并基于行为决策的发展历程,阐述完全理性决策和不完全理性决策的研究在行为决策理论的框架下呈现互相借鉴、相互统一的趋势,由此为本书对 PPP 项目私人投资决策和政府补偿对策的研究提供较好的理论依据。第二章基于我国政府目前在公共基础设施领域大力推广使用政府与社会资本合作的 PPP 融资模式,主要介绍项目、工程项目、基础设施项目、项目融资与 PPP 模式的含义及特征,并在此基础上讨论 PPP 项目融资的必要性及其存在问题,特别以我国的国家体育场项目作为案例,阐述 PPP 项目的契约合作本质以及政府补偿的重要性,从而提炼出本书将要研究的科学问题。第三章主要是在第二章的基础上,首先对政府补偿的概念进行界定,然后从 PPP 项目的自身属性和收益高风险性的特征出发,讨论政府补偿的必要性和现有补偿的主要方式,着重通过比较前补偿和后补偿的两种方式,引出本文将要研究的 PPP 项目补偿的不完全契约问题,并给出政府补偿契约的数学模型表示以及最优补偿契约设计的博弈模型构建,对此还以北京地铁 4 号线 PPP 项目为例,讨论政府补偿的票价机制和客流机制,以揭示政府补偿的本质。

第三部分,即包括第四章、第五章、第六章、第七章和第八章,共五章内容。第四章主要是在 PPP 项目私人投资者的完全理性假设下，基于政府补偿对于私人投资决策的影响，借鉴 Stackelberg 博弈中的诱导机制和激励思想，建立政府部门与私人投资者之间主从博弈模型，通过模型求解来探讨政府补偿契约的最优设计，并从集中决策和分散决策两个不同角度来分析政府最优补偿契约的激励性，同时基于政府补偿的社会效益约束来讨论最优补偿契约的有效性和相应的政府对策。第五章针对私人投资者在 PPP 项目收益风险环境下会表现出的不同风险偏好，基于"均值-方差"模型，构建描述私人不同风险偏好的期望效用函数，进而从公私博弈角度分析私人投资者最优决策和政府不同补偿情景，并基于情景建模研究政府最优补偿契约设计及应对策略。第六章针对私人投资者在 PPP 项目风险环境下和政府补偿情形下会表现出的过度自信倾向，基于"均值-方差"模型对私人投资者的过度自信进行定量描述，从而引入私人投资者的过度自信系数，构建私人投资者期望效用函数，进而运用主从博弈方法分析私人过度投资决策和政府补偿契约最优结构，并在私人过度自信不可观察情形下，讨论政府对最优补偿契约的设计与选择。第七章将私人投资者对政府补偿的公平偏好融入 PPP 项目补偿契约设计中，主要借鉴 BO 模型的思想，将私人投资者要求的特许收益作为其公平参考点，并通过对 FS 模型加以改进，以构建更加符合实际的私人投资者期望效用函数，进而运用行为博弈的方法探讨私人公平偏好对其最优投资决策和政府最优补偿契约的影响机制。第八章考虑到PPP项目私人投资决策的损失规避行为特征，借助前景理论，以私人投资者要求的特许收益作为其决策参照点，构建私人投资者的效用函数，建立基于政府不同补偿情景的私人投资决策模型，研究私人损失规避行为对其投资决策的影响机制以及对政府补偿政策给予的启示。

最后部分，即第九章。本章主要围绕本书对PPP项目政府补偿问题的研究，对全书的研究内容进行总结和展望，既总结已获得的研究结论，也指出还有待进一步研究的问题，特别在本书目前的研究基础上，针对PPP项目当前面临的邻避困境，指出PPP模式下邻避项目的补偿机制将是本书未来研究的重要方向。

第一章 完全理性决策和不完全理性决策

第一章 完全理性决策和不完全理性决策

私人投资 PPP 项目是否存在不完全理性行为特征,实际上属于决策论的研究范畴。决策科学可以说是 21 世纪最富有前景的学科之一。当前有关决策理论的研究主要存在两种倾向,即以人的"完全理性"为前提假设的规范性研究取向和以人的"不完全理性"为前提假设的描述性研究取向。"完全理性"假设与"不完全理性"假设在某种程度上是对立的,但也是在不断地互相借鉴,并在行为决策理论的研究框架下呈现相互统一的趋势。本章将从介绍决策现象开始,对决策的概念、要素及其分类进行简单阐述,并在此基础上对完全理性决策和不完全理性决策的相关理论进行梳理,重点介绍人们的实际决策行为特征在决策过程中的行为表现,以及这些实际行为的形成原因,从而指出对行为决策的研究应该是遵循从完全理性决策研究到不完全理性决策研究,再到完全理性决策研究和不完全理性决策研究相互借鉴、相互统一的基本研究范式。这不仅有助于理清行为决策研究的理论渊源,也为本书研究 PPP 项目的投资决策与政府补偿对策提供了理论支撑。

一、决策:无处不在的现象

决策在人们的生活中无处不在。大到国家政策的制定,小到一件商品的选购,都需要人们进行决策活动。在现实生活中,个人、企业和国家都离不开决策。一个国家会涉及怎样合理地分配有限社会资源的决策问题;一个企业会涉及如何安排生产才能获得较高经济效益的决策问题;个人则会涉及选择什么样的职业才能更好地发挥自己才能的决策问题。所以说,决策存在于我们生活中的方方面面。

决策在人类活动中自古有之,古今中外的诸多论著都记载了人类活动的决策经验与教训。例如,古代历史上著名的田忌赛马、丁渭工程、诸葛亮的"隆中对"、二战中的西西里登陆、美国的探月计划、中国的三峡工程和苏通大桥工程等,都是经典的决策活动案例。著名的管理学家、诺贝尔经济学奖获得者西蒙(A. Simon)曾认为"管理就是决策"。从政治、经济、技术到日常生活,从微观到宏观,决策贯穿于管理活动的各个环节。可以说,决策在管理活动中无处不在。

人们的决策总会追求时效性和成功性,正所谓"机不可失,时

第一章 完全理性决策和不完全理性决策

不再来"。一项重要的决策一旦失误,不仅会造成较高的成本损失(政治的、经济的等),甚至还可能会阻碍整个社会健康持续地发展。人们的决策总是会面对未来或将来可能发生的情况,决策的外部环境因素复杂多变,决策者主观因素具有行为复杂性,这都直接影响了决策的成功与否。根据未来不确定性事件的发生概率是否可知,可将决策分为风险型决策和不确定型决策。风险型决策一般指决策所需的信息资料不全面,执行备选方案的结果不唯一,但可以在事前先估计每种结果发生概率的决策(何清华,等,2014)。例如,抛出一枚硬币后猜测哪一面会朝上的决策,就属于风险型决策。而不确定型决策则是指决策所需的信息资料不全面,执行备选方案的结果不唯一,且每种结果的发生概率在事前不可估计的决策(张凤华,等,2011)。例如,投资决策一般就属于不确定型决策。本文所要研究的 PPP 项目投资决策假设项目收益的概率分布是已知的,即属于风险型决策。

既然决策在人类生活或活动中是如此的常见,并且决策的结果通常又与人们的自身利益密切相关,那么,人类的决策行为都有哪些典型的特征?决策活动存在什么样的基本规律?人们如何才能做出更好更准确的决策?要回答这一系列的相关问题,有必要介绍决策的概念、要素及其分类,以及完全理性决策和不完全理性决策的理论渊源。

二、决策的概念、要素及其分类

决策(decision-making)是人类最基本和最重要的活动之一,但有关决策问题的研究一直到近年才受到人们关注。因此,要使决策发展成为一门科学,有必要先弄清决策的概念、要素及其分类。

(一) 决策的概念

决策一词最早出现在 20 世纪 30 年代的美国管理文献中,而后随着西蒙等学者的大力倡导,即认为管理就是决策,决策在管理学界引起人们的关注和兴趣。那么,究竟什么是决策? 当前对这个问题是众说纷纭,仁者见仁,智者见智,莫衷一是。

归纳起来,可从名词和动词两个角度来理解决策的概念。从名词的角度,决策是指"对未来实践的方向、目标、原则和方法所做的决定"。从动词的角度,决策是指"人们在改造世界过程中,寻求并决定某种最优化目标即选择最佳的目标和行动方案而进行的活动"。而在管理学中,决策有狭义和广义之分。狭义的决策是指"抉择方案",即在几种备选方案中做出抉择。广义的决策是指狭义决策和支持狭义决策的相关各种活动,这包括发现问题、收集信息、确定目标、拟订方案、评选方案和给出决策支持信息等各项工作的总和。狭义决策的本质特征表明它是一种有意识的行为,是一种主观意志的表现,但是广义的决策则是一种人们能动地认识和改造客观世界的选择性活动,它是一个发现问题、分析问题和解

第一章 完全理性决策和不完全理性决策

决问题的过程。

综合上述对决策的不同定义,可将决策的概念归纳为如下几个层面:

首先,决策是人们在认识客观世界的基础上为了能动地改造世界所开展的一种思维和选择活动。

其次,决策应是多方案的选择活动。如果仅有一个备选方案,就不存在方案的选择问题,也就不涉及决策问题。因此,每个决策问题都应该至少存在两个备选方案。

再次,决策还应该是一个过程,包括确定行动目标或决策目标,分析相关环境条件与约束条件,选择满意行动方案的管理活动。

最后,决策的目的是要通过在可供选择的方案中寻求最优的决策方案,以达到预期目标。

(二)决策的要素

决策的要素是指对决策结果可能产生影响的一些主要因素,可以用一个八元组来描述决策的要素构成,记作 DMS=$\{S, I, R, \Theta, T, E, A, U\}$,并给出形式化定义如下:

1. S:决策主体或决策者(subject)

决策主体是指能够利用自身智能进行理性思维和逻辑推理的决策者,决策者可以是个人,也可以是一个集体。

2. I:决策信息集(information set)

决策信息集是决策主体进行决策分析所依据的信息空间,是进行决策的前提条件。

3. R:规则集(rule set)

规则集是决策主体评价备选方案达到目标要求的价值标准,通常是选择方案所依据的原则或准则,而决策准则的确定和最优方案的选择一般与决策主体的价值观或偏好有关。

4. Θ:状态集(state set)

状态集是指每一行动方案实施后可能遇到或出现的客观情况,也称为自然状态。自然状态是不以决策者的意志为转移的客观因素,决策主体无法加以改变,但有经验的决策者可以通过事先的研究和分析而加以预测。

状态集 Θ 可以记作 $\Theta = \{\theta_1, \theta_2, \cdots, \theta_m\} = \{\theta_i\}_{i=1}^{m}$,状态集 Θ 中的元素 θ_i 叫作状态变量。

5. T:时间(time)

时间是刻画决策动态演化的历史属性。

6. E:决策环境(environment)

决策环境是决策主体在进行决策时所处的背景,包括决策的内部环境和决策的外部环境。

7. A:方案集(alternative set)

方案集是指决策主体在一定的决策环境下,根据决策信息和决策状态,遵循一定的决策规则而制定出来的行动方案集。

方案集可记为 $A=\{a_1,a_2,\cdots,a_n\}=\{a_j\}_j^n$，方案集 A 中的元素 a_j 称为决策变量，这是一个可控变量。

8. U：效用集(utility set)

效用集是指决策环境的某种状态 θ_i 发生时，实施决策方案 a_j 后所获得的损益值集合空间，即利润型问题所获得的收益值，或成本型问题所花费的费用值，记为 $u_{ij}=u(\theta_i,a_j),i=1,2,\cdots,m;j=1,2,\cdots,n$。

如果状态变量为离散变量，则损益值可以构成如下矩阵：

$$U=(u_{ij})_{mn}=\begin{bmatrix} c(\theta_1,a_1) & c(\theta_1,a_2) & \cdots & c(\theta_1,a_n) \\ u(\theta_2,a_1) & u(\theta_2,a_2) & \cdots & u(\theta_2,a_n) \\ \vdots & \vdots & \ddots & \vdots \\ u(\theta_m,a_1) & u(\theta_m,a_2) & \cdots & u(\theta_m,a_n) \end{bmatrix}$$

效用集往往是决策主体的决策目标，决策主体总是寻求能够使期望收益(利润、效益、效率、效用、价值)值最大化，期望损失(费用、成本、风险)值最小化，或目标达到满意值的最优方案，即 $a^*=a_{j^*}$。然而，决策问题的关键在于如何确定 a_j，以使目标值达到最优？或者是说，j^* 应该等于多少时，决策目标值 $U^*=u_{ij^*}$ 才是最优？

如果将上述八个要素看作一个整体，则从系统的角度，上述的这些要素共同组成了一个决策系统，如图 1-1 所示。

一个完整的决策应包括决策主体或决策者；至少存在两个或两个以上可供选择的备选方案；存在决策者无法控制的若干状态；

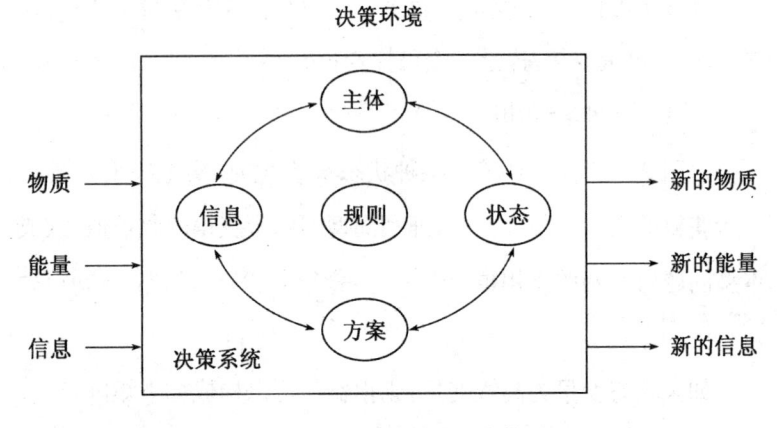

图 1-1 决策系统的概念模型

可以预测各个方案与可能出现的状态相对应的结果；衡量各种结果的价值标准等。

而且，任何决策都有一个过程和程序，绝非决策者灵机一动拍板就行。一般地，决策的过程和程序大致可分为以下四个步骤：

第一，形成决策问题，主要包括提出各种方案，确定决策目标以及各方案结果的度量等。

第二，对各方案出现不同结果的可能性进行判断，这种可能性通常是用概率来描述的。

第三，利用各方案结果的度量值（如效益值、效用值、损失值、利润值、成本值等）给出对各方案的偏好。

第四，综合利用前面得到的信息，选择最为偏好的方案，必要时可适当做些灵敏度分析。

第一章 完全理性决策和不完全理性决策

因此,如果决策者能够了解、掌握和控制决策过程,并能合理地进行决策分析,那么他就能正确地预测决策的结果。当然,决策分析是为了改进决策过程,辅助决策者进行决策,但不是代替决策者进行决策。实践已表明,如果决策者面临的决策问题较为复杂,则决策者在保持与自身判断及偏好一致的条件下处理大量信息的能力将会削弱,在此情形下,决策分析将为决策者提供强有力的帮助。决策分析主要是对决策问题的一些特征进行分析,如决策问题的不确定性、动态性、多目标性等,其中决策问题的不确定性又包括决策方案结果的不确定性、约束条件的不确定性、技术参数的不确定性等。由此可见,要进行合理决策,对决策问题的深入分析是非常的重要。

(三)决策的分类

按照不同的角度,决策可以做不同的分类。从状态集合角度,可将决策分为确定型决策、不确定型决策和风险型决策三类

1. 确定型决策

确定型决策是指那些状态集合唯一确定的决策,即做出一项选择时,只面临一种肯定的结局。也就是说,对于状态集 $\Theta = \{\theta_1, \theta_2, \cdots, \theta_m\}$,当 $m=1$ 时,决策为确定型决策。例如,企业的生产作业安排计划,如果是在各种情况完全确定掌握且不会变化的条件下做生产计划就是确定型决策。

在确定型决策中,状态集里元素是唯一的,所以每个行动方案

只对应一种结果。这样,决策者可根据经济的或工程的指标值好坏直接判断出方案的优劣。确定型决策问题已被广泛应用于日常生活和企业的生产实践当中,例如,寻找最短路线问题,企业的物资供应和采购问题等。由于该类决策的未来状态是已知的,所以决策程序只需要按技术的或经济的常规方法进行,线性规划法、量本利分析法和网络图等都是求解确定型决策问题的常用方法。

2. 不确定型决策

不确定型决策是指在决策环境不确定的条件下进行决策,即当决策状态有两种或两种以上的可能性时,我们对各自然状态发生的概率一无所知。或者是说,对于状态集 $\Theta=\{\theta_1,\theta_2,\cdots,\theta_m\}$,当 $m \geqslant 2$ 且状态 θ_i 出现的概率分布 $P(\theta_i)$(或连续分布 $f(\theta)$)为未知时,决策为不确定型决策。

不确定型决策的决策者对决策环境情况一无所知,即决策环境是不确定的,各种自然状态发生的概率也是未知的,所以决策者只能根据自己的主观倾向进行判断,按照一定的准则做出选择。由于决策者的主观偏好存在差异,所以一般可遵守的准则(criterion)也不尽相同,基本可以分为五种:悲观决策准则、乐观决策准则、等可能性准则、最小机会损失准则和折中准则。

(1) 悲观决策准则(Pessimistic Approach)——max-min 准则

悲观准则又叫保守决策准则或华尔德(Wald)法。当决策者对所有自然状态发生的概率一无所知时,他就会更多地考虑决策结果不确定性的影响,即会更多地顾及由于决策失误造成的重大损失。这主要是因为决策者处理问题时的态度比较小心谨慎,不敢冒险,总是担心未来会出现最不利的自然状态。

悲观准则的方法原则是:先找出每个方案在各种自然状态下的收益(payoff)最小值,然后再从各个方案的这些最小值中选一个最大值,他所对应的方案就是最优决策方案。这种准则也叫"最小最大准则",即"max-min 准则"。如果假设收益函数为 $Q = F(\theta_i, a_j), \theta_i \in \Theta, a_j \in A$,则根据 $\max\limits_{a_j \in A} \min\limits_{\theta_i \in \Theta} F(\theta_i, a_j) = F(\theta_{i0}, a_{j*}) = Q^*$,即最小最大准则,可知决策结果为 $a^* = a_{j*}$。

(2) 乐观决策准则(Optimistic Approach)——max-max 准则

乐观准则与悲观准则恰好完全相反,它是风险偏好的乐观主义者喜欢采取的方法。当决策者面对决策环境不确定的决策问题时,即使面临较大的风险,他也不会轻易放弃任何一个可以获得最大效益的机会,会用这种好中求好的风险偏好的态度来选择相应的最优决策方案。

乐观准则的方法原则是:先找出每个方案在各种自然状态下收益的最大值,然后再从这些方案的最大值中选一个最大值,因此这种方法又叫作"最大最大准则",即"max-max 准则",以此对应的方案作为问题的最优决策方案。该决策准则可模型化为 $\max\limits_{a_j \in A} \max\limits_{\theta_i \in \Theta} F(\theta_i, a_j) = F(\theta_{i0}, a_{j*}) = Q^*$,所以 $a^* = a_{j*}$。

(3) 折中准则

对于现实生活中的某些决策来说,悲观准则和乐观准则可能都趋于极端化,因此,就有必要把这两种准则综合起来考虑进行折中,这就是所谓的折中准则。

折中准则的方法原则是:取乐观决策系数 $\alpha(0 \leqslant \alpha \leqslant 1)$,对于每个决策方案 a_j,令 $CV(a_j) = \alpha \max\limits_{\theta_i \in \Theta} Q(\theta_i, a_j) + (1-\alpha) \min\limits_{\theta_i \in \Theta} Q(\theta_i, a_j)$,$j = 1, 2, \cdots, n$,折中准则下的最优方案 $a^* = a_{j*}$ 满足 $\max\limits_{a_j \in A} CV(a_j) = CV(a_{j*}) = CV(a^*)$。

这种准则也叫赫威斯(Hurwicz)准则。根据上述算法可知,乐观系数 α 的取值对决策结果的影响很大,α 越接近于 1,决策结果越与乐观或风险偏好者的相吻合;α 越靠近 0,决策结果就与风险规避者的决策结果相一致。然而,α 的取值一般由决策者自身确定。

(4) 等可能准则(Laplace 准则)

等可能准则就是假设在不确定的决策问题的状态集合中,各个自然状态发生的概率是相等的,由此确定出最优的决策方案。

等可能准则的方法原则是:如果假设状态集合中共有 m 个元素,即状态集合为 $\Theta = \{\theta_1, \theta_2, \cdots, \theta_m\}$,则每一个状态 θ_i 发生的等可能概率为 $1/m$,再根据等可能的概率值计算收益的期望值,即 $E(a_j) = \sum\limits_{i=1}^{m} \frac{1}{m} Q_{ij} = \frac{1}{m} \sum\limits_{i=1}^{m} Q_{ij}$,取其最大值即为最佳决策方案,即 $\max\limits_{1 \leqslant j \leqslant n} E(a_j) = E(a_{j*})$,$a^* = a_{j*}$。

(5) 最小机会损失准则(min-max 遗憾准则)

这个方法又叫萨凡奇(Savage)法或后悔值准则。决策者从后悔值(机会损失)最小的角度来考虑问题,所谓后悔值是指决策者在某种自然状态下,本应选择收益最大的方案获得最大收益时,却选取了其他方案而造成机会损失的损失值,记为 $R(\theta_i,a_j)$,即把在不同自然状态下的最大收益值作为理想目标,并把各方案的收益值与这个最大收益值的差称为未达到理想目标的后悔值,然后从各方案最大后悔值中取最小者,从而确定行动方案。以收益型问题为例,设状态 θ_i 发生时,方案 a_j 所获得的收益为 Q_{ij},则后悔值为:

$$R_{ij}=R(\theta_i,a_j)=\max_{1\leqslant j\leqslant n}Q_{ij}-Q_{ij}\quad i=1,2,\cdots,m;j=1,2,\cdots,n$$

最小机会损失准则的方法原则是:首先求方案 a_j 在各种状态下的最大损失值 R_j,然后选择所有方案的这些最大损失值中的最小者,对应的方案为最佳方案,即根据 $R(\theta_0,a_{j*})=\min_{a_j\in A}\max_{\theta_i\in\Theta}R(\theta_i,a_j)$,可知最优方案为 $a^*=a_{j*}$。

综上所述,对于同一个决策问题,根据不同的决策准则求解所得到的结果可能并不完全一致。这主要是因为对风险有不同偏好的决策者,对同一问题的处理原则不可能完全一样。在处理实际问题时,可以同时采用上述几个准则来进行分析和比较,到底采用哪个方案,需要根据具体情况和决策者对自然状态所持有的态度而定,一般来说,被选中多的方案应予以优先考虑。

3. 风险型决策

风险型决策是指决策者在决策环境不确定的条件下进行所谓

的风险决策,决策者尽管无法准确预知未来将会发生何种状态,但总能预测各个自然状态发生的概率(分布),且已知各个方案在不同自然状态下的收益值。这也就是说,对于状态集合 $\Theta=\{\theta_1,\theta_2,\cdots,\theta_m\}$,当 $m\geqslant 2$ 且状态 θ_i 出现的概率分布 $P(\theta_i)$(或连续分布 $f(\theta)$)已知时,决策为风险型决策。

对于风险型决策问题,如果设 $A=\{a_1,a_2,\cdots,a_n\}$ 表示所有可能选择的备选方案集,$\Theta=\{\theta_1,\theta_2,\cdots,\theta_m\}$ 表示所有可能出现的状态集,而且各状态出现的概率分布为 $p_1,p_2,\cdots,p_m$,则可用 $u_{ij}=Q(\theta_i,a_j)$ 表示状态 θ_i 出现时方案 a_j 的损益值,并通过表 1-1 给出风险型决策问题的损益矩阵。

表 1-1 风险型决策的损益矩阵

方案	状态			
	θ_1	θ_2	$\cdots$	θ_m
	p_1	p_2	$\cdots$	p_m
a_1	u_{11}	u_{12}	$\cdots$	u_{1m}
a_2	u_{21}	u_{22}	$\cdots$	u_{2m}
$\vdots$	$\vdots$	$\vdots$	$\vdots$	$\vdots$
a_n	u_{n1}	u_{n2}	$\cdots$	u_{nm}

要克服上述不确定性问题给决策带来的困难并提高决策的可靠性,决策者可通过收集有关状态的以往信息,以便统计各个自然状态发生的概率。这里"过去的信息或经验"称为先验信息,由先验信息加工整理得到的概率分布通常称为先验概率(prior probability)分布。为了提高先验概率分布的准确性和客观性,人们还会常常设计一些抽样调查、质量检验等方法,借此通过收集新信息来修正先验概率分布,被修正后的概率分布通常又叫作后验概率(posterior probability)分布。因此,根据是否对已有信息进行追加证实,风险型决策又分为先验决策和后验决策两大类。

(1) 先验决策

先验决策同不确定型决策一样,也会受到不同决策准则的影响而导出不同的结果。先验决策的决策准则通常有期望收益最大准则和期望损失最小准则。

期望收益最大准则的方法原则是:首先,要求决策者计算出每个行动方案的期望收益,即对于每个方案 a_j,计算 $EMV(a_j) = \sum_{\theta_i \in \Theta} u_{ij} p(\theta_i)$;然后,要求决策者从中选取期望值最大的方案为最优决策方案,即求解模型 $Q_{j*} = \max_{a_j \in A} \{EMV(a_j)\}$,所对应的决策方案 a_{j*} 就是最佳决策方案。

期望损失最小准则的方法原则是:首先,要求决策者计算出由于后悔而产生的每个方案的期望损失值,然后,从中选取期望损失值最小的方案为最优决策方案。期望损失最小准则可用优化模型表示为:$Q^* = \min_{a_j \in A} \{\sum_{\theta_i \in \Theta} (u_{i*} - u_{ij}) \cdot p(\theta_i)\}$,其中 $u_{i*} = \max_{a_j \in A} \{u_{ij}\}$。

(2) 后验决策

后验决策与先验决策一样,通常也有期望收益最大准则和期望损失最小准则,仅仅是后验决策者是根据后验概率(posterior

probability)来进行决策的。

由此可见,无论是确定型决策,还是不确定型决策,或者是风险型决策,都试图通过数学模型来刻画决策者的决策准则,构建决策者的最优决策框架,以为决策者提供最优决策方案。上述这种将决策准则模型化的分析结果必然是"人们应该如何做决策",但与"人们实际上如何做决策"又必然存在一定偏差,甚至可能出现矛盾或相反的结果。

那么,人们究竟是如何做决策的?究竟应该怎样做决策?半个多世纪以来,学者们做了一番潜心研究,涌现出了一大批重要的研究成果,并逐渐形成了多个系统性理论,其中以 Von Neumann 等提出的"期望效用理论"(Expected Utility Theory)和 Kahneman 等提出的"期望效用理论"(Prospect Theory)最为著名,成为决策研究领域中的里程碑式的成果。事实上,这两个理论也恰恰代表了决策研究领域中两种主要的研究取向,即规范性(normative)取向与描述性(descriptive)取向(Baron,2008;庄锦英,2006)。规范性取向以人的"完全理性"作为基本假设,认为人的偏好具备完全理性;而描述性取向则以人的"不完全理性"为基本假设,承认并接受人除了具有理性之外也必然同时具有不完全理性的一面。

那么,如何理解"完全理性"和"不完全理性"的概念?完全理性决策与不完全理性决策又有何区别和联系?以下将从决策理论的发展角度,分别介绍完全理性决策与不完全理性决策的本质特征,阐述从"完全理性"到"不完全理性"的转变原因和决策研究规律。

三、完全理性决策:期望效用理论的公理化假设

理性是指人的一种行为方式,它适合实现指定目标,而且在给定条件和约束的限度之内。在不同的学科领域,理性所涵指的内容存在着差异。在早期的心理学、逻辑学和伦理学中,理性是指人们运用才智进行选择的过程,比如詹姆士在其《心理学原理》一书中将理性作为"推理的特定思考过程"的同义语;而在经济学和社会学领域中,理性则是指选择或决策的本身,比如达尔和林德布鲁姆就曾指出,一项行动是理性的,即对于指定目标及其真实处境来说,该行动被"正确地"设计成一种能谋求最大成功的行动。主流经济学一直将经济人的"完全理性"作为其体系的一个重要前提假设,这里的"完全理性"就是参照第二种对理性的理解,即行为人或决策者具有全知全能的本领,他的决策方案可以实现目标最优或最大化,所以说主流经济学也是关于理性选择或理性决策的经济学。尽管一直以来,经济学被理解为局限在稀缺资源的配置方面,但在本质上还应该是个关于稀缺资源下的选择或决策问题。因此,从这个意义上来说,如果行为人的选择或决策没有实现其目标最大或最优化,那么他的行动或决策就是非理性的。

在传统的经济学中,学者们一直都是将概率论中的期望回报作为人们在不确定条件下决策的判别标准。事实上,人们决策行

为的理性和非理性的判断标准是很难确定的。现实中既没有纯粹理性的行为人,也不存在单一非理性的决策者,人们往往是要在利益和价值之间进行权衡和判断以找到决策的均衡点。著名数学家 N. 伯努利(Nicholas Bernoulli)于 1728 年给出一个例子就是很好的佐证,该例子现在被人们称为著名的圣. 彼得堡悖论(St. Petersburg Paradox)。

18 世纪上半叶,俄罗斯圣彼得堡曾流行过关于掷硬币的赌博游戏,该游戏规则是:个体上抛一枚质地均匀的硬币,如果出现反面,则再上抛直至有人头的正面出现为止。当第一次抛出正面时,该个体得到 1 元,游戏结束;否则,继续抛第二次硬币。当第二次抛出正面时,该个体得到 2 元,游戏结束;否则,继续抛第三次硬币。当第三次抛出正面时,该个体得到 4 元,游戏结束;否则,继续抛第四次硬币。当第四次抛出正面时,该个体得到 8 元,游戏结束;否则,继续抛第五次硬币。以此类推。当然,参与者必须先支付庄家一定的赌注。那么,问题就是参与者愿意先支付多少赌注来参与该赌博游戏?

按照概率论的思想,个体愿意支付的财富应该等于该赌博游戏的期望回报。在该赌博游戏中,期望回报满足:

$$E[\tilde{x}] = \frac{1}{2} \times 2 + \frac{1}{2^2} \times 2^2 + \frac{1}{2^3} \times 2^3 + \cdots = 1 + 1 + \cdots = \infty$$

这就表明,个体愿意支付正无穷的财富,来参与该赌博游戏。这个结论显然是不合理的,尽管赌徒的期望回报随着抛硬币的次

第一章 完全理性决策和不完全理性决策

数趋向无穷而达到无穷大,但在实际中,大多在第2、3次最多5、6次就会出现正面。因此,理论与实际相矛盾,该例子被看作是一个悖论。

该悖论的解决由 N. 伯努利的堂兄弟 D. 伯努利给出。D. 伯努利认为,对于个体而言,200元的收益并不等于100元收益的两倍,他假定个体决策时会使用一个现在被称为 Von Neumann-Morgenstern 期望效用函数的概念 $u(\cdot)$,从而个体决策时不是直接计算游戏回报的期望值,而是计算游戏回报的期望效用值,即可表示为 $E[u(\tilde{x})] = \sum u(x_i) p_i$。因此,与上述游戏相当的财富值或赌注应该满足:

$$u(w+\xi) = \frac{1}{2}u(w+1) + \frac{1}{4}u(w+2) + \frac{1}{8}u(w+4) + \cdots$$

其中 w 表示个体的初始禀赋或者个体当前的财富值;ξ 表示个体对该游戏的估值;$u(\cdot)$ 表示个体对财富的效用。

如果对上述效用函数 $u(\cdot)$ 取对数效用形式,对个体当前财富值取 $w=5\,000$ 元,则可求得 $\xi \approx 9$。因此,即使该游戏的期望收益趋于无穷大,但对于参与者而言,该游戏的价值仅仅为9元。

上述分析表明,人们拥有财富金额的多少并不代表这些财富对这个人的真正价值。对此,伯努利(Bernoulli)提出精神价值(Moral value)的概念,即个体对钱财的真实价值与他的钱财拥有量之间存在效用函数关系。根据伯努利的解释,尽管在此悖论中赌徒一次赌博的货币期望值是无穷大,但是赌徒的精神价值却比这个低得多，人们所感受到的真正价值就是精神价值，也就是一次赌博对参与人的真正价值就是其效用。

由此可见，在不确定性的条件下，以期望值的大小作为人们的决策准则就显得不那么合理。因为同样一笔的货币量在不同情景下给决策者带来的主观上的满足程度不一样，或者说决策者在更多的情景中是根据不同结果或方案满足其需求欲望的程度来进行决策的，而不仅仅是根据期望收益最大化进行决策的。为了衡量或比较不同的商品、劳务满足人的主观愿望的程度，以 Von Neumann 为代表的著名经济学家和社会学家提出了"效用"这个概念，并在此基础上建立了期望效用理论。

效用是决策主体对客体的偏好的数值度量，可用它来衡量人们对某些事物的主观价值、态度、偏爱、倾向等。在不确定性情形下，如果能用效用指标来测度决策者对待风险的不同态度，那么就可用效用函数或效用曲线的凸凹性来刻画决策者对待风险的态度，如图 1-2 所示。效用函数的值一般是一个相对的指标值，无量纲，一般用[0,1]或[0,10]或[0,100]之间的数来表示，即决策者最偏好、最倾向、最愿意事物的效用值赋值为 1（或 10 或 100），不然赋值为 0。通过效用指标，可将主体对某些难以量化并且有质的差别的客体的偏好给予量化，主要是将要考虑的因素都折合为个体的效用值，从而得到各个方案的综合效用值，然后决策主体选择效用值最大的方案，这就是所谓的总效用值最大决策准则。

将 Von Neumann 等提出的"期望效用理论"和主流经济学的

第一章 完全理性决策和不完全理性决策

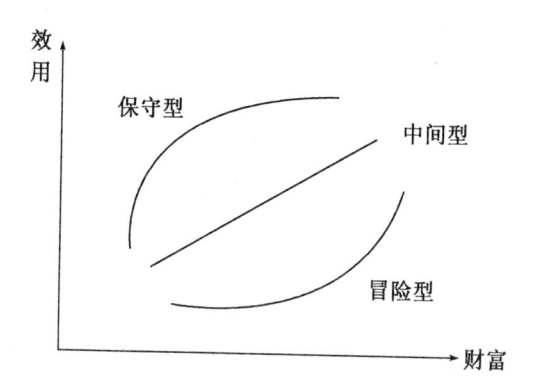

图 1-2 不同风险偏好的个体效用曲线

理性选择理论相结合,可给出"完全理性"的概念。所谓完全理性,就是指行为人或决策者是个无所不知的超人,他具有纵向和横向方面的完备知识。在纵向方面,他可以预测未来;在横向方面,他通晓资源、交易伙伴和环境等情况。具体而言,行为人或决策者的完全理性是指个体决策行为是以满足期望效用理论的公理化假设为前提的(杨金桥,2015),即包括以下几方面的内容:

1. 有序性

有序性是指决策者可以在多个备选方案之间进行两两比较。

2. 占优性

占优性是指用相同的若干个维度对所有备选方案进行衡量和比较,如果其中一个方案在至少一个维度上比其他方案都好,而同时在其他维度上又不比其他方案差,那么这一方案就被称为"占优方案",完全理性的决策者也一定会选择这一方案。例如,消费者想在A、B、C三部手机中选择购买一部,按照价格、外观、带电能力三个维度对这三部手机进行比较,结果发现A手机的价格最低,同时其外观和带电能力又不比B手机和C手机差,所以完全理性的消费者就肯定会选择购买A手机,而不会去选择购买B手机和C手机。

3. 相消性

相消性是指在所有备选方案中,如果有两个方案的执行结果存在相同的部分,那么这一部分就可以在决策过程中消去,并不会影响决策的最终结果。反之,如果增添完全相同的部分,也不会影响决策的最终结果。例如,消费者在对A、B、C三部手机进行比较时,发现A手机和B手机在价格方面完全相同,所以消费者在比较A手机和B手机时,就可以忽略价格这一维度,而只在外观和带电能力这两方面进行比较。反之,如果增加一个屏幕分辨率维度,同时A手机和B手机的屏幕分辨率又完全相同,那么屏幕分辨率这一维度将不会影响消费者对A手机和B手机的最终选择。

4. 传递性

传递性是指决策者在不同备选方案之间的偏好是可传递的。例如,如果消费者在A手机和B手机中偏好A,在B手机和C手机中偏好B,那么在A手机和C手机中,消费者一定偏好A。

5. 连续性

连续性是指如果存在这样两个备选方案,执行A方案同时存在着一个概率极大的好结果和一个概率极小的不好结果,而执行

第一章　完全理性决策和不完全理性决策

B方案的结果是确定的,但好坏程度介于A案的两种可能结果之间,那么完全理性的决策者就会冒极小的风险选择A方案,而不会选择结果确定的B方案。例如,消费者选择购买A手机,将有99%的可能使用得非常满意,同时有1%的可能手机会损坏,而选择购买B手机,手机一定不会损坏,但用户体验一般,所以消费者就会选择购买A手机,而不会选择购买B手机。

6. 恒定性

恒定性是指决策者不会受到备选方案表现方式的影响。例如,逻辑意义相同,但只是表述方式不同的两个备选方案,完全理性的决策者将不会对其产生任何偏好(施俊琦,2004)。

在以上六条公理性假设的基础上,Von Neumann等给出了期望效用表示理论。由于上述六条假设基本上都符合人们对日常决策的直觉,所以在相当长一段时间内,期望效用理论成为决策研究领域的主流研究范式,并衍生出其他类似的理论模型,如主观期望效用理论等(Camerer & Weber, 1992)。这些理论模型虽然与期望效用理论存在一定差异,但其前提假设和理论核心基本上是一致的,即这些理论模型都认为人的决策偏好具备完全理性。这里的完全理性是指决策者在面对一个决策情境时,能够拥有足够强大的数学和逻辑计算能力,能自觉计算选择各种方案的数学期望值,以做出理论上设定的最优决策,从而实现自身期望效用最大化(Von Neumann & Morgenstern, 1992; Li, 1996)。总之,在期望效用理论的框架下,决策者的完全理性包含以下几方面的内容:

(1) 决策者面临的必须是一个客观的、一成不变的问题,即不存在不确定性。也就是说,即使存在不确定性,也可以预知不确定性的概率分布。

(2) 在决策过程中,决策者能够并且必须获得全部有效信息。也就是说,对于具有完全理性的行为人或决策者来说,一切信息都是确定的、可获知的、可分析的。

(3) 决策者选择或决策的各种目标是明确的,而且可以依据不同目标的重要性进行排序。这意味着,行为人或决策者具有可以确定的效用函数(消费者的效用函数和厂商的利润函数可以统称为效用函数),同时行为人具有同质性以及一致性的偏好体系。

(4) 决策者能够并且必须选择出与实现目标相关的所有决策方案。这意味着,完全理性的行为人可以设计出所有的被选方案,以及各项方案所产生的全部后果。

(5) 决策者的选择结果具有描述不变性、程序不变性和前后关系独立性。描述不变性要求行为人选择的先后顺序不应依赖于所描述或显示的选项,也就是说如果行为人经过再三思考,将两种描述视为同一问题的同义表达,那么它们必定导致相同的选择,即这种思考不存在异处;程序不变性要求不同方式的等价描述揭露相同的偏好次序;前后关系独立性指一项选择与其他替代方案互为独立的原则,它要求在给定 Z 而不提供有关 X 或 Y 的新的信息的情况下,X 与 Y 的优先权顺序不应该依赖于 Z 是否有效。

(6) 决策者能够准确地预测出每一个方案在不同的客观条件

第一章　完全理性决策和不完全理性决策

下所能产生的结果,即决策者或行为人可以确定地赋予每项行动结果一个具体的量化价值或效用。

（7）决策者可选择最优决策,即决策者或行为人可以实现效用最大化或最优目标(消费者效用最大化和企业利润最大化)。

从以上不难看出,建立在完全理性假设的基础上的期望效用理论以一种极其严谨的方式为人们制定了一套标准化的决策方法。完全理性决策者的选择或决策意味着在资源约束的条件下实现效用最大化或利润最大化,决策者在选择过程中可以遵循确定性原则、极大极小法则、边际原理以及概率法则(也就是主观期望原则)等决策准则。这一方法在数学和逻辑层面上是非常科学的,也非常便于分析,所以完全理性假设致使期望效用理论形成令人称赞的完美体系和预测能力。

然而,完全理性假设由于需要决策者符合和满足的条件十分苛刻,往往又会使得期望效用理论成了只是抽象上的理想模式和方法,不仅经不起经济学内部的逻辑推敲,也经不起实践和现实的考验。因此,期望效用理论在描述、解释以及预测现实情境中的决策时显得非常乏力(Shafir & Le Boeuf, 2002)。其中,在解释诸多理性决策悖论和现实决策实验结果(如阿莱悖论、艾尔斯伯格悖论、最后通牒博弈和礼物交换博弈等)时,期望效用理论始终都无法自圆其说,这已成为学者们质疑和诟病期望效用理论的有力证据。尤其是自20世纪30年代西方发达国家相继发生经济衰退和金融危机以来,完全理性的假设遭到来自各方的谴责和质疑,一直到今天,完全理性假设所蕴含的内容也都一一被证伪,这也暗含着期望效用理论不能接受经济问题的原因在于它的理论根基或前提假设存在着缺陷。

实际上,在20世纪60年代左右,以Simon为代表的学者就已经指出,期望效用理论以人的"完全理性"作为基础假设,在现实中是不可能存在的。Simon在近半个世纪的时间里都致力于论证决策者或行为人的计算和推理能力受到各方面的限制,决策者或行为人只具备受到限制的理性能力,所以决策者或行为人应该是"意欲理性而只能有限地为之"。例如,完成一次国际象棋比赛,大概需要10 120种走法,每一步走法所涉及的自己和对手的反应共有近103种连续走法,但是,即使是最顶尖的棋手也只能在每步考虑到十几种走法而已,该例就足以说明Simon的论断是合理的。Simon对完全理性的批判,从根本上动摇了以期望效用理论为代表的规范性决策理论的根基。从此,很多学者对决策研究的注意力也随之发生转移,从传统的理想化的决策研究转移到对现实决策情境的研究,开始关注真实情境中"有限理性"的人是如何做决策的,并描述其决策行为的基本特征,从而拉开了不完全理性决策理论研究的序幕(杨金桥,2015)。

四、不完全理性决策:期望效用理论的修正和改进

按照Von Neumann-Morgenstern的期望效用理论的完全理性假设,任何一项决策,都应遵照一定的决策程序,选取合适的决

第一章 完全理性决策和不完全理性决策

策方法或决策准则,建立相应的决策模型,进行客观公正的科学决策。完全理性决策理论表明,只有决策者满足完全理性的假设条件,他所选择的决策方案才有可能是最优方案。然而,在实际决策过程中,人们并不是按照完全理性决策理论进行决策的,往往还伴随着许多不完全理性的决策行为。也就是说,人的直觉、经验、情感、潜意识等诸多非理性因素也参与了决策活动。也恰恰由于人们的决策存在着不完全理性的特点,才导致现实中决策者的决策结果常常偏离甚至背离传统期望效用理论的预期。诺贝尔经济学奖获得者 Allais 于 1953 年就已给出了一个著名的悖论,该悖论表明个体的决策与期望效用理论的独立性公理相矛盾,个体在不确定环境下的决策并不是完全理性的。

那么,究竟是什么原因导致了人们决策过程中不完全理性行为的产生?这些不完全理性行为如何进行刻画?我们不妨先来看看传统期望效用理论无法解释的两个著名实验现象。

奚恺元的冰淇凌实验:奚恺元设计如下一个冰淇淋销售实验。

现在有两杯哈根达斯冰淇淋(图 1-3 所示),一杯冰淇淋 A 有 7 盎司,装在 5 盎司的杯子里面,看上去快要溢出来了;另一杯冰淇淋 B 是 8 盎司,但是装在了 10 盎司的杯子里,所以看上去还没装满。那么,在两杯冰淇淋没有任何标度情况下,你愿意为哪一份冰淇淋付更多的钱呢? 如果两杯冰淇淋的价格是相同的,你更愿意买哪一杯?

奚恺元的实验结果是,在分别判断的情况下,人们反而愿意为

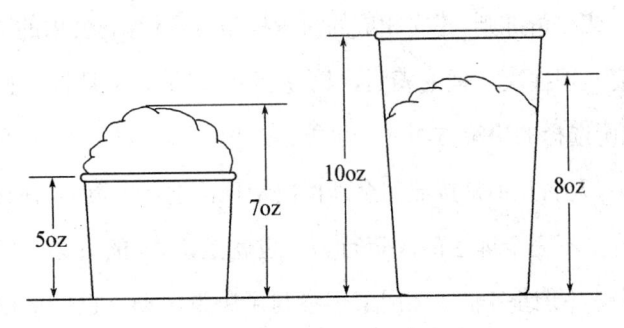

图1-3 奚恺元的冰淇凌实验

分量少的冰淇淋付更多的钱。平均来讲,人们愿意花2.26美元买7盎司的冰淇淋,却只愿意用1.66美元买8盎司的冰淇淋。

如果说人们喜欢冰淇淋,那么8盎司冰淇淋要比7盎司多;如果说人们喜欢杯子,那么10盎司的杯子也要比5盎司的大。然而,实验的结果却是恰恰相反,这就明显违背了传统的效用最大化决策准则。所以说,该实验表明个体决策并不是完全理性的。

该实验中的人们在做决策时之所以会表现出不完全理性,是因为人们并不会去计算一个物品的真正价值,而是用某种比较容易的评价来判断,实验中的人们其实是根据冰淇淋到底满不满来决定给不同的冰淇淋支付多少钱。

塞勒实验:塞勒设计甲、乙两个问题如下。

甲:假设你得了一种病,有万分之一的可能性会突然死亡,现在有一种药吃了以后可以把死亡的可能性降到零,那么你会愿意花多少钱来买这种药呢?

乙:假定你身体很健康,如果说现在医药公司想找些人测试他

第一章 完全理性决策和不完全理性决策

们新研制的一种药,这种药服用后会使你有万分之一的可能性突然死亡,那么你会要求医药公司花多少钱来补偿你呢?

在塞勒实验中,很多人会愿意出几百块钱来买药,但是即使医药公司花几万块钱,他们也不愿参加试药实验。

然而,按照期望效用理论,由于两个问题的概率都是万分之一,所以在完全理性的假设下对两个问题的回答结果在理论上应该是无差异的。那么,实验中的人们为什么会表现出不完全理性?

其实,人们得病后治好病是一种相对不敏感的获得,而本身健康的情况下增加死亡的概率对人们来说却是难以接受的损失。所以,人们对损失要求的补偿,要远远高于他们愿意为治病所支付的钱。这其实就是个体表现所谓的损失规避行为特征。

基于以上两个例子无法用传统的期望效用理论进行解释,行为心理学家卡尼曼(Kahneman)与特沃斯(Tversky)基于1979年对传统的期望效用理论进行了修正和拓展,提出了著名的"前景理论"(Prospect Theory)。他们首先通过一系列的实验证明,个体决策是不完全理性的,一般具有如下几方面特征。

实验一:考虑如下两个决策问题。

问题Ⅰ:个体面临两种选择方案,AⅠ:100%能赢得1 000元;BⅠ:50%的可能赢得2 000元,50%的可能一无所获。

问题Ⅱ:假定个体已经赢得了2 000元,个体面临两种选择方案,AⅡ:100%要损失1 000元;BⅡ:50%的可能要损失2 000元,50%的可能毫无损失。

通过该实验,在问题Ⅰ中,大多个体会选择 AⅠ;而在问题Ⅱ中,大多个体会选择 BⅡ。

然而,根据期望理论,$E(BⅠ)=0.5×2\,000+0.5×0=1\,000=E(AⅠ)$,即方案 AⅠ 与方案 BⅠ 是无差异的;$E(BⅡ)=0.5×(-2\,000)+0.5×0=-1\,000=E(AⅡ)$,即方案 AⅡ 与方案 BⅡ 是无差异的。那么,人们为什么会在问题Ⅰ中选择方案 AⅠ 而不是方案 BⅠ,而在问题Ⅱ中选择方案 BⅡ 而不是方案 BⅠ?

同时,上述两个问题实际上也是完全等价的。"方案 AⅠ"等价于"2 000 元+方案 AⅡ","方案 BⅠ"等价于"2 000 元+方案 BⅡ"。那么,人们为什么会在问题Ⅰ中选择方案 AⅠ,而在问题Ⅱ中选择方案 BⅡ?

显然,问题Ⅰ面临的选择方案都是让决策者获得,而问题Ⅱ面临的选择方案都是让决策者损失。人们在面对"获得"时所进行的决策会表现出风险回避;而在面对临"损失"时所进行的决策会表现出风险追求。而且,人们对获得与损失的判断并不是绝对的,往往需要有一个参照点,认为高于参考点的收益是获得,而低于参考点的收益是损失。

进一步地,结合塞勒实验还可知,人们对"获得"与"损失"的敏感程度不同,对"损失"的重视程度要远远高于对"获得"的重视程度。人们在面对"获得"时是风险回避的;而在面对临"损失"时是风险追求的。

实验二:考虑如下两个决策问题。

第一章　完全理性决策和不完全理性决策

问题Ⅰ：个体面临两种选择方案，AⅠ：45%能赢得6 000元，55%一无所获；BⅠ：90%可能赢得3 000元，10%可能一无所获。

问题Ⅱ：个体面临两种选择，AⅡ：0.1%能赢得6 000元，99.9%一无所获；BⅡ：0.2%可能赢得3 000元，99.8%可能一无所获。

在该实验中，对于问题Ⅰ，大部分人都会选择方案BⅠ；而对于问题Ⅱ，大部分人都会选择方案AⅡ。

同样，根据期望理论，方案AⅠ与方案BⅠ是无差异的，而方案AⅡ与方案BⅡ是无差异的。那么，人们为什么会在问题Ⅰ中选择方案AⅠ而不是方案BⅠ，而在问题Ⅱ中选择方案BⅡ而不是方案BⅠ？

究其原因，该实验的结果表明，人们在判断客观事件发生概率时通常会存在一定偏差，往往将大概率事件概率缩小，而将小概率事件的概率放大。

基于上述个体决策的不完全理性行为特征，行为学家卡尼曼与特沃斯基通过对传统效用理论进行改进，提出了"前景理论"，即用价值函数$v(x)$（value function）取代效用函数$U(x)$，用权重函数（weight function）$\pi(p)$取代客观概率。所以，传统的期望效用理论可看作是前景理论的特例。

前景理论可用来解释传统的期望效用理论无法解释的一些异象，肯定了人的决策是具有不完全理性的，在实际决策中有着较好的应用性。例如，在投资、博彩、营销等领域，前景理论把心理学研究和经济学研究有效地结合起来,揭示了人们在不确定性条件下的决策机制。

前景理论作为目前人们在不确定条件下决策的一种新的价值判断标准,,为行为决策的研究和发展提供了一个新的分析范式。然而,人们的实际决策行为是非常复杂的,前景理论只是稍稍打开了"人们如何决策"这个黑箱子的一角,因为人们的决策有时并非总满足"前景理论"的条件,甚至可能相反。因此,前景理论还有待进一步研究和拓展。

五、行为决策:完全理性与不完全理性的统一

自从行为学家卡尼曼与特沃斯基提出前景理论以来,有关行为决策的研究日益受到人们重视,行为决策理论应运而生。行为决策理论是在传统决策理论无法解释一些异象的基础上发展起来的,它最早起源于阿莱斯(Allais)悖论和爱德华兹(Edwards)悖论的提出。行为决策理论针对传统决策理论中的不足之处进行不断的探索和研究,其中决策行为的实证研究一直贯穿于行为决策理论的发展过程。所以,决策行为的实证研究方法在很大程度上影响着行为决策理论的发展,对行为决策理论的发展起着关键的作用。于是,按照决策行为的研究方法的发展路径,可将行为决策理论的发展分为三个阶段。

第一章　完全理性决策和不完全理性决策

（一）第一阶段：行为决策理论的萌芽阶段（20世纪50年代至70年代中期）

该阶段之所以称为行为决策理论的萌芽阶段，主要因为这个阶段的研究大多还是集中在对传统的理性决策理论的不足和弊端上的探索，研究还是处在规范性研究的先行阶段，没有划分出独立的研究领域。

该阶段的主要研究对象可分为"判断"和"抉择"两大类别。"判断"在研究中的含义是指"人们在估计某一事物发生概率的时候，他的整个决策过程是如何进行的"（爱德华兹悖论讨论的就是这个问题）；"抉择"在研究中的含义是指"人们在面对多个可选事物的情况下，他是如何做挑选的"（阿莱斯悖论讨论的就是这个问题）。于是，基于认知心理学，该阶段的研究框架就是认为人的判断和抉择过程实际上是信息处理过程，该过程包括四个环节，即信息获取、信息处理、信息输出和信息反馈，从而研究的主要内容就是探索和描述人们在"判断"和"抉择"中是如何具体进行每一个环节的。

该阶段的主要研究方法是心理学实验方法，即通过心理学实验探索人们在进行"判断"和"抉择"时背后的心理因素，然后再就这些心理因素对决策行为中的"判断"和"抉择"的影响进行理论上的探讨，进而探索和描述人们在"判断"和"抉择"中是如何具体进行每一个环节的。由于受到研究方法的限制，行为决策理论在这一阶段对决策行为的研究还是显得比较单薄，再加上理性决策理论当时正处在发展的高峰期,行为决策理论在这一阶段并没有受到人们的重视。

(二) 第二阶段:行为决策理论的兴起阶段(20 世纪 70 年代中期至 80 年代中后期)

该阶段的研究对象扩展到决策过程的所有环节,包括情报阶段、设计阶段(包含判断)、抉择阶段和实施阶段,对决策行为中各个阶段中人们是如何具体地完成这一阶段进行了深入的探索,并取得丰富的研究成果。可以说,行为决策理论中讨论的偏离传统最优行为的"决策偏差"的绝大部分都是在这个时期研究发现的。而且,值得注意的是,行为决策理论在这一阶段已经开始建立起基于人们实际决策行为的描述行为决策模型,其中 Kahneman 和 Tversky 于 1979 年提出的"前景理论"(Prospect Theory)就是一个非常具有代表性的理论模型,这一模型与传统的决策模型已经发生了很大的变化,该模型修正了传统经济学的完全理性人的基本假设,开创了行为决策研究的新领域。行为决策模型描述了许多偏离传统最优行为的决策偏差,如过度自信、损失规避、不公平厌恶等不完全理性现象。

该阶段的主要研究方法包括观察法、调查法(主要是问卷调查法、访谈调查法)和实验法(心理学实验和经济学实验)等,而且随着实验经济学的逐步成熟,行为决策研究的方法有逐渐向经济学实验方法靠拢的趋势。随着多种实证研究方法的应用,尤其是经济学实验方法的逐渐成熟和应用,人们的实际决策行为规律可通过构建模型进行描述,这为行为决策理论的蓬勃发展,尤其在经济、金融、管理等领域的广泛应用奠定了坚实的理论基础。所以说,行为决策理论在这个阶段已发展成为一门独立的研究学科。

(三)第三阶段:行为决策理论的蓬勃发展阶段(20世纪80年代中后期至今)

该阶段研究的主流不再是对传统的完全理性决策理论的挑战,而是概括决策行为特征,提炼行为变量,然后将其运用到完全理性决策的分析框架之中,以尽可能将不完全理性决策理论与传统的完全理性决策理论相统一。这种基于对传统决策模型的改进,不仅考虑了客观的备选方案以及环境对它们的影响,而且包含了决策者认知的局限性、主观心理因素以及环境对决策者的心理影响等因素。这样拓展得到的模型,其普适性更强,传统的理性决策模型就是其特例。所以说,行为决策理论正逐步使不完全理性与完全理性在很大程度上趋于统一或相容,这也是行为决策理论逐渐走向成熟的一个标志。行为决策理论在这个阶段最具影响力的研究应属其应用于金融领域的研究,最具有代表性的研究集中在投资者心态模型、行为资产定价模型、行为组合模型等。其中,投资者心态模型较好地对金融市场中价格对信息的过度反应和反应不足现象进行了解释,而行为资产定价模型和行为组合模型更是对传统资本资产定价模型进行了普适性更强的修正。

该阶段的主流研究范式可概括为四步骤:首先,识别某个具体领域的传统理性决策模型及其假设;第二步,找出传统理性决策理论和人们实际决策的不一致现象,而这种不一致现象正是由于人的认知能力、心理、情绪等非理性因素所导致的;第三步,归纳决策行为特征,添加行为变量或用考虑行为因素后的变量替代原模型中的相关变量,构建新的决策模型;第四步,对新构建的模型进行实证检验,寻找该模型的新推论或新结论,并论证其对谬与否。

从当前行为决策理论的主流研究范式可以看出,行为决策理论正开始借鉴传统的期望效用理论中的演绎推理法进行相关研究,即当前的行为决策研究正开始转向行为决策模型的构建和检验。所以,从目前研究方法的角度,行为决策理论正要对人们的不完全理性决策和完全理性决策的研究相统一。

行为决策研究从人们决策的完全理性到不完全理性,再到完全理性和不完全理性的统一,其中研究的关键是如何对人们的实际决策行为进行描述。事实上,对行为决策的不同研究方法决定了行为决策理论的发展进程。在行为决策的萌芽阶段,由于人们实际决策行为的实证分析方法局限于心理学实验,行为决策研究的对象无法涵盖决策的整个过程,也无法与传统的完全理性决策研究相区分。在行为决策理论发展的第二阶段,由于观察法、调查法和实验法的引入,尤其是经济实验法的日渐成熟,行为决策理论开始兴起并发展成为一门独立的研究学科。而在行为决策理论发展到了第三阶段,由于经济学实验法的广泛应用和其他实证研究方法的不断吸收,行为决策理论取得了长足的发展,并逐渐在现代决策理论中占据重要的地位。所以说,对人们实际决策行为进行描述性研究的方法在很大程度上决定了行为决策理论发展的历程。

因此,从行为决策理论的研究主流来看,随着行为决策理论对人们实际决策行为描述的精确度要求越来越高,传统理论中的模型化方法的规范性研究将越来越受到青睐,即通过构建基于人们实际决策行为的描述行为决策模型来研究人们的实际决策规律,这在客观上就必然将使完全理性决策和不完全理性决策相容于行为决策理论框架之下。所以说,遵循对行为决策研究的主流范式,对完全理性决策与不完全理性决策的研究在理论上应是相互关联、相互借鉴、不可分割的,而且对两者的研究更应该呈现相互统一或融合的趋势。

六、本章小结

决策科学被誉为基础科学中最富有前景的学科之一。近半个世纪以来,在经济学、管理学、心理学等学科领域的学者共同努力下,关于决策理论的研究取得了较为丰富的成果,主要包括以人的"完全理性"为前提假设的规范性研究成果和以人的"不完全理性"为前提假设的描述性研究成果。为了较为详尽地介绍决策科学的最新理论成果,本章首先从决策的现象开始介绍决策的概念、要素及其分类,然后在此基础上,先后对完全理性决策和不完全理性决策的相关理论进行梳理,以揭示从完全理性决策研究到不完全理性决策研究的科学规律,最后从行为决策理论的发展进程角度,阐述完全理性决策和不完全理性决策的研究在行为决策理论的框架下呈现互相借鉴、相互统一的发展趋势。

本章内容不但有助于厘清行为决策研究的理论渊源,而且为本文对PPP项目的投资决策和政府补偿对策的研究提供了较好的理论支持。本文在后面各章将把私人投资者的"不完全理性"假设引入对PPP项目的政府补偿契约结构研究中,首先在第二章对基础设施项目融资的PPP模式进行概述,并指出PPP模式的必要性和存在的问题;接着在第三章较为详细地分析了PPP项目政府补偿的契约问题,并给出相应的数学模型表示;然后在第四章基于私人投资者的"完全理性"假设,研究了PPP项目补偿契约的激励性和有效性,并给出政府有效补偿的相关对策;最后在第五、六、七、八章分别将私人投资者的风险偏好、过度自信、不公平厌恶、损失规避等"不完全理性"行为特征通过私人投资的期望效用模型进行描述或刻画,并借助行为决策和行为博弈的分析方法研究私人对PPP项目的投资决策机制和政府对PPP项目的补偿机制。

第二章 基础设施项目融资的 PPP 模式概述

第二章 基础设施项目融资的PPP模式概述

当前我国新型的城镇化举措将拉动数十万亿的基础设施投资，如何拓宽融资渠道，以满足基础设施项目建设所需的大量资金？一种政府与社会资本合作的PPP(Public-Private Partnership)模式近年来正在被国务院、财政部等各部门大力推广和使用，该模式由于鼓励社会资本通过特许经营等方式参与公共基础设施项目融资，目前已发展成为政府解决资金短缺或化解政府财政危机的重要途径。为此，本章将首先简要介绍项目、基础设施项目、项目融资等相关概念；然后在此基础上，重点分析基础设施项目融资的PPP模式的概念、特征和本质，以及PPP项目融资的必要性及其存在的问题；最后以我国的国家体育场项目作为案例，阐述PPP项目的契约合作本质以及政府补偿的重要性，从而给出本书将要研究的科学问题。这不仅有助于人们对PPP项目的充分认识和理解，也为本文对PPP项目政府补偿问题的理论研究和相关科学问题的凝练提供了一些基础性的实际支撑。

一、基础设施项目的含义与特征

项目（Project）已广泛应用于社会经济的各个方面，大至国家领导和专家反复论证、慎重决策的大型工程建设项目，小至科研机构各种类型的研究课题等，都可以看作一个项目。但是，项目这个概念到目前还没有一个统一的定义。下面将在界定项目这个概念的基础上，分析基础设施项目的含义与类型，并给出本书对基础设施项目的研究范围。

（一）项目与工程项目的概念及特征

一般地说，项目是一个专门组织为实现某一特定目标，在一定约束条件下（限定的资源、时间、质量等）所开展的一次性活动或所要完成的一个任务，以形成独特的产品或服务（王卓甫等，2006）。项目具有任务一次性、目标明确性和管理对象整体性的特征。重复性、大批量的生产活动及其成果，不能称作项目。项目按其最终成果可分为科学研究项目、开发项目、工程项目、教育项目、航天项目等。

工程项目是以形成建设工程产品为目标的一类最为常见的项目，它是指按设计文件实施，经济上统一核算，行政上有独立组织形式并实行统一管理，完成后可独立发挥设计文件所要求的作用的项目(郑立群,2007)。例如,建设一条高速公路、一座水电站、一个住宅小区等。工程项目,从广义上讲,应是一个特殊的、将被完成的一次性任务,具体包括如下三层含义(吴孝灵,2011):

(1) 工程项目是指一个过程,而不是最终形成的结果,即工程项目是一个动态概念。例如,可把一条高速公路的建设称为一个项目,但不能把公路本身称为一个项目。

(2) 工程项目是由一定的组织机构利用有限资源(包括人力、物力、财力等)在规定时间内完成的任务。因此,工程项目的实施必然会受到一定的条件约束,这些条件一般来自多方面,如环境、资源等。在众多的约束条件中,质量、进度、费用是工程项目普遍存在的三个主要约束条件。

(3) 工程项目必须满足一定的目标要求,如技术指标、质量、成本等在项目合同中都有严格的要求。

另外,工程项目除了具有上述一般项目的特点之外,还应包括以下一些特性:

(1) 建设目标的明确性。任何工程项目都有明确的建设目标,包括宏观目标和微观目标。宏观目标一般包括工程的经济、社会效益和环境效果;而微观目标包括工程的工期、成本和质量等。

(2) 项目实施的一次性。工程项目一旦进入生产阶段,则不可逆转,很难重新建造;否则,将造成极大的经济损失。

(3) 项目资源的约束性。任何工程项目都将受到相关资源的约束,这些资源一般包括资金、时间、材料、人力、技术、环境等。

(4) 组织方式的特殊性。工程项目的实施往往需要众多承包商和供应商分工协作完成,即项目组织相对不固定。

(二) 基础设施项目的概念及分类

基础设施项目通常简称基础设施,是指为社会生产和居民生活提供公共服务的、在国民经济和社会发展中占有重要战略地位的一类物质工程项目。它是用于保证国家或地区社会经济活动正常进行的公共服务系统,是社会赖以生存发展的一般物质条件。如英吉利海峡隧道工程、苏通大桥与港珠澳大桥工程等都是有名的基础设施工程项目。

基础设施主要是指关系到国家未来经济利益的物质基础设施,通常包括交通、邮电、供水供电、商业服务、科研与技术服务、文化教育、卫生事业等市政公用工程设施和公共生活服务设施等,它们是国民经济各项事业发展的基础。1994年的世界银行发展报告在《为发展提供基础设施》中,将基础设施分为比较权威的两类:经济性基础设施(economic infrastructure)和社会性基础设施(social infrastructure),每一类所包含的具体内容如表2-1所示。其中,经济性基础设施是指那些被视为保证经济生活正常运行所不可或缺的基础设施,诸如公共交通设施和公用事业网络等;而社会性基础设施是指那些保证社会制度正常运行所不可或缺的基础设施,诸如学校、医院、图书馆等。由此可见,基础设施具有典型的先行性和基础性,即基础设施所提供的公共服务或产品是所有商品与服务的生产所必不可少的,若缺少这些公共服务或产品,则其

第二章　基础设施项目融资的 PPP 模式概述

他商品与服务便难以生产或提供。

表 2-1　世界银行对基础设施的分类

基础设施分类	基础设施内容
经济性基础设施	铁路、公路、机场、供水、供电、供气、邮递、通信等公共事业
社会性基础设施	教育、科技、卫生、体育、文化等社会事业

除了世界银行给予基础设施的分类，基础设施还可按其所在的地域划分为农村基础设施（如农田水利建设、农村文化设施等）和城市基础设施（如地铁、公交、污水处理设施等）；按服务性质分为生产基础设施（如供水、供电系统等）、社会基础设施（如公共交通、运输等）和制度保障机构（如城市建设、规划、管理部门等）；按形态分为硬性基础设施（如公路、桥梁等）和软性基础设施（如教育、培训等）等。而本文将从基础设施项目投资是否有回报的角度，按项目产品或服务的属性，将基础设施项目区分为公益性项目、准公益性项目和经营性项目。

1. 公益性项目

公益性项目是指无法通过市场收费机制来获得投资回报的公共基础设施项目，往往由政府投资供给以实现其社会效益。如环保工程、防洪工程等都属于公益性基础设施项目。

2. 准公益性项目

准公益性项目是指项目有现金流收入，但现金流入无法补偿项目所有资产的投资成本,往往需要政府资金投入或给予政策优惠来维持运营,这类项目具有部分公益性和潜在的营利性。如综合性水利工程等,部分产品或服务具有私人物品属性,而部分产品或服务具有公共物品属性。

3. 经营性项目

经营性项目是指能够通过市场收费机制来获得投资回报的公共基础设施项目,往往可通过引入社会资本来进行投资。如高速公路、地铁项目等,可由各种性质的企业、私人部门等非政府投资主体的投资来实现。

为了使基础设施项目的上述区分具有可操作性,可通过引入一个量化的、直观的指标来刻画项目的可经营性,即可定义项目的可经营系数 α 如下:

$$\alpha = \frac{V}{C} \qquad (2-1)$$

$$V = \frac{H}{i} \qquad (2-2)$$

其中 V 表示项目的市场价值;C 表示项目的投资建设成本;H 表示项目的经营收益;i 表示市场上可以接受的投资收益率。

根据式(2-1)和(2-2),还可将项目的可经营系数 α 表示为:

$$\alpha = \frac{H}{iC} \qquad (2-3)$$

由式(2-3)可通过讨论 α 的取值,对基础设施项目做如下分类:

第二章 基础设施项目融资的 PPP 模式概述

（1）$\alpha=0$ 时，表明项目市场价值为零，即项目只有投资成本而没有任何利润，所以市场投资者不可能会接受该类项目，即使政府投资也无法套现，只能作为公益性项目进行投资。

（2）$\alpha<1$ 时，表明项目市场价值小于项目投资成本，即使该项目有收益并存在收费机制，但由于该项目在市场上可以套现的资金只占项目投资的一部分，所以这类项目通常还需要政府的财政支持、优惠政策以及相配套的市场价格等方可进行市场运作，即该类项目具有准公益性特征。

（3）$\alpha\geqslant1$ 时，表明项目市场价值大于等于项目投资成本，市场投资者的投资完全可通过获取运营收益来套现，所以这类项目完全可由社会资本投资而不需政府介入，即该类项目具有完全可经营性。特别对于那些已建的经营性项目，政府可通过资产出售变现、股权转让等方式退出项目的经营。

由此可见，根据项目的可经营系数，还可对基础设施项目的属性进行分类，如表 2-2 所示。

表 2-2 基础设施项目属性分类表

可经营系数	项目属性	基础设施类型
$\alpha=0$	公益性	防洪工程、环保工程、水土保持项目等
$\alpha<1$	准公益性	高速公路、城市道路、轨道交通等
$\alpha\geqslant1$	经营性	城市供水、供电、供气等项目

二、项目融资的内涵与方式

项目融资作为项目筹资方式的一种,是 20 世纪 60—70 年代兴起的一种融资模式。经过几十年的发展,项目融资已被广泛应用于大型基础设施项目的资金筹集,对于解决基础设施项目的资金紧张局面起到了十分重要的作用。在 20 世纪 80 年代,我国已在一些基础设施项目的投资中开始引入项目融资模式进行资金筹集,并在实践中积累了丰富的实际经验和理论成果。

(一) 项目融资的定义及其特点

项目融资作为一个金融术语,目前尚没有统一定义,但归纳起来基本上有两种观点,即可概括为广义的项目融资和狭义的项目融资(蒋先玲,2002;张极井,1997;李春好,等,2008)。广义的项目融资泛指一切以建设一个新项目、收购一个已有项目或者对已有项目进行债务重组为目的所进行的融资活动,而狭义的项目融资仅指具有无追索或有限追索形式的融资活动。彼得.内维特在其著作 Project Financing(1995 年第六版)中,给出了项目融资的定义如下:

项目融资是以项目的资产、预期收益或权益作抵押而取得的一种无追索权或有限追索权的融资或贷款(李春好,等,2008)。

根据上述定义,基础设施工程项目融资用以保证项目债务偿还的资金来源主要依赖于项目本身的资产与收益,即项目未来可用于偿还债务的净现金流量和项目本身的资产价值(郑立群,

2007)。根据有无追索权,项目融资可分为无追索权项目融资和有限追索权项目融资。无追索权项目融资是指贷款人只能依靠项目所产生的收益作为偿还贷款本金和利息的唯一来源,而对项目以外的资产无任何追索权。由于该融资方式对于贷款人来说风险较大,所以在项目融资实务中很少使用。有限追索权项目融资是指项目投资人只承担有限的债务责任和义务,而贷款人只能对项目产生的实际收益与规定的偿还金之差部分进行有限追索。由于有限追索权融资降低了项目对于贷款人的风险,所以国际上通常采用该融资方式进行项目贷款(李春好,等,2008;张极井,1997)。

我国学者对项目融资的概念基本上是遵循上述的概念体系。目前,项目融资已在我国铁路、公路、港口和机场等基础设施领域被广泛应用。这主要是因为:该类项目投资规模巨大导致政府有限的财政资金无法满足众多基础设施项目的资金投入需求,而且这些项目具有市场化经营的特征,即有稳定的现金流能够给投资者带来一定的收益。

与过去传统的公司融资方式相比(比较如表 2-3 所示),项目融资具有如下一些显著的优势。

表2-3 项目融资与传统公司融资方式的比较

比较内容 \ 比较对象	项目融资	传统公司融资
融资基础	项目的资产和现金流量	投资者/发起人的资信
追索程度	有限追索或无追索	完全追索(用抵押资产以外的其他资产偿还债务)
风险分担	所有参与者	投资者、放贷者、担保者
股权比例	投资者出资比例较低,杠杆比率较高	投资者出资比例较高
会计处理	资产负债表外融资	项目债务属于投资者债务,出现在资产负债表上
融资成本	一般较高于传统公司融资	相对于项目融资,融资成本较低

1. 实现融资的无追索或有限追索

在无追索权项目融资中,当项目的建设没有达到完工标准而以失败告终或项目的经营无法产生足够的现金流量时,项目发起人不承担任何债务清偿责任;在有限追索权项目融资中,贷款人的追索权在时间、对象和数量上也具有一定的限制,所以项目风险的承担都从项目发起人的资产转移到项目资产,提高了项目发起人参与项目的积极性。

2. 实现风险分散和隔离

在项目融资过程中,由于融资规模较大,项目风险相对于一般项目要大得多。但项目融资可使项目风险在所有参与方之间进行分摊,从而实现项目风险与项目发起人一定程度的隔离,并提高参

第二章 基础设施项目融资的 PPP 模式概述

与方关注项目成功与否的主动性。

3. 允许较高的债务比例

通过项目融资的方式,项目发起人只需投入较少的股本金,而大部分的资金来源于贷款人提供的贷款,从实现高比例的负债,这是所有其他融资方式无可比拟的特点。

4. 实现资产负债表外融资

项目发起人或投资者一般不希望将项目建设期的资产负债情况反映到自身的会计报表中,因为如果项目贷款反映在项目发起人的资产负债表中,项目发起人本身的资产负债率将受到很大的影响,从而影响其自身的经营和发展。而项目融资由于可以采取多种不同的投资结构和融资模式,如果项目融资的投资结构设计合理或融资模式选取得当,则完全可以实现非公司负债型融资或称为资产负债表外融资。

5. 实现多方位的融资

项目融资一般具有融资渠道多方位性的重要特点,它除了可向商业银行、世界银行申请贷款外,还可以要求外国政府、国际组织,以及与工程项目有关的第三方当事人参与融资,以满足工程项目所需的巨额资金。

尽管项目融资具有上述这么多的优势,但这些优势往往需要付出代价。这就是说,项目融资也必然具有一些自身无法克服的劣势,具体包括如下几方面:

(1) 风险分配复杂。由于项目融资风险较大,风险种类较多,目参与方众多,为在各参与方之间合理分配风险,以满足各参与方的要求,往往要经过较长时间的谈判,并通过若干个合同的形式确定下来,所以风险的分配过程较为复杂,从而使项目融资操作起来较为困难。

(2) 贷款人的风险较大。在项目融资中,由于贷款人对项目发起人只拥有有限追索权或无追索权,项目的某些风险不可避免地转移给了贷款银行,这与许多国家规定银行不能作为风险承担者相背。

(3) 融资成本较高。在项目融资中,由于贷款人承担了较多风险,必然导致项目融资的利息和费用较高,从而决定了项目融资与传统公司融资相比,其融资成本较高。

(二) 项目融资渠道及其筹措方式

在项目融资过程中,一个重要的环节和前提条件是项目的资金筹集问题,即从何处,以何种方式、通过何种渠道来筹集资金,这些问题一般称之为项目融资渠道及其筹措方式(郑立群,2007)。项目融资的资金渠道一般可概括为如下几个方面:

(1) 项目法人自有资金;

(2) 政府财政性资金;

(3) 国内外银行等金融机构的信贷资金;

(4) 国内外证券市场资金;

(5) 国内外非银行金融机构的资金,如信托投资公司、投资基金公司、风险投资公司、保险公司、租赁公司等机构的资金;

第二章　基础设施项目融资的 PPP 模式概述

(6) 外国政府、企业、团体或个人的资金;

(7) 国内企业、团体或个人的资金。

从筹措方式上来看,项目融资可分为权益融资和债务融资两种,其中权益融资形成项目的资本金或股本资金,债务融资形成项目的债务资金或贷款资金。

在项目的总投资中,由投资者自己出资的部分称为资本金。项目资本金的主要来源有:政府财政性资金,国家授权投资机构入股的资金,国内外企业入股的资金,社会团体、个人入股的资金等。项目资本金的出资形式既可以是现金,也可以用实物、工业产权、土地使用权等作价出资。对于项目来说,资本金既是非债务性资金,也是获得债务资金的基础。

在项目总投资中,除资本金外,从金融市场借入的资金统称为债务资金。债务资金的筹措方式主要有信贷融资、债券融资和融资租赁三种。

(1) 信贷融资是利用信用措施筹集项目所需资金的一种融资方式,一般包括国外信贷资金和国内信贷资金。

(2) 债券融资是指项目法人以自身的财务状况和信用条件为基础,通过发行债券的形式为项目建设筹集资金的融资方式。

(3) 融资租赁是通过租赁设备融通到项目所需资金,从而形成债务资金。

总之,项目融资方式就是指项目运作所获取资金的形式、手段、途径和渠道。从资金筹措方式上来看,融资方式可分为权益融资和债务融资；从融资过程中所形成的不同资金产权关系看，融资方式又可分为所有权融资和债权融资；而根据融资过程中所使用的担保结构的不同，融资方式还可分为完全追索的融资方式和有限或无追索的融资方式。

三、PPP 模式的概念、特征与本质

在 20 世纪 80 年代之前，大多数国家的基础设施工程项目都是由政府直接投资、建设和运营。但随着经济发展，基础设施项目的建设规模扩大，许多国家的政府不得不为众多的基础设施项目投资承担庞大的财政负担，这就必然导致了一些大型基础设施项目的发展滞后。对此，如何为项目筹集到足够的资金以解决政府财政紧张问题，就成为项目所在国政府、投资者、银行在安排融资时所必须面对和关注的问题。正是在这样的背景下，一种 PPP(Private-Public-Partnership)模式，即政府和社会资本合作，正被广泛应用于公共基础设施建设领域，主要是通过特许经营等方式，引入社会资本参与公共产品供给。

(一) PPP 模式的基本概念

PPP(Public-Private-Partnership)模式最早可以追溯到 20 世纪 90 年代初，是英国政府为解决资金短缺问题而在公共服务领域开始应用的一种政府与社会资本之间的合作方式，即政府通过与社会资本建立伙伴关系提供公共产品或服务的一种合作模式。

PPP 模式自在英国被提出以来，已发展成为世界上许多国家

第二章 基础设施项目融资的 PPP 模式概述

提升公共服务水平的核心理念和重要举措,但由于没有具体规定公私双方合作的内容和形式,目前还未形成统一的概念,其确切含义往往要根据具体情况来确定。联合国发展计划署、联合国培训研究院、欧盟委员会、美国 PPP 国家委员会、澳大利亚 PPP 委员会等国际组织对 PPP 的定义和标准都存在显著差异。于是,有的学者认为 PPP 是一个广义的概念,将 BOT(Build-Operate-Transfer)、BOO(Build-Own-Operate)等都划分到其范围中;而有的学者则认为 PPP 是一个具体的合作模式,即公私双方在项目投资规模、预期收益及建设目标的基础上通过契约方式明确各自权利和义务,在政府特许期内履行各自义务,在到特许期满后私营部门再将该项目移交给政府,如赖丹馨、费方域(2010)认为与传统的基础设施和公共服务供给形式相比,PPP 具有显著不同的特征,是项目责任的整合,私营机构负责项目的建设、运营等各个环节,而政府部门则从全方位的负责人角色转变为项目的促进者和监管者。

尽管 PPP 在全球范围内还没有完全统一的准确定义,但它也不能被简单地认为是私人部门参与基础设施投资的融资模式,它实际上可看作是一种综合性的公共事业市场化方案或是特许经营计划(赖丹馨,2010 & 2011)。因此,PPP 实际上是公共部门和私人部门通过特许权协议的方式而联结在一起的临时性契约组织(Hart,2008;高杲,徐飞,2011),它在本质上是基于特许权协议的契约合作。

从契约合作的角度,本文将PPP界定为政府为了解决财政资金对公共基础设施项目投资的不足而与私人投资者进行合作,即通过特许权协议的方式将项目建设与运营的特许权委托给私人投资者,并在特许期内通过财政补贴等方式让私人投资者收回投资成本的同时获得既定的投资利润。

基于契约合作的视角,BOT(Build-Operate-Transfer)模式在本质上可视为是PPP模式的一种。BOT是英文Build-Operate-Transfer的缩写,通常直译为"建设—经营—转让",它是指国内外投资者或财团作为项目发起人从某个国家的地方政府获得项目的建设和运营特许权,然后组建项目公司,负责项目的融资、建设和经营;在特许权期内,项目公司通过向项目使用者收取费用来获取合理的回报;在特许权期满后,项目公司再将项目无偿转让给相应的政府机构。所以,BOT模式有时也被称为"暂时私有化"模式。

BOT模式经历了长期的发展和推广,已得到广泛的应用。世界银行在《1994年世界发展报告》中指出,BOT模式实际上至少包括以下三种具体的方式。

1. 标准BOT(Build-Operate-Transfer),即建设—经营—转让

BOT融资的基本思路是:由项目所在国政府或所属机构对项目的建设和经营提供一种特权协议作为项目融资的基础;由一国财团或私人投资者组将项目公司,负责安排融资,承担风险,开发建设项目,按特许权协议经营一定时期以收回投资成本,并获取合

第二章 基础设施项目融资的 PPP 模式概述

理的商业利润;最后,在特许权期满,根据协议再将项目的所有权和经营权转让给东道国政府相应机构。

2. BOOT(Build-Own-Operate-Transfer),即建设—拥有—经营—转让

BOOT 是指由私人部门融资建设基础设施项目,项目建成后,在规定的期限内拥有项目所有权并进行经营,期满后再将项目移交给政府的一种融资方式。BOOT 模式与 BOT 模式的主要区别在于两个方面:一是所有权的区别,BOOT 项目在特许权期内既有经营权,又有所有权,而 BOT 项目在此期间内只有经营权;二是时间上的区别,BOT 项目的特许经营权一般比 BOOT 项目更短些。

3. BOO(Build-Own-Operate),即建设—拥有—经营

BOO 是指私营部门根据政府赋予的特许权,建设并经营某项基础设施项目,但并不将该项目移交给政府。

除了上述三种主要形式之外,BOT 模式还有一些其他变通形式,如 BLT、BTO、DBFO 等都是典型的 BOT 融资模式。BLT(build-lease-transfer),即建设—租赁—移交,是指政府出让项目建设权,在项目运营期内政府成为项目的租赁人,私营部门成为项目的承租人,在协议规定的租赁期满后,项目的所有资产再移交给政府;BTO(build-transfer-operate),即建设—移交—运营,是指项目公司在项目建成后将项目所有权移交给政府,然后再对项目进行经营和维护,它主要适用于一些公共性较强的大型基础设施项

目,如铁路、发电厂、高速公路、自来水厂等;DBFO(design-build-finance-operate),即设计—建设—投资—经营,是从项目设计开始就将项目特许给某一私人部门,直到项目经营期满,并收回投资取得的收益,但私人部门只有经营权没有所有权。BOT 融资模式的所有这些变通形式都有一个共同特征,即项目公司必须得到政府有关部门授予建设和经营的特许权,由于它们与 BOT 模式并无本质上的差别,且在基本原则和思路上是一致的,所以习惯上将上述所有形式统称为 BOT 融资模式。这也就是说,上述所有形式在本质上都可看作是 PPP 模式的一种。

虽然 BOT 模式在广义上可看作是 PPP 模式的一种,但它又不能完全等同于 PPP 模式。从合作关系上来讲,BOT 模式中的政府部门与私营部门更多是一种垂直的或纵向的合作关系,即政府授予私营企业独立建造和经营项目的特许权;而 PPP 模式中的政府部门与私营部门更多是一种横向的合作关系,即政府与私人企业通过组建项目公司来建设、运营项目,政府部门与私人企业之间是一种利益共享、风险共担的合作关系。那么,从狭义的角度,BOT 模式与 PPP 模式究竟存在怎样的差异性?这有必要对 PPP 模式的基本特征做些适当的概括和阐述。

(二) PPP 模式的基本特征

PPP 模式的合作是政府与私人部门之间的一种长期合约关系,即政府与私人部门通过特许权合同等方式结成的稳定契约关系。在这个契约关系中,政府通过合同规定了私人部门运用社会

第二章 基础设施项目融资的 PPP 模式概述

资本应提供的产品或服务的类型与标准,以及合同各方在规定的期限内都必须履行的责任和义务。通过双方签订合同,政府与私人部门建立全程合作关系,共同对整个项目过程负责,即政府允许私人部门积极参与公共基础设施项目的识别、可行性分析等前期工作,并将合作理念贯穿于公共基础设施项目的确认、融资、建设、运营、移交等整个过程。因此,PPP 模式的合作组织可看作是公共部门和私人部门通过契约方式而缔结的一组临时性契约组织(图 2-1),它与传统的基础设施和公共服务供给形式相比,一般具有如下一些显著特征。

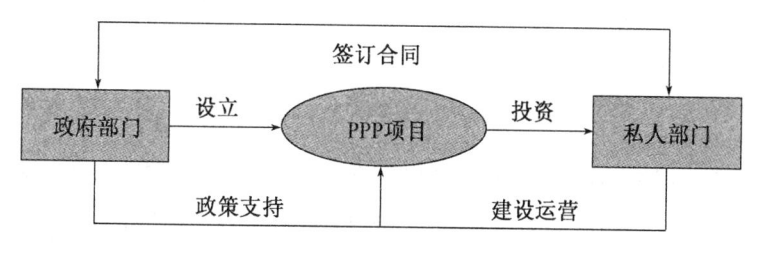

图 2-1 PPP 模式的组织结构图

1. 合作目标不一致性

PPP 项目的实施是以公私合作为前提的,双方主要以契约形式建立合作伙伴关系,并明确各自的权利与义务,相互合作,互惠共赢。在合作过程中,政府可通过提供一些优惠政策,包括税收优惠、土地使用优惠等,吸引私人积极投资项目;而私营部门可凭借其雄厚的资本优势和先进的运营管理经验,提高项目的建设质量和运行效率。

然而，公私部门合作的动机或目标必然存在差异，因为他们的利益追求是不同的。政府部门关注项目的社会效益，意在满足公众需求，追求社会福利；而私人投资者则追求项目的经济效益，意在满足自身利益，追求商业利润。例如，我国政府为了拉动经济增长，于2009年的上半年和下半年分别将中央预算内资金1000亿元和1300亿元的专项资金补贴用于一些公私合作项目，但检查发现，财政补贴并没有发挥预期效果，因为私人投资者为了自己利润最大化并没有利用政府较高的经济补偿来提高对项目的运行管理水平。所以，政府对PPP项目的相关政策必然影响私人投资的动机和运营管理积极性。

2. 项目收益高风险性

PPP项目由于巨额的初始投资和后期成本的弱增性而具有显著的规模效益，但受限于自身的准公共物品属性，未来的现金流很难收回私人巨额的初始投资，所以PPP项目收益具有较高的风险性。特别是PPP项目由于组织结构复杂、涉及单位众多、契约期限较长，以及其他诸多不确定性使得它的未来收益面临着较高风险。

尽管PPP项目的收益具有较高风险性，但PPP作为契约合作关系，应包含公私部门之间对项目风险共担的一般原则。一方面，为了能够吸引私人投资PPP项目，政府必须承担一定的收益风险，以保证私人投资获取既定利润；另一方面，为了激励私人提高项目质量和运营效率，政府必须将项目的运营风险转移给私人

第二章 基础设施项目融资的 PPP 模式概述

承担。所以,对 PPP 项目的风险,公私双方应更多地承担自己有管理优势的伴生风险,并通过契约合作实现"一加一大于二"的机制效应,以尽可能地降低项目整体风险。例如,在大桥等 PPP 项目的运营期间,政府应对私人部门进行一定的补贴来减少因车流量不足而造成的损失或经营风险,而私人则应发挥自身优势,对整个项目做好规划并履行好自己的职责,使整个项目的风险得以减少。所以,要使 PPP 项目顺利实施,项目收益的高风险必须通过契约的方式被合理分担。

3. 干系人契约关系性

一个通过 PPP 模式建设的项目,将有较多主体参与,利益主体多元化是 PPP 项目的最基本特征之一。参与 PPP 项目的多个利益主体在项目的建设、运营过程中一般发挥各自优势,提供相应资源,在满足项目需求的同时获取相关利益。在 PPP 项目实施过程中,所有利益主体与项目的关系都是通过合同或契约来反映,即干系人的关系特征如图 2-2 所示。

PPP 项目实施整个过程中涉及的各参与方一般包括:公共部门(给予项目公司的特许权政府相关部门)、私营部门(项目资金的投入方)、项目公司(项目建设和运营的主要执行方)、债权人(通常为提供融资的各大金融机构)、用户(PPP 项目产品或服务的消费者)。除此之外,保险公司、咨询公司、顾问公司、工程承包商、供应商以及媒体等也包括在内(郑昌永,张星,2009)。上述各参与方都可以被称作为 PPP 项目的干系人或利益主体,其中私营部门与公

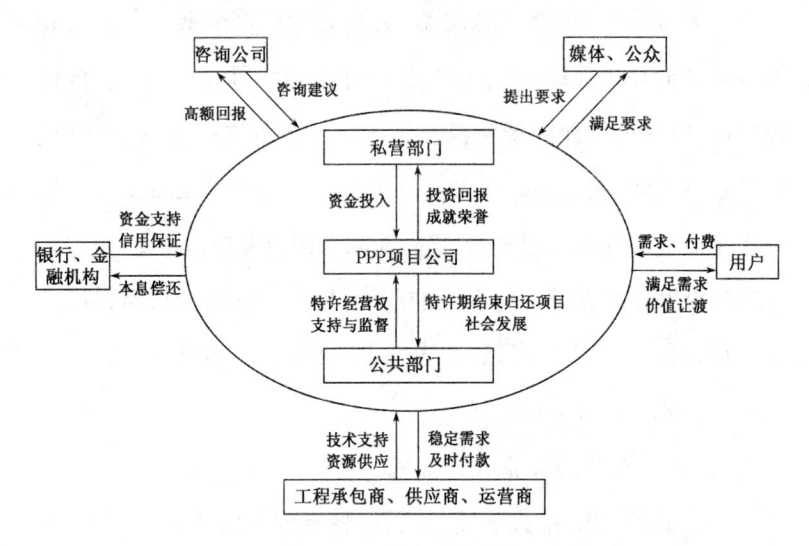

图 2-2　PPP 项目中各利益主体之间关系

共部门以及两者联合组建的项目公司通常为 PPP 项目的核心主体，对项目决策的影响最大。对于项目核心主体，可作具体阐述如下：

(1) 公共部门

在 PPP 项目中，公共部门一般是指项目的发起人，即政府相关部门。政府相关部门充当项目发起人主要是为了减轻政府资金紧张状况，通过 PPP 模式引入民间资本，加快基础设施的建设，以实现项目社会效益最大化。公共部门在 PPP 项目中主要充当监督者角色，督促项目及时高质量地完成。

(2) 私营部门

私营部门一般是 PPP 项目的投资者，是项目建设资金的主要

第二章 基础设施项目融资的PPP模式概述

出资者,通过前期与政府的谈判,获得项目投资、建设和运营的特许权。私营部门作为PPP项目主要参与方,与政府相关部门分担风险、共享收益。

(3) 项目公司

项目公司是PPP项目的核心主体,它是为了项目建设、运营的需要,由公共部门和私营部门联合组建的经济实体,项目公司作为PPP项目建设及运营的主要负责者,拥有项目的建设和运营的特许权,负责项目的全程运作。因此,项目公司是将PPP项目各参与人联系在一起的纽带,它与各利益主体存在着不同程度的互动关系。

从上述的PPP模式的一些基本特征可看出,PPP模式在广义上应该包含BOT模式,但从狭义的角度来看,PPP模式与BOT模式还是存在一定的差异。PPP模式的优点主要在于政府部门能够分担项目投资的风险,进而降低项目融资的难度,而且公私双方合作也能够适当协调不同利益主体之间的不同目标,以形成项目的社会效益最大化,但缺陷在于PPP模式很有可能增加了政府潜在的债务风险或债务危机。然而,BOT模式的优点主要在于政府最大可能地转移了项目的投资风险,缺点是加大了项目融资的难度,往往使私营资本可能望而却步,而且不同利益主体之间的利益不同,单方面的利益最大化很难使项目的社会效益达到最优。具体地,PPP模式与BOT模式的优缺点比较如表2-4所示。

表 2-4 PPP 模式与 BOT 模式的优缺点比较

项目融资模式	优点	缺点
PPP 模式	公私双方共同参与项目融资,共担风险,降低了项目融资难度,减少了项目费用;公私双方共同参与项目建设和运营,更好地为社会和公众服务,能够最大化项目社会效益	增加了政府债务风险或债务危机;加大了政府管理成本和公私之间的协调难度
BOT 模式	项目风险转嫁给了私人部门,政府规避了债务风险,公私部门之间容易通过契约进行协调,减少了政府部门的管理成本	公私部门之间基于契约的交易费用增加了项目的融资成本,加大了项目融资的难度;政府容易失去对项目的控制权,致使项目的社会效益很难达到最优

(三) PPP 模式的契约本质

PPP 模式的概念和特征表明,PPP 模式在本质上是契约合作。PPP 模式的合作方式一般包括横向合作和纵向合作两种模式,如图 2-3 所示,它既不同于企业的科层组织模式,也不同于纯粹的市场机制,它是由项目参与者通过契约所构成的相互依赖、共担风险的合作组织模式。本书主要基于公私部门之间的纵向合作,考虑 PPP 项目被政府通过特许权协议的方式委托给私人进行建设和运营。然而,由于特许权协议很难覆盖特许期内的所有不确定因素,所以 PPP 项目具有典型的不完全契约性(Bettignies & Ross,2009)。

第二章 基础设施项目融资的 PPP 模式概述

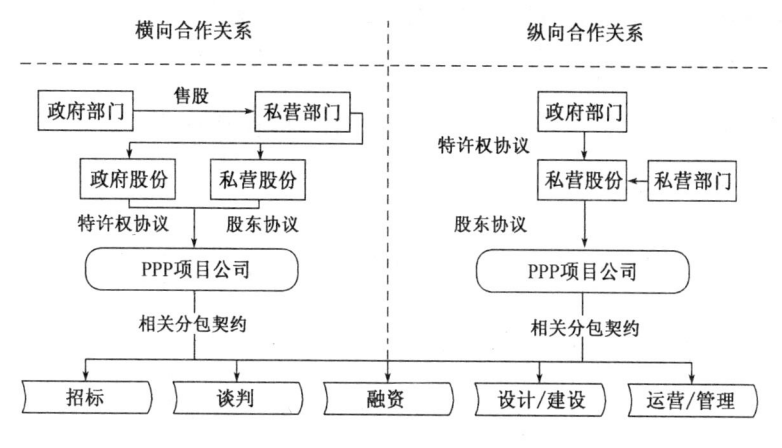

图 2-3　PPP 项目的公私契约合作关系

不完全契约最早是由 Grossman 和 Hart 正式提出,现在普遍称为 GHM 模型,主要是指契约当事人的责任和义务由于未来不确定因素而在契约中不明确或不完全。PPP 项目的不完全契约性主要表现在如下几方面:

(1) PPP 项目从建设到运营的特许权期一般都较长,这期间会有诸如政治、经济、社会等许多不确定因素,所有这些不确定因素都很难预知而无法纳入契约。

(2) PPP 项目契约合作的公私双方一般都存在不完全理性特征,他们通常很难对未来可能要发生的情况做出完全预测,这使契约不能完全覆盖未来情况。

(3) PPP 项目契约合作中存在信息不对称性,政府部门作为项目委托人通常很难监测到私人对项目的实际投资、建设和运营,这往往使私人投资者存在机会主义行为和道德风险,从而不利于契约的完全执行。

因此,从契约合作的角度,PPP项目具有典型的不完全契约特征。

四、基础设施 PPP 项目融资的必要性及其存在的问题

PPP 模式是政府为解决公共基础设施建设资金短缺而进行的一种重要融资模式创新,既有其客观必要性,又面临着诸多挑战和实际应用中存在的问题。

(一) 基础设施 PPP 项目融资的必要性

PPP 模式主要适用于具有一定可经营性的准公共品和服务,如城市供水供电、公共交通、污水处理、垃圾处理等行业。这些行业虽然具有先天的自然垄断性,但当原有的公用事业和服务的供给主体面临融资困难或服务质量和效率低下而无法满足公众对基础设施服务需求日益增加时,政府和社会资本合作的 PPP 模式就应运而生了。因此,PPP 模式被引入公共基础设施领域在客观上是必要的,具体表现在如下几方面:

1. PPP 模式有利于引入社会资本,弥补政府财政资金的不足

当前我国基础设施的供需矛盾较为突出,政府对基础设施的投资明显不足。从城镇化发展来看,我国基础设施投资总量远远

第二章 基础设施项目融资的PPP模式概述

赶不上城镇化快速发展的步伐。据有关机构估算,截至2014年底,我国城镇化率为54.77%;而预计到2020年,我国城镇化率将达到60%。由此,我国政府将面临约42万亿元的基础设施投资需求。面对庞大的基础设施建设资金的压力,政府有限的财政资金根本无法应对,这就在客观上需要调动社会资本参与基础设施的建设。

PPP模式正是政府和社会资本的合作,通过社会资本投资方的投资和融资,有效地缓解了政府对基础设施巨大投资的压力。同时,参与基础设施建设的社会资本通过项目运营和提供服务获得政府允许的投资回报。所以,基础设施项目融资引入PPP模式既是必要的,也是可行的。

2. PPP模式有利于提高基础设施的建设和运营效率

如何有效发挥基础设施的功能和提高公共基础设施的效率,一直都是政府部门面临的挑战,主要原因是公共部门缺少或根本没有动力来提高组织内部运作和项目流程的效率。所以,公共基础设施的建设和运营效率一般较低。

PPP模式通过社会资本投资方的专业资源和创新能力以及先进的专业技术和管理经验,一般可提高基础设施的建设和运营效率。因为社会资本参与基础设施建设和运营的目标很明确,即实现经济利润最大化,而利润就是要通过提高投资和运营的效率来获得。由于PPP模式允许社会资本投资方获取合理的投资利润,所以在PPP模式下基础设施服务的效率可以得到提高。提高基础设施的服务质量和运营效率,意味着在满足了社会资本的赢利需求后还可通过合理的收费使得公共服务供给在经济上可持续。

PPP模式实现了基础设施的运营职能转移,由政府转给高效的社会资本投资方或私营部门运营商,同时政府保留和完善公共部门的核心职能,如监管及监督等。如果PPP模式在这种框架下被正确实施,则既可减少公共部门的财政支出,又能提供质优价廉的设施和服务。所以,即使政府承担部分投资或运营成本,PPP模式也能实现控制成本支出、提升服务质量的目标,即PPP模式对基础设施建设和运营不仅是必要的,也是有效的。

(二) 基础设施PPP项目融资的现状和存在的问题

PPP模式由于能够缓解政府对基础设施建设资金的紧张而在全世界被广泛应用,目前世界上已有许多国家建立了相关机构来管理和推广PPP项目,并从各类具体项目的融资到增强政府服务的能力等多方面来建立社会资本参与基础设施建设及公共服务提供的机制。据世界银行报道,在1990—2010年期间,世界上已有150多个发展中国家在电信和能源等基础设施项目中将PPP模式引入社会资本,其中2 500个项目吸引了8 900亿美元的社会投资承诺。报道还指出,PPP模式在放宽政府财务限制、提高基础设施服务效率等方面发挥了重要作用。

PPP模式在我国基础设施建设中的应用主要是从20世纪90年代兴起的,根据世界银行数据中心的统计,我国政府于1990—

第二章 基础设施项目融资的PPP模式概述

2011年间分别在能源、通信、交通和水处理四个行业运用PPP模式,PPP项目数达到968个,项目投资总额达到1 142.26亿美元。目前根据财政部印发的《地方政府存量债务纳入预算管理清理甄别办法》可知,政府对于新增的债务,正大力推广使用政府与社会资本合作的PPP模式,鼓励社会资本通过特许经营等方式,参与城市基础设施等有一定收益的公益性事业投资和运营,即通过PPP模式将政府债务转化为企业债务。截至2015年底,全国累计推出PPP项目的投资总额已超过万亿。而且,随着我国经济发展对基础设施投资的依赖性不断加强,可以预见PPP模式在我国还会有着更广阔的发展前景和发展潜力。

PPP模式在我国由于巨额的初始投资和后期成本的弱增性而使得基础设施项目投资一般都具有显著的规模效益,但PPP项目受限于自身的准公共物品属性,未来的现金流或运营收益很难弥补所有的私人初始投资成本,所以适当合理的政府补偿在很大程度上决定了这类项目运行效率的高低。然而,关于PPP项目政府补偿的研究无论在理论方面还是实证方面都是一个非常具有挑战性的问题,具体表现在如下几方面:

(1)公私合作双方的组织类型不同,政府部门关注项目的社会效益,而私人投资者则追求项目的经济效益,因而他们合作动机必然存在差异,这种合作目标的差异性就必然使政府补偿决策与私人投资决策构成了典型的博弈问题。

(2)PPP项目收益的不确定性或风险性使得私人投资者在政

府补偿情形下可能会表现出各种不完全理性或非理性行为。譬如，如果政府给予私人过低补偿，以使项目经济收益低于投资者的期望收益，则私人投资者很可能会表现出风险偏爱行为，采取冒险性投资决策，即减少初始投资，甚至实施道德风险等机会主义行为。例如，云南某市的污水处理厂项目在中央检查中发现，投资者擅自缩小投资规模，并在建设过程中偷工减料、以次充好，以骗取国家对该项目建设的财政补贴。相反，私人对于政府给予的过高补偿，也可能会表现风险规避行为，采取保守型投资决策，如投资者采取高成本的运营维护策略等。此外，在PPP项目收益风险环境下，私人投资者也可能会对政府补偿表现出其他的不完全理性，如损失规避、过度自信、不公平厌恶等。

（3）政府补偿资金的获取一般都会导致额外的社会成本，所以过高的政府补偿必然会增加公共资金的无效性。这就表明，如果经济补偿能使PPP项目的社会价值大于补偿的社会成本，政府通常认为补偿是有效的；否则，政府认为补偿是无效的。因此，除了要实现PPP项目社会价值最大化，政府更是一个关注补偿决策是否有效的效率偏好者。

由此可见，政府事前补偿过高将导致政府失效，而补偿过低又会导致市场失灵，这就需要对PPP项目设计事后补偿机制。然而，事后补偿由于忽略了事前补偿对私人投资行为的激励性而又会导致事后补偿的无效性。为此，本书基于PPP项目收益的风险性，首先考虑政府事前承诺保证私人投资PPP项目的特许收益，

第二章　基础设施项目融资的 PPP 模式概述

事后根据项目实际收益与特许收益的比较而给予私人一定程度补偿，即通过引入项目运营收益的相对补偿指数而设计一种单期补偿契约；然后考虑到私人投资者对政府补偿可能会表现出不完全理性行为，借助偏好理论或序模型，建立私人不完全理性投资的期望效用函数，并运用行为决策和行为博弈的方法分析私人投资策略与政府补偿对策。

五、国家体育场 PPP 项目案例

为了更好地理解基础设施项目融资的 PPP 模式，以及 PPP 项目融资中可能存在的问题，以下将对我国的国家体育场 PPP 项目的概况做简单介绍。

国家体育场工程总面积为 21 公顷，建筑面积为 25.8 万平方米，项目总投资额为 313 900 万元。2008 年的奥运会期间，国家体育场承担开幕式、闭幕式、田径比赛和足球比赛等重要赛事，奥运会后还可举办特殊重大赛事、各类常规赛事以及文艺演出和商业展示会等非竞赛项目。由于该项目用途多样，有非常好的盈利预期，所以为政府采用 PPP 模式创造了较好条件。

该体育场项目通过中信集团出资 65%，北京城建研报集团出资 30%，美国金州公司出资 5%，组建了中国中信集团联合体，这也就是一般所说的 PPP 项目私人投资者或投资财团。中国中信集团联合体作为项目投资者，于 2003 年 8 月 9 日分别与北京市人民政府、北京奥组委签署《特许权协议》和《国家体育场协议》，与北京国有资产经营管理有限公司签署《合作经营合同》,共同组建项目公司,即国家体育馆有限责任公司,由该公司负责对国家体育馆的融资和建设工作。项目建设完成后,北京中信联合体体育场运营有限公司在30年特许经营期内负责国家体育场赛会运营、维护工作,待运营期满再将国家体育场移交给北京国有资产经营管理有限公司。

北京市政府根据项目特许权协议的相关要求,提供了许多优惠政策和资金支持。项目用地土地一级开发费用仅为1 040元/平方米,而相邻地段商业用地的地价高达10 000元/平方米,项目土地价格非常低廉。北京国有资产经营管理有限公司出资18.154亿元参与项目,且对该笔资金不要求回报。为方便体育场的建设和运营,北京市政府提供施工场地附近区域的必要的配套基础设施,以及其他可为方便体育场建设和运营的帮助。

在奥运会测试赛和正式比赛期间,北京奥组委向北京中信联合体体育场运营有限公司支付场地费用,而专用于奥运会开闭幕式但赛后不再使用的特殊装置所有费用,由北京市政府承担。在特许经营期内,限制北京市市区北部区域新建体育馆或扩建已有体育馆,如确有需要新建体育馆,北京市将与北京中信联合体体育场运营有限公司协商,并按特许权协议对其进行补偿。

从国家体育场PPP项目的案例可以看出:(1)政府部门与私人企业基于契约合作的PPP模式赋予了公私双方各自的权利和义务,政府在拥有项目所有权的同时有必要保证私人投资者建设

第二章 基础设施项目融资的 PPP 模式概述

和运营项目而获取预定的收益。(2) 在项目预期收益受到影响的情形下,政府给予 PPP 项目投资者的适当补偿显得非常必要,否则,PPP 项目的运行将会因为私人投资者的利益受损而中断,从而导致 PPP 项目很难发挥其预期的社会效益。(3) 政府对 PPP 项目的补偿应是事前很难确定的问题,如何将补偿写进特许权协议或者如何设计补偿契约?有必要从政府角度,将事前补偿和事后补偿有机结合,并基于私人投资者对项目的实际运营收益情况进行补偿机制设计。

六、本章小结

本章主要介绍了项目、工程项目、基础设施项目、项目融资与 PPP 模式的含义及特征。项目是一个专门组织为实现某一特定目标,在一定约束条件下所开展的一次性活动或所要完成的一个任务,以形成独特的产品或服务。工程项目是指需要一定量的资金投入,经过决策、实施等一系列程序,在一定约束条件下以形成固定资产为目标的一次性过程。基础设施项目是指为社会生产和居民生活提供公共服务的一类物质工程项目。一个工程项目就是一项固定资产投资项目,而对项目的资金筹集活动就是项目融资。基础设施项目融资通常是以项目的资产、预期收益或权益作抵押而取得的一种无追索权或有限追索权的融资或贷款。基础设施项目融资与传统的公司融资是两个不同的概念,传统的公司融资是指一个公司利用本身的资信能力对外所安排的融资,包括发行公司股票、公司债券和取得银行贷款等。政府和社会资本合作的PPP(Private-Public-Partnership)模式是国际上近十几年来逐渐兴起的一种典型的基础项目融资模式,它的基本思路是:由项目所在国政府或所属机构对项目的建设和经营提供一种特许权合同作为项目融资的基础,由本国公司或外国公司作为项目的投资者和经营者负责对项目进行融资,开发建设项目,并在政府规定的特许期限内和政府给予融资担保或其他优惠政策下经营项目以获取预定的商业利润,最后再根据特许权合同将项目无偿移交给项目所在国政府或相应机构。PPP模式可看作是项目融资方式的一种创新,项目贷款通常应具有无追索权或有限追索权性质。PPP模式在本质上应是一种契约合作模式,与传统的基础设施工程项目相比,PPP项目的特点主要表现在如下几个方面:

(1) 政府授予的特许权合同是PPP项目存在和运作的基础。一般的工程项目没有特许权这个概念,但PPP项目必须以特许权合同作为项目实施的前提条件。

(2) PPP项目主要是出于政府资金不足的考虑,融资结构的安排是项目成败的关键。而一般的工程项目不涉及项目融资的结构问题,所以也就不存在项目融资的概念。

(3) PPP项目的投资规模大、建设周期长、运营风险高,相对于一般工程项目很难实施或运作。

总的说来,PPP模式目前不仅受到许多国家政府的关注,也引起私营投资机构的兴趣。国际金融界对其一致看法是,PPP模

第二章　基础设施项目融资的 PPP 模式概述

式在项目融资中表现出一种无限的发展潜力,但还需要做大量的研究开发工作才能将它真正应用到不同的基础设施工程项目中去。本书将主要针对 PPP 项目的准公共物品属性,提出 PPP 项目的政府补偿问题,并将私人不完全理性行为引入 PPP 项目补偿契约研究中。

第三章　PPP 项目政府补偿的契约问题与模型构建

第三章　PPP项目政府补偿的契约问题与模型构建

PPP项目的准公共物品属性使其收益具有较高的风险性,这在客观上需要政府给予一定的补偿方可使PPP项目顺利实施,但政府补偿却是事前很难确定的问题。本章将对政府补偿的概念进行界定,在此基础上从PPP项目的自身属性和收益高风险性的特征出发,讨论政府补偿的必要性和现有补偿的主要方式,着重通过比较前补偿和后补偿的两种方式,引出PPP项目补偿的不完全契约问题,并给出相应的数学模型表示。同时,为了研究方便,本章还给出PPP项目政府补偿问题的相关基本模型构建。

一、政府补偿的概念、特征和分类

补偿在日常用语中通常表示经济上的资助,而在学术界至今还没有完全统一的定义。以下将对补偿的概念进行梳理，并在此基础上对政府补偿的概念给出本文的界定，同时简单地概括政府补偿的特征和分类。

(一) 政府补偿的概念

根据《布莱克法律词典》，现代意义上的补偿是指政府直接或间接地授予一些有助于公共利益的企业的经济补助，诸如研发资金支持、税收减免、低于市场价格提供原材料，以及低利率贷款和出口信贷等都属于补偿的范畴。即便如此，学术界对补偿的概念还是存在如下两方面的争议：

1. 关于补偿对象的争议

关于政府补偿的对象，有的学者很笼统地以私人来概括，而有的学者却认为受补贴的主体或被补偿者应仅仅限于企业。事实上，现在各国政府的补偿对象都很宽泛，在对政府补偿的概念进行界定时，不宜将补偿范围限制得过窄、过死，否则就起不到规范和指引的作用。本文认为，除了企业通常是政府补偿的对象，一些特殊产业群体或个人也应是政府补偿的重要对象，例如本书研究涉及的 PPP 项目投资者可能是一些实体企业，也可能是一些投资财团，甚至可能是个体的私人投资者。

2. 关于补偿形式的争议

关于政府应采取何种补偿方式，学者们争议的焦点在于是否将补偿限于直接补偿，还是间接补偿。从经济学上讲，直接补偿和

第三章　PPP项目政府补偿的契约问题与模型构建

间接补偿不应有本质上的区别,因为无论是哪种补偿方式都使被补偿者获得了额外的收益。所以,经济学上的补偿更多是从被补偿者的角度,认为补偿不仅包括直接性的经济资助,即给付性补贴,还应包括间接性的经济资助,即减免性补贴,如免除企业一般的税费负担或者给予纳税优惠政策等。因此,本文认为,直接补偿和间接补偿的区别仅仅在于补偿形式的不同而已,它们的实质性因素如目的和效果都应该是一致的,都是对被补偿者的一种经济资助,被补偿者都得到了相应的利益。这也就是说,政府补偿往往不限于资金的直接拨付,还应包括政府对本应收取的税费予以减免以及其他形式的经济支持或价格支持等。由此可见,政府补偿的形式还可以包括:政府拨款、政府贷款、政府资本注入、政府贷款担保、政府免除税费、政府提供除一般基础设施以外的货物及服务、政府采购、政府向筹资机构付款以及政府委托指令私营机构实施的上述行为。

综上所述,本书所要研究的政府补偿是指政府为了实现和维护特定的公共利益,由政府或其授权组织所实施的为个人、企业以及社会其他组织带来利益的财政性资助的行为,这种由政府或政府授权组织所提供的财政性资助使受资助者直接或间接地获益。

(二) 政府补偿的特征

根据上述有关政府补偿的概念可知,政府补偿不仅是一种政府行为,更应是一种财政行为,一般具有以下几方面的特征:

1. 补偿的公共利益性

实现特定的公共利益是政府补偿的最根本特征。政府补偿从表面上看是政府授予被补偿者的利益，而实际上则是政府为了增加或维护公共利益的需要。政府给予补偿不是目的，只是实现目的的手段。实现公共利益既是政府补偿的根本目的，也是政府补偿的出发点。当然，在现实中我们也不能理想地认为政府补偿就一定能最大限度地促进公众福利，因为政府的利益不仅仅代表公共利益，它还应有自己的利益范围，它的部门还具有各自的"部门利益"。在这样的情况下，政府补偿在有些时候就不再以公共利益为出发点而很有可能取而代之的是某个"部门利益"。对此，本研究总是认为政府补偿的决策目标应该是明确地限定在社会公共利益之上，只有这样才能真正地体现政府补偿的作用和效能。所以说，政府补偿的确定和实施无不是为了最大化公共利益的需要，补偿的终极目标最终都要落实到社会公共利益的增加，而不能演变为单纯某个特定的群体或阶层的自有利益的增加。

2. 补偿的专向性

政府补偿的专向性是指政府或政府授权的组织有选择或有差别地向某些企业或个体提供的财政资助，这种财政资助使受政府补偿的企业或个人从某项政府补贴计划中取得了某些它在市场中不能取得的价值。本文所要研究的政府补偿就是指政府给予PPP项目的私人投资者的运营收益补偿，即当私人部门运营PPP项目而获得的实际收益很难收回私人巨额的初始投资时，政府给予私人投资者一定的经济补偿,以弥补私人投资者的预期收益不足。

3. 补偿的多样性

政府补偿的多样性是指补偿的方式不唯一,一般不再局限于财政资金的直接拨付。政府补偿除了传统意义上的财政支持,还应包括政府对本应收取的税费予以减免以及其他形式的经济支持或价格支持等,即政府补偿通常还可以包括政府拨款、政府贷款、政府资本注入、政府贷款担保、政府免除税费等。本研究所涉及的PPP项目政府补偿虽然既可以是政府财政资金的直接资助,也可以是其他形式的间接补偿,但为了对政府补偿问题进行定量化描述和模型化刻画,将会把任何形式的政府补偿都转化为直接的货币收益。

(三) 政府补偿的分类

根据政府补偿的多样性可知,政府补偿存在多种形式。如果按照不同的分类标准,政府补偿则还可做如下几种划分。

1. 直接补偿和间接补偿

根据政府补偿方式的直接性和间接性,可将补偿分为直接补偿和间接补偿。直接补偿是指政府部门及其委托机构通过直接给付资助的方式实施的补偿,例如政府的财政划拨、政府资本注入、政府贷款等属于政府直接补偿。间接补偿是指通过减免受补偿对象的给付负担的形式进行的补偿,如政府减免税费、政府降低地价等。

2. 附款型补偿与无附款型补偿

根据受补偿主体接受政府补偿是否有附加负担或附加义务，可将政府补偿划分为附款型补偿与无附款型补偿。附款型政府补偿是指补偿对象需要付出相应的对价或承担一定的义务才能获得和使用的政府补偿。例如，政府将采购订单下达给某企业的补偿。而无附款型政府补偿是指不附加任何附加负担或义务，补偿对象无偿地接受和使用政府的补贴资金。例如，国际油价上涨，政府对石油企业进行的资金补贴。

3. 中央补偿与地方补偿

根据补偿主体的不同和补偿资金来源的不同，还可将政府补偿分为中央补偿和地方补偿。中央补偿是指由中央政府或者中央国家行政机关做出的并运用中央财政资金进行的补偿。例如，由于2005年国际原油价格持续上升并长期处于高位，国内成品油价格和原油价格倒挂，财政部运用中央财政给予中国石油化工集团公司一次性补偿100亿元，这就是所谓的中央补偿。而地方补偿就是指由地方政府做出的运用地方财政资金进行的补偿。例如，海南省于2006年5月18日颁布《海南省石油价格改革财政补贴办法》，对海南省内的石油补贴进行规范，这就是所谓的地方补偿。

尽管政府补偿可按上述不同的标准进行划分，但无论是哪种类别的补偿，都是政府为了实现和维护特定的公共利益而给予被补偿者的经济上的资助。本研究所涉及的PPP项目政府补偿就

第三章　PPP项目政府补偿的契约问题与模型构建

是政府给予项目投资者的运营收益补偿,这种补偿既可以是直接补偿或间接补偿,也可以是附款型补偿或无附款型补偿,更可以是中央补偿或地方补偿。但为了便于对政府补偿问题的定量化和模型化研究,本书将会把不同类别的PPP项目补偿都换算为对私人投资者的直接货币收益。

二、PPP项目政府补偿的必要性及主要方式

PPP项目由于生产的产品通常为纯公共品或准公共品,往往使得项目未来收益很难补偿私人巨额的初始投资。这就意味着,要使PPP项目持续、有效运行,政府给予私人适当补偿就非常重要。

(一) PPP项目补偿的必要性

PPP模式目前大都应用于公共基础设施建设等具有公共物品或准公共物品属性的项目,如燃气、供水、供电、污水处理等市政设施,公路、铁路、机场、轨道交通等公共交通设施,医疗、养老等公共服务设施,水利建设、生态环境保护等公益性项目。PPP项目的公益性通常使得这些项目的未来收益较低,如果私人运营收益较低或受到损害时,私人部门很可能会终止运营该项目,从而损害了项目的社会福利。所以,要使PPP项目成功实施,政府有必要给予私人投资者一定程度的补偿。

另外,PPP项目由于建设周期长、投资成本高、参与单位众多、组织结构复杂,以及其他诸多不确定性等因素,往往使私人投

资项目面临较高的运营收益风险,如果政府将该风险完全转嫁给私人投资者,那么私人投资者必然会因为PPP项目的公益性或较低收益而拒绝投资。所以,从项目收益风险分担的角度,要激励私人承担一定的风险而积极投资、建设和运营项目,政府也有必要给予私人投资者适当补偿。

由此可见,基于PPP项目的准公共物品属性和收益高风险性,政府必须给予私人投资者适当补偿,方可满足私人投资者对利润追求与风险分担的权衡,以使PPP项目得以成功实施和运行。

(二) PPP项目补偿的主要方式

基于PPP项目的准公共物品属性和收益高风险性,目前政府给予补偿的方式很多,如延长PPP项目公司的特许运营期、给予财政补贴资金、减免税费、水费和电费等,所有这些补偿方式可概括为两种,即直接补偿和间接补偿。直接补偿,即直接转移支付,指政府对项目公司或私人投资者直接提供财政补贴,如北京市政府每年向地铁项目补贴3亿至4亿元。间接补偿,即间接转移支付,指政府通过间接的方式给项目公司或私人投资者提供补贴,如向私人投资者提供PPP项目附近设施、土地的开发权等。

按照PPP项目建设和运营的前后两个阶段,或根据政府补偿的先后顺序,还可将政府补偿的主要方式分为前补偿和后补偿两种。

1. 前补偿方式

前补偿,又称建设补贴,即SB(Subsidize in Building)模式,是

第三章 PPP项目政府补偿的契约问题与模型构建

指政府在PPP项目的建设过程中,给予私人投资者的一次性建设补偿。例如,在国家体育场"鸟巢"项目和北京地铁四号线项目中,北京市政府分别承担项目建设成本的58%和70%,作为对私人投资者的建设补偿。

前补偿主要适用于建设成本高、盈亏风险大的一些PPP项目,这类项目在事前往往需要政府给予补贴,方可带动市场融资,提高融资效率,最终满足社会对公共产品的需求。然而,前补偿是很难确定的问题,很可能会出现补偿过高或不足。从政府角度,补偿过高会导致补偿社会成本增加,项目社会效益受损,最终导致补偿失效;而从私人角度,补偿过低会导致私人运营收益减少,最终导致市场失灵。

2. 后补偿方式

后补偿,又称运营补贴,即SO(Subsidize in Operation)模式,是指PPP项目建成后,政府根据项目实际运营状况而给与私人的运营补贴。例如,北京地铁四号线在实际运营中由于客流没有达到预期的80%,所以政府给予私人一定的补贴以保证私人获取预定收益。

由于后补偿是基于项目实际运营收益而确定,所以它可以弥补前补偿的过高或过低问题。但后补偿又会由于忽略前补偿对私人投资的激励性,进而导致事后补偿的无效性。因此,虽然PPP项目的后补偿方式相对前补偿方式更合理,但后补偿方式自身也存在一定的缺陷,两种方式的具体比较如表3-1所示。

表3-1 PPP项目的前补偿与后补偿比较

方式 特点	前补偿	后补偿
优势	保证私人投资收益，提高私人投资积极性	防范私人获取超额收益，节约事后谈判成本
劣势	补偿过高，项目社会效益受损；补偿不足，私人投资利润受损	忽略事前补偿的激励性，导致补偿结果无效

由表3-1可看出，对于PPP项目的政府补偿问题，有必要将前补偿与后补偿这两种方式有机结合，以实现优势互补。

三、PPP项目政府补偿的契约问题及模型表示

PPP项目一般由政府通过特许权协议的方式委托给私人投资者进行建设和运营，而在运营收益不确定的情形下，政府通常会以给予补偿的方式作为私人提供公共产品或服务的对价，以保证项目运营的持续性和稳定性，PPP项目的公私契约合作关系如图3-1所示。

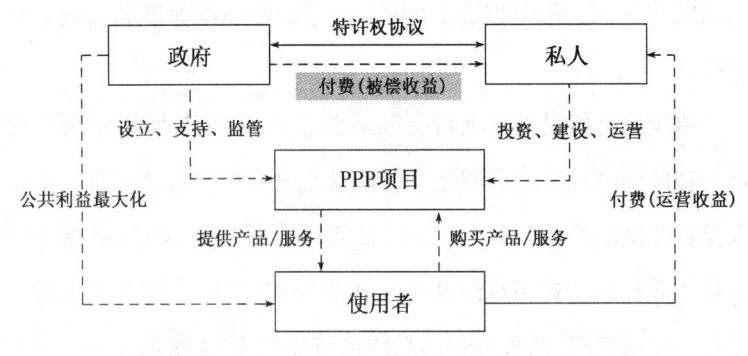

图3-1 PPP项目的公私契约合作结构

第三章　PPP 项目政府补偿的契约问题与模型构建

(一) PPP 项目补偿的不完全契约问题

当 PPP 项目被政府通过特许权协议的方式委托给私人企业进行建设和运营时,由于特许权协议很难覆盖未来所有不确定因素,所以 PPP 项目一般具有典型的不完全契约性。当契约没有覆盖的不确定性发生而致使私人运营收益较低或受到损害时,私人部门很可能会终止运营该项目,从而损害了项目社会福利。所以,当 PPP 项目实际收益很难补偿私人巨额的初始投资时,往往还需政府给予私人适当补偿方可使该项目持续运行,如城市轨道交通项目一般都允许私人开发沿线土地作为政府补偿(汤薇,2007)。

然而,PPP 项目补偿是事前很难确定的问题,因为政府事前很难预知未来可能发生什么情况,进而事前补偿很可能过高或不足而导致项目社会福利或私人利益受损,但事后补偿又会因忽略了事前承诺或担保对私人投资的激励性而导致补偿无效性。那么,政府对 PPP 项目究竟如何实现有效补偿,以下将通过引入一种单期补偿契约,并通过相应数学模型表示,进行定量研究。

(二) PPP 项目补偿契约的模型表示

基于政府对 PPP 项目补偿的决策困境,考虑政府事前准予私人投资要求的特许收益,而事后通过观测到的项目实际收益与特许收益的比较而给予私人一定程度上的广义补偿,即包括正补偿和负补偿(如政府税收等)。不失一般性,考虑政府采用一种线性单期补偿契约(Holmstrom & Milgrom,1987)如下:

$$\tilde{S} = S(\tilde{\omega}) = S_0 + \tilde{\omega} S_1 \qquad (3-1)$$

其中变量 $\tilde{\omega}$ 定义为 $\tilde{\omega} = (R_0 - \tilde{R})/R_0$，表示项目单期内的实际收益 $\tilde{R}$ 与特许收益 R_0 的相对比较；而参数 S_0 和 S_1 表示政府应分别给予的单期建设成本补偿和运营收益补偿。

式(3-1)表明，如果项目实际收益不大于特许收益，即 $0 \leqslant \tilde{\omega} < 1$，则 $\tilde{\omega}$ 表示政府需要给予私人运营补偿的份额或比例；而如果项目实际收益大于特许收益，即 $\tilde{\omega} < 0$，则 $\tilde{\omega}$ 表示政府应从项目的超额运营收益中索取部分补偿份额（如税收等）。$\tilde{\omega}$ 的正负性表明，式(3-1)描述的是一种广义补偿契约，它反映了公私部门之间是一种基于风险共担和收益共享的合作关系，由于它依赖于与特许收益的相对比较，故亦称式(3-1)为依赖于特许收益的 PPP 项目政府补偿契约，简单记作 $\tilde{S}(R_0) = S_0 + \tilde{\omega} S_1$，其中称 $\tilde{\omega}$ 是项目运营收益的相对补偿指数。一个完整的 PPP 项目政府补偿契约的时间顺序如图 3-2 所示：

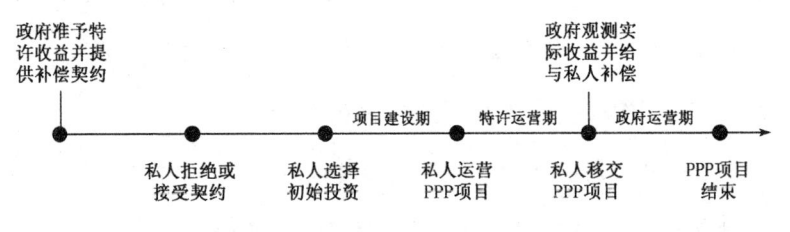

图 3-2 PPP 项目政府补偿契约时序

如果私人接受上述补偿契约(3-1)并对项目作总投资 C，则单期特许收益 R_0 在不计项目建设期的条件下还可表示为：

$$R_0 = R_0(C) = \frac{iC}{T} \tag{3-2}$$

其中 T 表示政府准予私人的特许运营期,而 i 表示政府准许私人的最低期望投资回报率,它可按照 CAPM 方法进行确定(吴孝灵等,2012),从而上式表示政府准予私人投资要求的特许收益在特许期 T 内单位化。

式(3-2)表明,项目单期特许收益 R_0 可由变量 i,T 和 C 来确定,其中变量 T 与 i 一起可纳入上述契约,即政府只需要根据私人对项目的投资规模来确定特许收益。但项目的实际投资 C 是私人决策变量,政府无法确定而将其纳入契约,只能通过与私人博弈进行预测。

四、PPP 项目最优补偿契约设计的博弈模型构建

如何预测私人投资 C,以及如何确定上述补偿契约参数 S_0 和 S_1?本文将分别建立能够描述私人不同决策行为特征的投资期望效用模型,并运用行为博弈分析方法研究私人最优投资决策和政府最优补偿对策。为此,有必要先构建一些基本模型。

(一) 私人投资者的单期利润函数

PPP 项目的实际单期收益 $\tilde{R}$ 一般是不确定的随机变量,如果设 $\tilde{R}$ 的期望和标准差分别为 $\bar{r}$ 和 σ_r,则政府准予私人投资要求的特许收益可表示为:

$$R_p = iC = TR_0(C) = r_f C + \beta \sigma_r T \tag{3-3}$$

其中σ_r表示影响项目实际收益$\tilde{R}$的风险参数;r_f表示无风险利率,通常取国债利率;β为单期风险补偿系数,表示项目在市场上运营的单位时间内的风险溢价。

式(3-3)表明,政府准予私人在特许期内获得的最低收益或特许收益应包括两部分:一部分是私人投入建设成本而应获得的无风险补偿收益;另一部分是私人承担运营风险而应获得的风险补偿收益。

在政府保证的特许收益条件下,如果私人接受上述政府提供的补偿契约而进行投资,则私人投资项目而将获得随机单期利润为:

$$\prod_P = \prod_P(\tilde{S},C) = \tilde{R} + \tilde{S} - \frac{C}{T} \qquad (3-4)$$

其中$\tilde{R}$表示项目运营的实际的单期收益;$\tilde{S}$表示政府给予的补偿;C表示私人对项目的初始投资;而C/T表示私人投资分摊到单位时期的沉没成本。

式(3-4)表明,私人投资项目的实际单期利润是项目的运营收益与政府的补偿收益减去私人投资项目的建设成本。然而,无论是项目的运营收益还是政府的补偿收益,都是不确定的随机变量,即私人投资者存在风险或者说私人是在风险环境下进行投资。

(二) 项目的单期社会效益函数

当私人接受上述补偿契约时,政府如何进行补偿决策以实现项目社会效益最优,还有必要考虑补偿的社会成本。政府补偿一

第三章 PPP 项目政府补偿的契约问题与模型构建

般都来源于税收等公共财政资金,而征收公共财政资金一般都会发生无谓损失(deadweight loss),即公共资金存在社会福利成本(Depalma, et, 2007;刘明,2009)。如果假设政府每使用一个单位的公共资金来补偿私人投资者而将导致 $\lambda(\lambda>1)$ 个单位的社会成本,或 $\lambda-1$ 个单位的额外社会成本,则 λ 可看作公共财政资金的边际成本(Marginal Cost of Public Funds,MCF),其大小影响了项目的社会效益性,即 λ 值越大,项目的社会效益损失越大。所以,当政府补偿带来项目社会效益损失时,项目实际的单期社会效益可表示为:

$$\prod_G = \prod_G(\tilde{S},C) = \frac{V(C)}{T} - \tilde{R} + \prod_P(\tilde{S},C) - \lambda \tilde{S}$$

(3-5)

其中 $V(C)$ 表示项目投资为 C 时产生的社会价值,从而式(3-5)中第一项表示项目的社会福利产出在特许期内单位化。

而且,考虑到项目投资规模越大,其社会福利产出越大,而其边际社会产出递减,即 $V(C)$ 满足: $V'(C)>0,V''(C)<0$,所以不妨假设项目的社会价值函数 $V(C)$ 具有如下形式:

$$V(C)=kC^{\alpha}(k>0,0<\alpha<1) \quad (3-6)$$

其中 $\alpha>0$ 表示项目投资规模指数,$k>0$ 表示将投资规模转化为社会价值的参数。

式(3-5)和(3-6)表明,项目的实际社会效益包括三部分:第一部分是项目用户总剩余,即项目的单期社会福利价值减去私人单期运营收益;第二部分是私人总剩余,即私人在政府补偿情形下获得的实际净利润;第三部分是项目社会效益损失,即政府补偿导致的社会成本。

(三) PPP 项目补偿契约的公私博弈模型

由于补偿存在社会成本,所以政府需要对补偿契约进行合理设计,以尽可能实现项目社会效益最优。鉴于契约签订之前,政府居主导地位,私人居从属地位,考虑政府首先从项目社会效益角度进行补偿决策,即向私人提供补偿契约;而后私人根据政府的补偿契约对项目进行初始投资决策,以尽可能最大化其投资的期望效用。因此,如何预测私人投资 C,以及如何确定契约参数 S_0 和 S_1,实际上就转化为政府与私人投资者之间的主从博弈问题,即可用一个两阶段优化模型表示如下:

$$\max_{S_0,S_1} E\left[\prod_G(\tilde{S},C)\right] \tag{3-7}$$

$$s.t.\ E\left[U(\prod_P(\tilde{S},C))\right] \geqslant \bar{u} \tag{3-8}$$

$$\max_C E\left[U(\prod_P(\tilde{S},C))\right] \tag{3-9}$$

称式(3-7)、(3-8)和(3-9)为 PPP 项目政府补偿契约的基本博弈模型。式(3-7)表示政府的决策目标是通过补偿契约的合理设计,即合理确定契约参数 S_0 和 S_1,以实现项目期望社会效益最大化;式(3-8)表示私人投资的参与约束,是指私人投资的期望效用不能低于他不接受补偿契约时的最大期望效用,即私人投资者的保留效用,它是由市场上其他投资机会决定的(张维迎,

第三章　PPP项目政府补偿的契约问题与模型构建

1996);式(3-9)表示私人投资者的决策目标是选择适当的初始投资C,以最大化其投资的期望效用。

然而,私人投资者的期望效用如何表示,是否就是私人投资的期望利润?私人投资者的保留效用是否就是外生给定的,还是随私人投资多少而变化的?要解决这些问题,本书将在上述模型的基础上,针对私人投资决策的实际行为特征,通过在后面各章中分别引入私人决策的不同行为偏好,构建私人投资期望效用函数,并运用行为博弈方法探讨私人投资的最优决策特征,进而给出政府最优补偿对策,为政府最优补偿契约设计提供理论支撑。

五、案例:北京地铁 4 号线 PPP 项目补偿机制

北京地铁 4 号线项目是我国城市轨道交通行业第一个正式批复实施的特许经营项目,也是国内第一个运用 PPP 模式、引入市场部门运作的地铁项目。2011 年,北京金准咨询有限责任公司和天津理工大学按国家发改委和北京市发改委要求,组成课题组对北京地铁 4 号线 PPP 项目的实施效果进行了专门的评价研究。课题组通过评价一致认为,北京地铁 4 号线项目顺应国家投融资体制的改革方向,在我国城市轨道交通领域首次探索和实施市场化的 PPP 融资模式,有效地缓解了当时北京市政府对基础设施项目和公共服务设施的投资压力,实现了北京市轨道交通行业投资和运营主体的多元化突破,并通过引入市场部门的参与,形成了同业激励的格局,促进了技术进步和管理水平以及服务水平提升。

课题组通过实际情况分析,北京地铁4号线项目应用PPP模式进行投资建设已取得阶段性成功,项目实施效果良好。

该PPP项目之所以能够成功实施,主要应归功于项目中的政府部门和社会投资者之间能够较好地合作,而这种顺畅的公私合作就要得益于项目具有合理的政府补偿机制,即政府通过票价机制和客流机制的巧妙设计,在社会投资者的经济利益和政府部门的公共利益之间找到了博弈均衡点,既要为社会投资人带来合理的预期收益,又要提高北京地铁4号线的运营管理和服务效率。

(一) 项目概况

北京地铁4号线是北京轨道交通路网中的主干道之一,南起丰台区公益西桥,北至海淀区安河桥北,全长28.2公里,车站总数24座。4号线工程概算总投资为153亿元,于2004年8月正式开工,2009年9月28日通车并开始试运营,目前日均客流量达到70万人次。根据北京地铁4号线的项目设计概算,工程投资建设总体划分为A、B两个相对独立的部分。其中,A部分主要为洞体、车站等土建工程部分,投资额约为107亿元,占4号线项目总投资的70%,由北京市政府国有独资企业京投公司成立的全资子公司4号线公司负责;B部分主要包括车辆、信号、自动售检票系统等机电设备,投资额约为46亿元,占4号线项目总投资的30%,由通过市场化方法组建的特许经营公司负责投资建设、运营和管理,实施特许经营。特许经营公司是在PPP项目中通过审批取得特许经营权、实施特许经营的公司。在北京地铁4号线项目中的

第三章 PPP 项目政府补偿的契约问题与模型构建

PPP 特许经营公司是北京京港地铁有限公司(简称"京港地铁"),该公司是由京投公司、香港地铁公司和首创集团公司按照 2∶49∶49 的出资比例组建。

在北京地铁 4 号线项目竣工验收后,特许经营公司根据与 4 号线公司签订的《资产租赁协议》,取得对 A 部分资产的使用权。特许经营公司负责对地铁 4 号线的运营管理、全部设施(包括 A 和 B 两部分)的维护和除洞体外的资产更新以及站内的商业经营,并通过地铁票款收入及站内商业经营收入回收投资成本。与站内的商业经营收入相比,地铁票款收入是特许期内特许经营公司的主要收入,其收入的多少是由乘坐地铁的客流量决定的。为使客流量的预测更加科学客观并能被市场部门认同,该项目专门聘请了国际上著名的客流量预测机构 MVA 公司,MVA 公司在确保独立性的基础上,经过充分的调研分析,对 4 号线项目做了一份专业的预测报告。

按照特许经营协议约定,特许经营期为自试运营开始后的 30 年。在如何确定特许经营期的问题上,考虑到轨道交通项目所具有的投资大、回收期长的特点,主要根据财务模型来计算投资回收期并设计了合理的盈利年限。特许经营期结束后,特许经营公司将 B 部分项目设施完好、无偿地移交给市政府,将 A 部分项目设施归还给 4 号线公司。根据相关财务指标测算,在 30 年特许经营期内,按 8% 的回报率计算,新建地铁项目 30 年财务净现值的总额,约占项目总投资的 30%,约为 46 亿元。然而,该项目的实际回报率超过了8%,达到了10%左右。

北京地铁4号线项目由北京市基础设施投资有限公司(简称"京投公司")具体实施。京投公司作为业主单位和该项目的实际运作人,主要负责项目方案的设计、招商、谈判等工作。具体地说,该项目的PPP模式如图3-3所示。

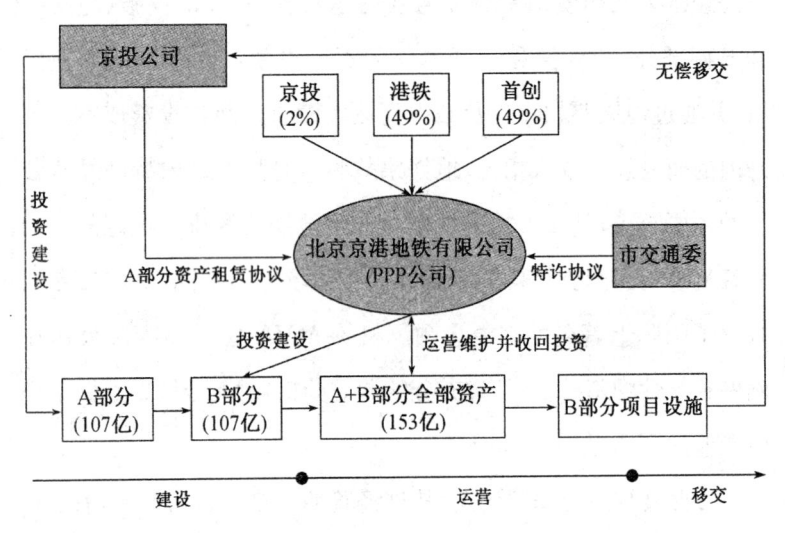

图3-3 北京地铁4号线的PPP模式

(二) 实施过程

北京地铁4号线PPP项目的实施过程大致可分为两个阶段:第一阶段主要是由北京市发改委主导的实施PPP方案编制和审批阶段;而第二阶段主要是由北京市交通委主导的社会投资人竞争性谈判比选阶段。最后,经北京市政府批准,北京市交通委与京

第三章　PPP 项目政府补偿的契约问题与模型构建

港地铁于 2006 年 4 月 12 日正式签署了《特许经营协议》。

特许经营协议是 PPP 项目实施的核心和关键，为 PPP 项目的投资建设和运营管理提供了明确的依据和坚实的法律保障。北京地铁 4 号线项目的特许经营协议由主协议、16 个附件协议以及后续的补充协议共同构成，涵盖了投资、建设、试运营、运营、移交等各个阶段，形成了一个比较完整的合同体系，具体的项目合同结构如图 3-4 所示。

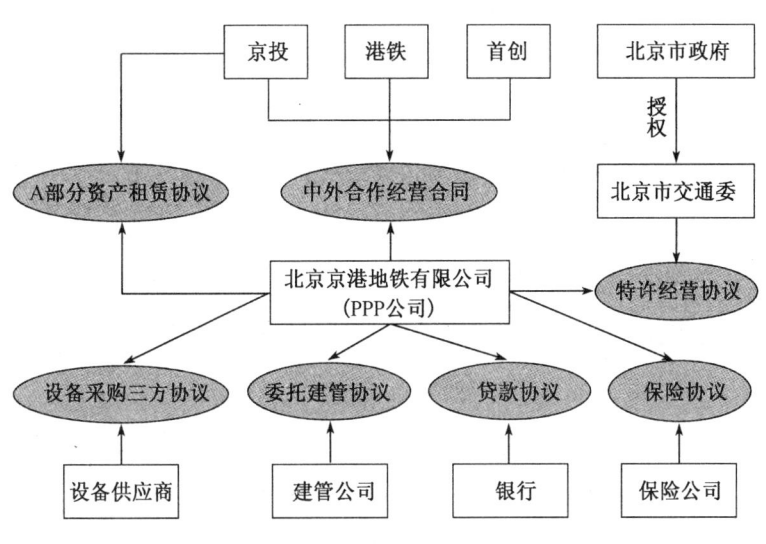

图 3-4　北京地铁 4 号线 PPP 项目的合同结构图

根据图 3-4 可知，北京地铁 4 号线 PPP 项目的参与方较多，其中北京市政府和京港地铁公司是该项目特许经营协议的两个核心单位，协议约定了双方各自的权利和义务如下：

127

1. 北京市政府

北京市政府及其职能部门的权利和义务主要在建设阶段和运营阶段。在建设阶段主要负责项对目 A 部分的建设和 B 部分质量的监管,即主要包括制定项目的建设标准(包括设计、施工和验收标准),对项目工程的建设进度、质量进行监督和检查,以及项目的试运行和竣工验收,审批竣工验收报告等。在运营阶段主要负责对项目的运营进行监管,即包括制定运营和票价标准并监督京港地铁执行,而且在发生紧急事件时,统一调度或临时接管项目设施;协调京港地铁和其他线路的运营商建立相应的收入分配分账机制及相关配套办法。此外,由于政府要求或相关法律变更而导致京港地铁建设或运营成本增加时,政府部门需负责给予其合理的经济补偿。

2. 京港地铁公司

京港地铁公司作为北京地铁 4 号线项目 B 部分的投资建设责任主体,负责项目的资金筹措、建设管理和运营。为了方便 A、B 两部分的施工衔接,特许权协议要求京港地铁公司将 B 部分的建设管理任务委托给 A 部分的建设管理单位。在项目运营阶段,协议要求京港地铁公司在特许经营期内利用 4 号线项目设施自主经营,提供客运服务并获得票款收入。此外,协议要求京港地铁公司须保持充分的客运服务能力和高效的客运服务质量,同时须遵照《北京市城市轨道交通安全运营管理办法》的规定,建立安全管理系统,制定和实施安全演习计划以及应急处理预案等措施,保证

第三章　PPP项目政府补偿的契约问题与模型构建

项目安全运营。在遵守相关法律法规,特别是运营安全规定的前提下,京港地铁公司可以利用项目设施从事广告、通信等商业经营活动来获取相应的投资收益。

这里需要强调的是,在特许经营公司的组建过程中,必须严格遵守法律法规和实施方案的要求。如果特许公司是内资企业,根据《国务院关于固定资产投资项目试行资本金制度的通知》的规定,资本金比例应不低于总投资的35%,而北京市的标准是资本金比例应不低于总投资的40%,这是因为地方性法规的要求一般都要高一些。如果特许公司是外商投资企业,须遵守《国家工商行政管理局关于中外合资经营企业注册资本与投资总额比例的暂行规定》的要求,中方投资者占有的权益不应小于51%,而资本金以外的部分由特许经营公司通过融资解决。在正式签署特许协议之前,特许经营公司还应签署有关融资协议,以确保融资过程的稳定性。

(三) 补偿机制

北京地铁4号线PPP项目的成功实施主要得益于政府及其相关职能部门的积极协调,为项目的实施提供了合理的收益分配机制和有效的风险分担机制,即包括如下的票价补偿机制和客流补偿机制。

1. 票价补偿机制

北京地铁4号线的运营票价实行政府定价管理,由于实际平均人次票价不能完全反映地铁线路本身的运行成本和合理收益等财务特征,所以项目采用"测算票价"作为确定投资者运营收益的依据,同时建立了测算票价的调整机制。以测算票价为基础,特许经营协议中约定了相应的票价差额补偿和收益分享机制,构建了票价风险的分担机制。具体地说,如果实际票价收入水平低于测算票价收入水平,那么市政府需要就其差额给予特许经营公司相应的经济补偿;而如果实际票价收入水平高于测算票价收入水平,那么特许经营公司就需要将其差额的70%返还给市政府。该PPP项目的票价补偿机制如图3-5所示。

2. 客流补偿机制

票款是北京地铁4号线项目实现盈利的主要收入来源,由于是采用政府定价,所以客流量就成为影响项目收益的主要因素。客流量不仅受特许公司服务质量的影响,也会受到市政府城市规划等因素的影响,因此,要使政府和特许公司顺利合作,就有必要建立一种风险共担、收益共享的客流补偿机制。该PPP项目的客流补偿机制设计为:如果客流量连续三年低于预测客流的80%,则特许经营公司可申请政府补偿,或者放弃该项目;而如果客流量超过预测客流时,则政府将分享超出预测客流量10%以内票款收入的50%、超出客流量10%以上的票款收入的60%。

从上述北京地铁4号线PPP项目案例可以看出:(1) PPP项目的政府补偿应充分考虑市场因素和政策因素,将事后补偿与事前预期有效结合,既要确保社会投资者的合理预期收益,又要尽可能使项目的社会效益最大。(2)PPP项目的政府补偿应充分体现风险共担、收益共享的公私合作机制,这才是PPP模式的特点和本质要求。

六、本章小结

PPP项目的准公共物品属性和未来运营收益的高风险性在客观上需要政府给予一定的补偿方可实施。然而,政府如何给予补偿以促进PPP项目的成功运作? 目前对于政府而言,还是一个很难确定的问题。本章将首先对政府补偿的基本概念、特征及其分类做简要介绍;然后在此基础上,从PPP项目的自身属性和收益高风险性的特征出发,讨论政府补偿的必要性和主要方式,着重通过比较前补偿和后补偿的两种方式,引出了本文将要研究的PPP项目补偿的不完全契约问题,并给出政府补偿契约的数学模型表示以及最优补偿契约设计的博弈模型构建;最后以北京地铁4号线PPP项目为例,讨论了政府补偿的票价机制和客流机制,揭示了政府补偿的本质是要设计风险共担、收益共享的合作机制。具体地说,本章研究内容包括:

(1)从PPP项目的契约合作关系出发,指出PPP项目相对传统的公共基础设施项目和公共服务具有目标不一致性、收益高风险性、干系人契约关系性等基本特征,并结合PPP项目的准公共物品属性,提炼出PPP项目政府补偿的重要性以及补偿问题的不完全契约性。

（2）PPP项目的准公共物品属性和收益的高风险性使得政府补偿非常重要，而政府补偿目前主要采取前补偿和后补偿两种方式，通过对这两种方式的比较可看出，前补偿和后补偿均有优势和劣势，必须有机结合，进行优势互补，方可使政府补偿决策更加科学合理。

（3）基于政府对PPP项目补偿的决策困境，考虑政府事前准予私人投资要求的特许收益，而事后通过观测到的项目实际收益与特许收益的比较而给予私人一定程度上的广义补偿，即通过引入项目运营收益的相对补偿指数而设计一种单期补偿契约。

（4）鉴于PPP项目立约之前，政府居主导地位，私人居从属地位，考虑政府首先从项目期望社会效益最大化角度进行补偿决策；而后私人基于政府补偿策略而进行投资决策，以尽可能最大化其投资的期望效用。由此，通过构建私人投资者的利润函数和项目的社会效益函数，给出了政府和私人投资者之间的基本博弈模型。

（5）以北京地铁4号线项目为例，在介绍PPP项目的组织模式和实施过程的基础上，讨论了PPP项目补偿的合理的收益分配机制和有效的风险分担机制，揭示了政府对PPP项目补偿的出发点是要设计风险共担、收益共享的公私合作机制。

第四章 基于私人完全理性的PPP项目补偿契约有效性

第四章　基于私人完全理性的 PPP 项目补偿契约有效性

政府补偿直接关系到 PPP 项目市场化运作成败,补偿过高将导致政府失效;而补偿过低将会导致市场失灵。那么,如何使 PPP 项目政府补偿契约在保证私人投资者期望利润的同时最大化项目预期社会效益?本章将在 PPP 项目私人投资者的完全理性决策框架下,讨论政府补偿机制对于私人投资决策的影响,并在此基础上,借鉴主从博弈中的诱导机制和激励思想,建立政府部门与私人部门之间两阶段动态博弈模型,从而通过博弈模型求解和均衡分析来探讨政府补偿契约的最优设计,同时从集中决策和分散决策两个不同角度来分析政府最优补偿契约的激励性,而且基于政府补偿的社会效益约束讨论最优补偿契约的有效性和相应的政府对策。本章的研究内容虽然是基于私人投资者的完全理性假设,但对本书将私人投资者的不完全理性行为引入政府补偿契约研究提供了较好的理论参考和研究框架。

一、PPP项目私人投资者的完全理性假设

理性人概念的形成与经济学的发展是密不可分的,它是完全理性假设与经济学理论发展的产物。西方经济学家指出,所谓的完全理性假设是对在经济社会中从事经济活动的所有人的基本特征的一个一般性的抽象,这个被抽象出来的基本特征就是指每一个从事经济活动的人都是利己的,即每一个从事经济活动的人所采取的经济行为都是力图以自己的最小经济代价去获取自己的最大经济利益。这也就是说,经济学假设的理性人就是指能够合理利用自己的有限资源为自己取得最大的效用、利润或社会效益的个人、企业、社会团体和政府机构。

在经济人的完全理性假设前提下,Von Neumann 和 Morgenstern 给出的期望效用模型就发展成为传统经济学的理论基石。期望效用模型是为了经济学分析、解释、推导的需要,对微观的人的实际决策行为进行抽象,并根据这种抽象分析其决策行为特征。这种建立在经济人完全理性假设的基础上的期望效用模型以一种极其严谨的方式为人们制定了一套标准化的决策方法,已形成有效的决策分析框架,并可用来解释经济中的诸多现象。所以,在相当长一段时间内,期望效用模型就成为传统经济学的主流研究范式,并衍生出其他类似的理论模型。

第四章 基于私人完全理性的 PPP 项目补偿契约有效性

由此可见,经济人的完全理性假设是传统经济学认识和分析经济规律的重要前提和工具,没有这个所谓的完全理性假设,就很难对人的实际决策行为进行描述,也就无法建立相应的决策模型。为此,要分析和预测 PPP 项目私人投资者在政府补偿下的决策机制,就有必要借鉴传统经济学中的期望效用模型,在私人投资者的完全理性假设下,构建私人投资的期望效用函数,并借助私人投资者的期望效用模型讨论私人对 PPP 项目的投资决策可能存在的一些规律,以便为政府补偿决策提供一些理论上的依据。本章将基于私人投资者的完全理性假设,讨论政府对 PPP 项目补偿契约的最优设计以及政府最优补偿契约的有效性和相应的政府补偿对策。这里的完全理性假设就是假设私人投资者是利润最大化者,即私人通过对 PPP 项目的合理投资来实现其期望利润最大化,也就是说,私人投资追求的期望利润最大化实际上被看作是传统的私人投资者期望效用最大化。

二、私人完全理性下的 PPP 项目补偿契约最优设计

鉴于 PPP 项目立约之前,私人投资者从属于政府的主导地位,将分别从集中决策与分散决策的两个不同角度建立政府部门与私人部门之间博弈模型来探讨政府补偿契约的最优形式解,并通过对两种情形的讨论和比较,揭示政府设计最优补偿契约的根本和该契约的激励性本质。

(一) 集中决策方案分析

基于政府在项目立约前的主导地位,考虑政府对 PPP 项目补偿问题采取集中决策,即假设政府能够完全代替私人确定项目的投资规模,并由此进行补偿决策,以使项目预期社会效益最优。

根据基本模型(3-7)、(3-8)和(3-9),政府集中决策时的补偿契约最优设计问题可转化为求解如下优化问题:

$$\max_{S_0,S_1} E\Big[\prod\nolimits_G(\widetilde{S},C)\Big] = \frac{V(C)-C}{T} + (1-\lambda)\Big[S_0 + S_1 - \int_{-\infty}^{+\infty} \frac{S_1}{R_0(C)} rf(r)\mathrm{d}r\Big] \quad (4-1)$$

$$\text{s.t. } E\Big[\prod\nolimits_P(\widetilde{S},C)\Big] = S_0 + S_1 - \frac{C}{T} + \int_{-\infty}^{+\infty}\Big[1 - \frac{S_1}{R_0(C)}\Big]rf(r)\mathrm{d}r \geqslant R_0(C) \quad (4-2)$$

其中 $f(r)$ 表示项目实际收益 $\widetilde{R}$ 的概率密度函数。

式(4-1)和(4-2)表明,政府集中决策是在保证私人投资者参与约束条件下,通过选择合适的契约参数 S_0 和 S_1,以最大化项目预期社会效益。这里的私人参与约束是指私人投资者的期望利润不低于其事先要求的特许收益,这与私人投资者的完全理性假设是一致的。

对上述优化问题(4-1)和(4-2)求最优解,可得命题 4.1 及其结论如下。

命题 4.1 集中决策时,项目的最优投资规模 C^{**} 和最优补偿契约 $\widetilde{S}^{**}$ 满足:

第四章 基于私人完全理性的 PPP 项目补偿契约有效性

$$C^{**} = \left[\frac{\alpha k}{\lambda + (\lambda-1)r_f}\right]^{\frac{1}{1-\alpha}}, (\lambda>1, 0<\alpha<1) \quad (4-3)$$

$$E[\tilde{S}^{**}] = \frac{C^{**}}{T} + R_0(C^{**}) - \bar{r} \quad (4-4)$$

证明 设 μ 为式(4-2)的 Lagrange 乘子,则上述优化问题的 Lagrange 函数及 Kuhn-Tucker 条件为:

$$L(S_0, S_1, C, \mu) = E[\prod_G(\tilde{S}, C)] + \mu\{E[\prod_P^*(\tilde{S}, C) - R_0(C)]\} \quad (4-5)$$

$$\frac{\partial L}{\partial S_0} = 0 \Rightarrow \mu = \lambda - 1 > 0 \quad (4-6)$$

$$\frac{\partial L}{\partial C} = \frac{1}{T}[\alpha k C^{\alpha-1} - \lambda - (\lambda-1)r_f] = 0 \quad (4-7)$$

$$\mu \frac{\partial L}{\partial \mu} = \mu[E_\pi(\tilde{S}, C) - R_0(C)] = 0 \quad (4-8)$$

由式(4-7)首先可推得式(4-3)成立,然后结合式(4-6)和式(4-8),可证明式(4-4)成立。

证毕.

命题 4.1 表明:集中决策情形下,政府给予 PPP 项目的最优期望补偿应包括建设补偿和运营补偿,其中运营补偿依赖项目期望收益与特许收益的比较。而且,集中决策时项目最优投资规模与补偿金边际成本和零风险利率负相关,与项目投资规模指数和社会价值参数正相关,而与项目特许期等因素无关。具体说来,补偿资金的边际成本或无风险利率越高,项目的最优投资成本越小,即 $\partial C^{**}/\partial \lambda < 0, \partial C^{**}/\partial r_f < 0$;但随着项目的投资规模扩大或其

社会价值增加,项目的最优投资成本也将相应增加,即 $\partial C^{**}/\partial \alpha > 0, \partial C^{**}/\partial k > 0$。

(二) 分散决策方案分析

由于私人对 PPP 项目的实际投资一般很难被政府监测,所以相对上述集中决策方案分析,政府还有必要考虑分散决策方案,即政府只能通过假设私人投资者是完全理性地来预测项目投资规模,并由此进行补偿决策。这里的私人投资者完全理性就是指私人投资者是为实现其期望利润最大化而进行投资决策,即可用如下优化模型表示为:

$$\max_{C} E\left[\prod_{P}(\widetilde{S},C)\right] = S_0 + S_1 - \frac{C}{T} + \left(1 - \frac{S_1 T}{r_f C + \beta \sigma_r T}\right)\bar{r} \tag{4-9}$$

根据主从博弈的逆向分析法,通过对式(4-9)的求解,可得命题 4.2 及其结论如下。

命题 4.2 分散决策时,私人投资者存在最优投资策略 C_S^*,并可由下式给出:

$$C_S^* = \frac{[(\bar{r}r_f S_1)^{\frac{1}{2}} - \beta \sigma_r]T}{r_f} \tag{4-10}$$

而且,C_S^* 的比较静态分析如表 4-1 所示。

表 4-1 私人投资策略的比较静态分析

参数	β	σ_r	$\bar{r}$	T	S_1	r_f
C_S^*	−	−	+	+	+	+−

第四章 基于私人完全理性的 PPP 项目补偿契约有效性

证明 首先计算 $E[\prod_p(\tilde{S},C)]$ 关于变量 C 的一阶与二阶偏导数如下:

$$\frac{\partial E[\prod_p(\tilde{S},C)]}{\partial C} = \frac{\bar{r} r_f S_1 T}{(r_f C + \beta \sigma_r T)^2} - \frac{1}{T} \quad (4-11)$$

$$\frac{\partial^2 E[\prod_p(\tilde{S},C)]}{\partial C^2} = -\frac{2\bar{r}(r_f)^2 S_1 T}{(r_f C + \beta \sigma_r T)^3} < 0 \quad (4-12)$$

由式(4-12)可知,$E[\prod_p(\tilde{S},C)]$ 是关于变量 C 的凹函数,从而由式(4-11)等于零可解得 C_S^* 如式(4-10)所示,并由此还可求得:

$$\frac{\partial C_S^*}{\partial r_f} = \frac{[2\beta \sigma_r - (\bar{r} r_f S_1)^{\frac{1}{2}}]T}{2 r_f^2} \quad (4-13)$$

式(4-13)表明,当 $r_f < (2\beta \sigma_r)^2/\bar{r} S_1$ 时,C_S^* 关于 r_f 递增,而当 $r_f > (2\beta \sigma_r)^2/\bar{r} S_1$ 时,C_S^* 关于 r_f 递减。至于表 4-1 中关于其他相关参数的结论,则是显然的,从而命题 4.2 得证。

证毕.

命题 4.2 表明:分散决策时,私人对项目的最优投资将与项目特许期、期望收益和运营补偿正相关,而与项目风险或风险溢金负相关。具体地,根据表 4-1 可知:(1) 随着项目收益或运营补偿增加,私人投资将增加,但边际投资将减少,即 $\partial C_S^*/\partial \bar{r} > 0$,$\partial^2 C_S^*/\partial \bar{r}^2 < 0$,$\partial C_S^*/\partial S_1 > 0$,$\partial^2 C_S^*/\partial S_1^2 < 0$。(2) 私人投资随项目特许期延长而增加,但随风险或风险溢价增加而减少,即 $\partial C_S^*/\partial T > 0$,$\partial C_S^*/\partial \sigma_r < 0$,$\partial C_S^*/\partial \beta < 0$。(3) 私人投资关于政府给予的

运营补偿与特许权期是战略互补的,即 $\partial^2 C_S^* / \partial T \partial S_1 > 0$。(4) 私人投资关于零风险利率先增后减,特别当投资的零风险利率超过某个阈值时,私人更会将资本投向零风险项目。

根据逆向分析法,如果预测到私人按式(4-10)对项目进行投资,则政府补偿契约的最优设计即转化为求解如下优化问题:

$$\max_{S_0, S_1} E[\prod_G(\widetilde{S}, C_S^*)] = \frac{k(C_S^*)^\alpha - C_S^*}{T} + (1-\lambda)\Big[S_0 + S_1 - \frac{\bar{r}S_1 T}{r_f C_S^* + \beta\sigma_r T}\Big] \quad (4-14)$$

$$\text{s.t. } E[\prod_P(\widetilde{S}, C_S^*)] = S_0 + S_1 - \frac{C_S^*}{T} + \bar{r}\Big(1 - \frac{S_1 T}{r_f C_S^* + \beta\sigma_r T}\Big) \geqslant \frac{r_f C_S^* + \beta\sigma_r T}{T} \quad (4-15)$$

通过对上述带约束优化问题进行求解,可得命题 4.3、推论 4.3a 和 4.3b 及其结论如下。

命题 4.3 分散决策情形下,政府最优补偿契约可设计如下:

$$\widetilde{S}^*(R_0) = S(\widetilde{R}, R_0(C^*)) = S_0^* + \frac{R_0(C^*) - \widetilde{R}}{R_0(C^*)} S_1^* \quad (4-16)$$

其中 $C^* = C^{**}$,表示政府最优补偿契约 $\widetilde{S}^*$ 能够诱导私人选择集中决策时的最优投资,而契约参数 S_0^* 和 S_1^* 可通过如下两式分别给出:

$$S_0^* = -\frac{R_0^2(C^*) - \bar{r}(1+r_f)R_0(C^*) + r_f(\bar{r})^2}{r_f \bar{r}} + \frac{C^*}{T}$$

$$(4-17)$$

第四章　基于私人完全理性的 PPP 项目补偿契约有效性

$$S_1^* = \frac{R_0^2(C^*)}{r_f \bar{r}} = \frac{(r_f C^* + \beta \sigma_r T)^2}{r_f \bar{r} T^2} \quad (4-18)$$

证明　首先,将上述 S_0^* 和 S_1^*,及 C^* 代入政府补偿契约,即可得式(4-16)。

其次,如果令 ν 为式(4-15)的 Lagrange 乘子,则上述优化问题(4-14)和(4-15)的 Lagrange 函数及其 K-T 条件为:

$$L(S_0, S_1, \nu) = E[\prod{}_G(\widetilde{S}, C_S^*)] + \nu \left\{ E[\prod{}_P(\widetilde{S}, C_S^*)] - \frac{r_f C_S^* + \beta \sigma_r T}{T} \right\} \quad (4-19)$$

$$\frac{\partial L}{\partial S_0} = 1 - \lambda + \nu = 0 \Rightarrow \nu = \lambda - 1 > 0 \quad (4-20)$$

$$\frac{\partial L}{\partial S_1} = \frac{1}{2} \left(\frac{\bar{r}}{r_f S_1} \right)^{\frac{1}{2}} [\alpha k (C_S^*)^{\alpha-1} - (\lambda-1) r_f - \lambda] = 0 \quad (4-21)$$

$$\nu \frac{\partial L}{\partial \nu} = \nu [E_\pi(\widetilde{S}, C_S^*) - R_0(C_S^*)] = 0 \quad (4-22)$$

由式(4-21)首先可求得 $C^* = C_S^* = C^{**}$,然后结合式(4-10),可求得 S_1^* 如式(4-18)所述,进而再由式(4-22),可求得 S_0^* 如式(4-17)所述。

证毕.

推论 4.3a　如果政府最优补偿契约 $\widetilde{S}^*$ 的参数 S_1^* 满足:$S_1^* = r_f \bar{r}$,则该契约将使私人事后利润无风险,即 $\prod{}_P^* = r_f \bar{r} =$

$R_0(C^*)$；否则，如果 $S_1^* \neq r_f \bar{r}$，则私人投资风险可通过均值和方差描述如下：

$$E[\prod{}_P^*] = R_0(C^*) \quad (4-23)$$

$$\sigma_{\prod_P^*} = \sqrt{\mathrm{Var}[\prod{}_P^*]} = |1 - \sqrt{S_1^*/\bar{r}r_f}|\sigma_r \quad (4-24)$$

证明 当私人接受政府最优补偿契约并做初始投资时，私人投资者的事后单期利润可表示为：

$$\prod{}_P^* = S_0^* + S_1^* + \tilde{R}\left[1 - \frac{S_1^*}{R_0(C^*)}\right] - \frac{C^*}{T} \quad (4-25)$$

由式(4-18)，还可将式(4-25)中的 $S_1^*/R_0(C^*)$ 表示为：

$$\frac{S_1^*}{R_0(C^*)} = \frac{S_1^*}{\sqrt{r_f \bar{r} S_1^*}} = \sqrt{\frac{S_1^*}{r_f \bar{r}}} \quad (4-26)$$

由此，当 $S_1^* = \bar{r}r_f$ 时，$S_1^* = R_0(C^*)$，$S_0^* = C^*/T$，从而由式(4-25)可以推得：

$$\prod{}_P^* = r_f \bar{r} = R_0(C^*) \quad (4-27)$$

否则，如果 $S_1^* \neq \bar{r}r_f$，则 $\prod{}_P^*$ 的均值和方差可根据式(4-17)和(4-18)表示为：

$$E[\prod{}_P^*] = S_0^* + S_1^* + \bar{r}\left[1 - \frac{S_1^*}{R_0(C^*)}\right] - \frac{C^*}{T}$$

$$= \frac{1+r_f}{r_f}R_0(C^*) - \frac{R_0(C^*)}{r_f} = R_0(C^*) \quad (4-28)$$

$$\sigma_{\prod_P^*} = \sqrt{\mathrm{Var}[\prod{}_P^*]} = \sqrt{(1 - \sqrt{S_1^*/\bar{r}r_f})^2 \sigma_r^2}$$

第四章 基于私人完全理性的 PPP 项目补偿契约有效性

$$= \left|1 - \sqrt{S_1^* / \bar{r} r_f}\right| \sigma_r \qquad (4-29)$$

式(4-27)和(4-28)表明,推论 4.3a 得证。

证毕.

推论 4.3b 政府最优补偿契约 $\tilde{S}^*$ 的参数 S_1^* 具有如下性质：1) 当 $S_1^* < \bar{r} r_f$ 时,$d\sigma_{\prod_P^*} / dS_1^* < 0$;2) 当 $S_1^* > \bar{r} r_f$ 时,$d\sigma_{\prod_P^*} / dS_1^* > 0$。

证明 根据式(4-29)或(4-24),推论 4.3b 的结论是显然的。

证毕.

命题 4.3 及推论表明:政府的最优补偿契约不仅能诱导私人选择政府集中决策时的最优初始投资,而且能满足私人投资的期望收益恰好等于其事先要求的特许收益,但这并不意味着私人投资获取无风险收益。当政府给予的运营补偿小于项目零风险收益(即 $S_1^* < \bar{r} r_f$)时,私人投资获取收益的风险将随着运营补偿的增加而减小;而当运营补偿大于项目零风险收益(即 $S_1^* > \bar{r} r_f$)时,私人投资收益风险将随着运营补偿的增加而增加;特别当运营补偿等于项目零风险收益(即 $S_1^* = \bar{r} r_f$)时,私人投资收益无风险,即为事前确定的特许收益。这足以说明,政府设计补偿契约的出发点和归宿不是要通过补偿来降低私人投资收益的风险,或者是消除风险,而是要通过契约的合理设计来激励私人投资者与政府相关部门共担风险,共享收益,这与一般直觉上对补偿的理解是不一致的,甚至是反直觉的。

三、PPP 项目补偿契约的有效性与政府对策

尽管式(4-16)所述的最优补偿契约能使私人投资预期获得其要求的特许收益,但对政府而言,补偿的最终目的是要实现项目预期社会效益最大化。如果假设政府对项目预期的社会效益非负,则上述最优补偿契约还应满足:

$$W^* = (1-\lambda)E[\tilde{S}^*] + \frac{k(C^*)^\alpha - C^*}{T} \geqslant 0 \quad (4-30)$$

式(4-30)实际上就是政府补偿的社会效益约束,该式的值越大,表明补偿效率越高。所以,上述最优补偿契约 $\tilde{S}^*$ 是有效的,当且仅当 $\tilde{S}^*$ 满足:

$$E[\tilde{S}^*] \leqslant k\left(1 - \frac{\alpha}{\lambda + (\lambda-1)r_f}\right)\frac{(C^*)^\alpha}{(\lambda-1)T} \quad (4-31)$$

式(4-31)表明,政府补偿必须有个上限,否则项目投资将产生负的社会效益。由此,结合式(4-4)可知,政府有效补偿的期望应依赖项目期望收益与特许收益的比较,即:

$$R_0(C^*) - \bar{r} \leqslant \frac{k(C^*)^\alpha - \lambda C^*}{(\lambda-1)T} = k\left(1 - \frac{\lambda\alpha}{\lambda + (\lambda-1)r_f}\right)\frac{(C^*)^\alpha}{(\lambda-1)T}$$
$$(4-32)$$

根据式(4-32),基于 PPP 项目实际收益的不确定性,可给出不同情景下的政府有效补偿对策如下。

情景一:项目实际收益非常小,但私人要求特许收益相对

第四章 基于私人完全理性的PPP项目补偿契约有效性

较大。

为使项目产生正的社会效益,政府可对项目采取BT(Build-Transfer)模式或承建制模式。就是说,按照上述契约,政府仅仅需要给予投资者或承建者一定的费用和报酬补偿,即固定的建设成本和相应建设投资回报。此种模式下,项目运营风险完全由政府承担,而投资者或承建者几乎不承担风险,所以没有必要给予风险补偿。

情景二:项目的实际收益与私人要求的特许收益相近,或二者相差无几。

此时,政府可对项目采取BOS(Build-Operate-Sale)模式,即在特许期满,政府通过购买方式支付给私人投资者一定建设成本作为补偿。该补偿不是给予私人运营收益补偿,而是在上述契约规定的特许期内给予私人建设投资补偿。

情景三:项目的实际收益相对较大,以让私人收回投资成本并获取期望的特许收益。

对此,政府可对项目采取BOT(Build-Operate-Transfer)模式,即在特许期满,私人投资者按契约规定将项目无偿移交给政府。此时,政府不仅无需对私人进行经济补偿,而且还可按照上述契约规定,通过税收等形式适当索取项目超额收益中的部分剩余。特别当私人对项目特许收益要求较少或不作任何要求时,政府甚至可对PPP项目采取BOO(Build-Own-Operate)模式或私有化模式,以使项目发挥最佳社会效益。

除了上述三种情景之外,PPP 项目的正常情形都是由于运营收益不足而需要政府给予一定的补偿。政府最优期望补偿根据式(4-4)还可看作是无风险补偿和风险补偿两部分,即 $E[\tilde{S}^*]=[(1+r_f)C_s^*-\bar{r}T/T]+\beta\sigma_r$,从而式(4-31)还可改写为:

$$\beta\sigma_r-\bar{r}\leqslant k\left(1-\frac{\alpha[\lambda+(\lambda-1)r_f]}{\lambda+(\lambda-1)r_f}\right)\frac{(C^*)^\alpha}{(\lambda-1)T} \quad (4-33)$$

式(4-33)表明,要降低政府补偿的社会效益约束,以提高补偿的有效性,政府还可采取以下对策:

第一,适当降低或转移项目风险,即直接减少对私人投资者的风险补偿。PPP 项目未来收益一般较低,运营风险很高,政府既可通过为项目风险购买保险的方式来转移风险,也可直接通过购买项目产品或服务的方式来减少投资收益的风险。例如,我国深圳沙角 B 电厂项目,广东省政府同意在整个特许权期内以固定价格供应燃煤,并同期购买占设计容量 60% 的电力,以使该项目运作成功。

第二,尽可能缩短项目特许权期,即间接减少对私人投资者的风险补偿。PPP 项目特许权期一般较长,期间风险因素较多,政府适当缩短特许权期不仅可以减少项目各类风险,而且可较早实现对项目的控制权和所有权,以使项目尽快发挥其社会效益。例如,预计投资 700 多亿元的港珠澳大桥项目放弃了当初对 BOT 模式的考虑,而选择政府全额出资方式进行项目建设和运营,主要是为了较早实现项目的整体社会经济效益。

第四章 基于私人完全理性的 PPP 项目补偿契约有效性

四、数值分析

为使本研究结果更加直观,以下将通过数值分析方式来讨论政府最优补偿契约的一些性质。在此,着重分析 PPP 项目的收益和风险对政府最优补偿策略的影响。

假设某 PPP 项目由政府准予的特许权期为 30 年,投资无风险利率为 3%,项目的投资规模指数为 0.8,社会价值系数为 1 000,风险补偿系数为 0.01,补偿资金的边际成本为 2,则由式(4-3)可计算该项目的最优预算总成本投资为 41.1 亿元,具体参数取值见表 4-2。

表 4-2 相关参数取值

参数	T	r_f	α	k	β	λ
数值	30	0.03	0.8	1 000	0.01	2

首先,从图 4-1 可以直观地看出,政府给予投资者的最优特许收益关于项目预期运营风险可看作是斜率为 β(即项目单位时间风险补偿系数),截距为 $r_f C_s^* / T$(即项目资本的单位时间价值)的一条呈上升趋势的直线,即随着项目运营风险增加或特许权期缩短,PPP 项目的最优单位时间特许收益将不断加大。另外,政府许可的最优特许收益还可看作由两部分组成,一部分是由于投资者投入固定资本而应获得的无风险收益,另一部分是由于投资者承担运营风险而应获得的风险补偿收益。显然,只有较高的风

险补偿才会吸引私人投资,这体现了PPP项目政府补偿对于私人投资者的吸引力。

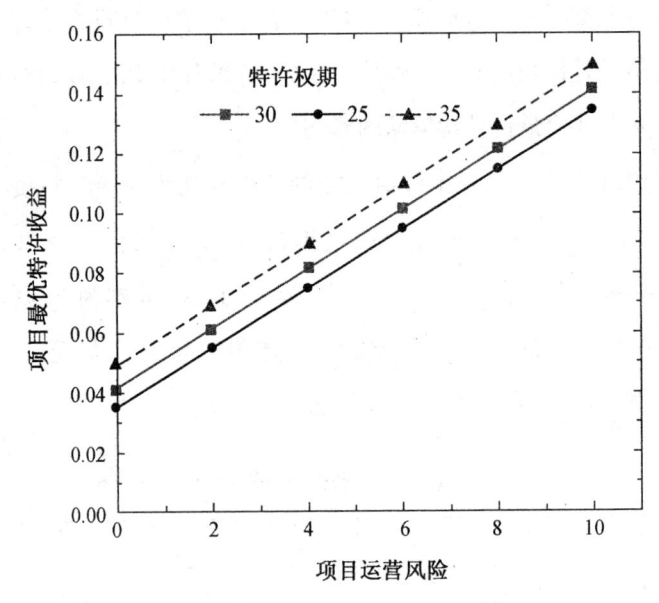

图 4-1 运营风险对项目最优特许收益的影响

其次,图 4-2 和 4-3 描述了项目预期的收益和风险对政府最优运营补偿的影响。随着项目预期收益(风险)的增加,政府最优运营补偿会不断下降(上升),但边际运营补偿上升。特别当收益(风险)较小时,政府最优运营补偿对项目运营风险(收益)变化表现较为(不太)敏感,即风险(收益)稍微扩大,就会(仅仅)引起政府对运营补偿的大幅(微小)增加;但当收益(风险)较大时,最优运营补偿对项目运营风险(收益)变化表现不太(较为)敏感。

第四章 基于私人完全理性的 PPP 项目补偿契约有效性

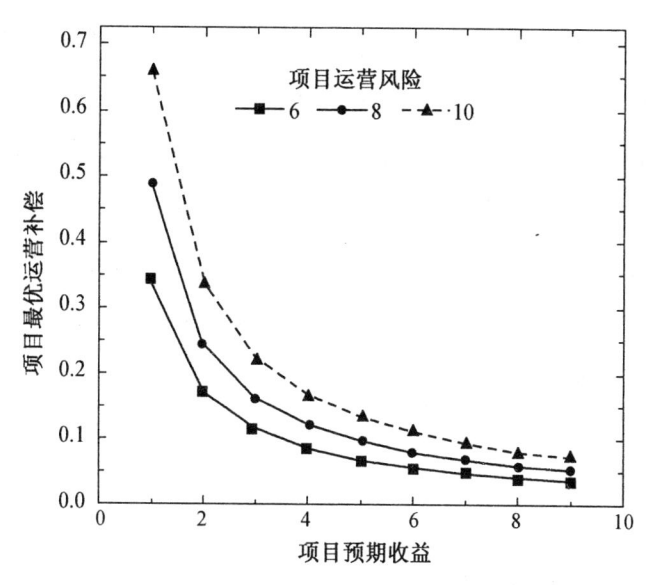

图 4-2 预期收益对项目最优运营补偿的影响

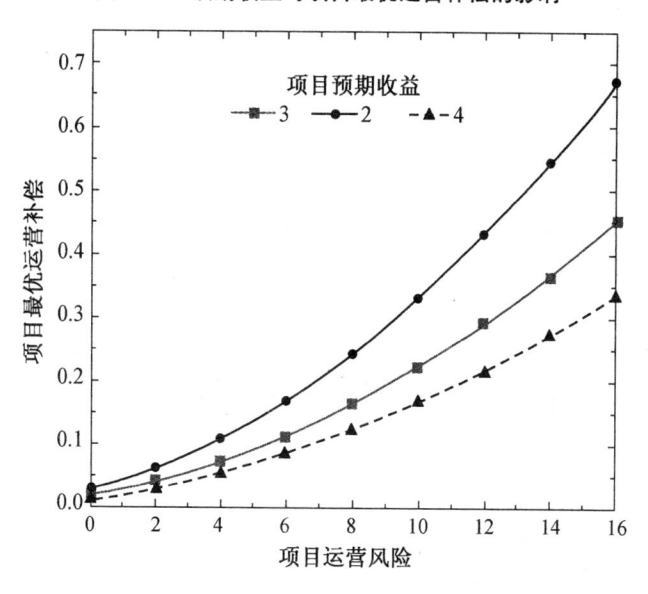

图 4-3 运营风险对项目最优运营补偿的影响

再次,图4-4表明,项目最优建设成本补偿和边际成本补偿关于项目预期收益递减,即随着项目预期收益增加,政府对投资者的固定成本补偿呈减少之势,但对预期收益的敏感性增加,而且这种敏感程度随着项目风险的减小而增加。而图4-5表明,随着项目运营风险增加,政府对投资者的固建设定成本补偿呈增加之势,但对运营风险越来越不敏感,而且这种敏感程度随着项目预期收益的增加而减小。

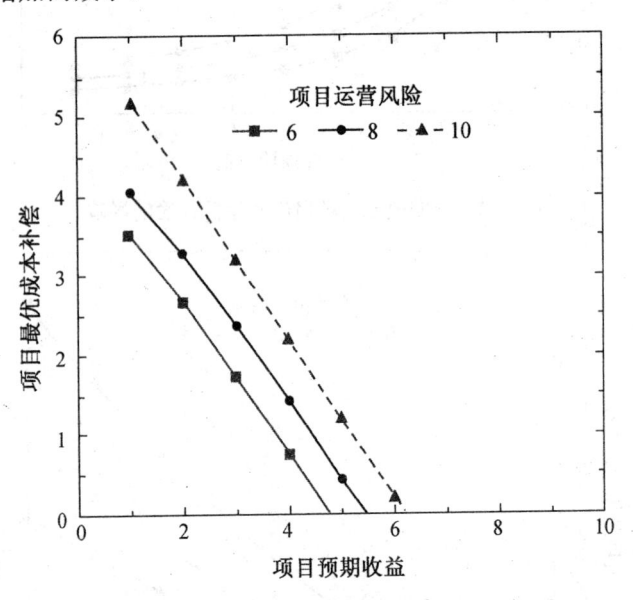

图4-4 预期收益对项目最优成本补偿的影响

第四章 基于私人完全理性的 PPP 项目补偿契约有效性

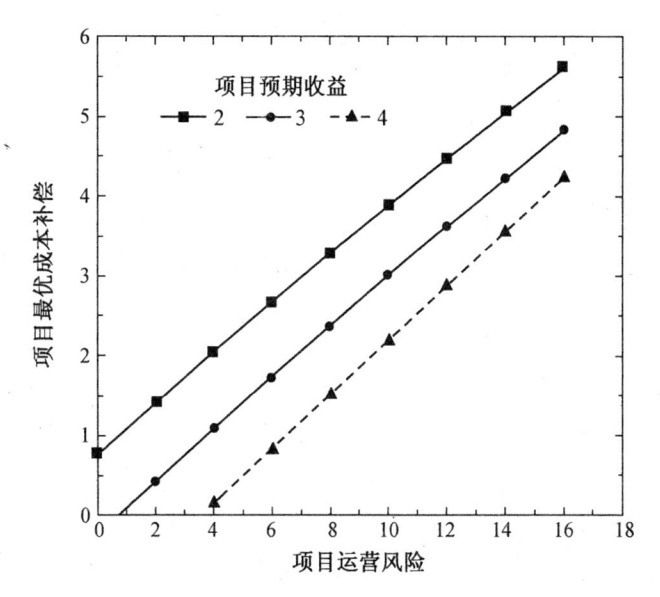

图 4‑5 运营风险对项目最优成本补偿的影响

最后,由图 4‑6 可知,政府对投资者最优补偿大小依赖于 PPP 项目实际收益与特许收益比较情况。当项目运营风险或特许收益确定时,政府最优补偿将随着项目实际收益增加而减小。但当项目实际收益恰好等于某个定值,即特许收益时,政府最优补偿与项目风险或特许收益无关。特别当实际收益小于该定值时,项目风险或特许收益越大,政府最优补偿越高;而在项目实际收益大于该定值情形下,项目风险或特许收益越大,政府最优补偿越低。

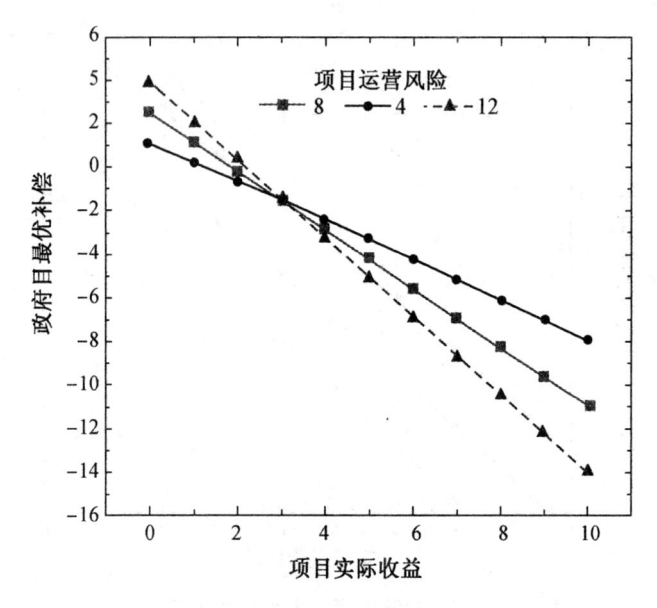

图 4-6　政府最优补偿与项目实际收益关系

总之，上述数值分析一致表明，政府对私人投资者的补偿与 PPP 项目的运营风险并不一定是正相关的，政府的最优补偿应更加依赖于实际收益与特许收益的比较。

五、本章小结

政府补偿是解决 PPP 项目投资收益不足并实现其社会效益的主要途径，直接关系到项目市场化运作成败。从社会福利角度，过高补偿将导致政府失效；而从私人投资者的角度，过低补偿将会导致市场失灵。那么如何使政府补偿在实现投资者期望收益的同

第四章 基于私人完全理性的 PPP 项目补偿契约有效性

时最大化项目预期社会效益?

本章在 PPP 项目私人投资者的完全理性假设下,基于政府补偿对于私人投资决策的影响,借鉴 Stackelberg 博弈中的诱导机制和激励思想,建立政府部门与私人投资者之间主从博弈模型,通过模型求解和均衡分析获得政府补偿契约的最优设计及其有效性条件,即有效的最优补偿契约应能既满足项目的社会效益约束,又能使私人投资者恰好获得其事先要求的特许收益。而且,考虑到政府无法将私人投资这一决策变量纳入补偿契约,本章从集中决策与分散决策两种不同角度探讨政府最优补偿契约的激励性与有效性,并通过讨论政府最优补偿有效性的条件,给出政府基于项目实际收益情景的不同补偿对策。特别地,还通过数值分析,获得了政府最优补偿策略的反直觉性质,即政府的最优补偿并不是与项目的运营风险正相关。

本章所获结果不仅为政府部门和私人投资者提供了对 PPP 项目决策的理论方法,而且为政府相关职能部门对 PPP 项目的管理提供了重要的科学依据。然而,本章所做的研究是假设私人投资者是完全理性的,即假设私人对项目的投资决策是为了追求期望利润最大化,忽略了私人实际投资决策受到一些不完全理性行为特征(如风险厌恶、损失厌恶、不公平厌恶等)因素的影响,与现实还存在一定的系统性偏差。所以,本书后面各章将会针对 PPP 项目收益的高风险性,将私人投资者在风险环境下的不完全理性决策行为特征引入 PPP 项目政府补偿契约问题研究中。

第五章 基于私人风险偏好的 PPP 项目补偿契约设计

第五章 基于私人风险偏好的 PPP 项目补偿契约设计

PPP 项目收益的高风险性使得政府补偿至关重要,但如何使政府补偿对不同风险偏好的私人投资者具有较好的激励性和有效性。对此,本章首先在对风险偏好的概念进行界定的基础上,分析私人投资 PPP 项目的风险偏好的不完全理性行为影响因素,并利用偏好理论或效用理论描述私人投资者的不同风险投资行为的表现形式;然后基于"均值-方差"模型,构建出具有不同风险偏好的私人投资者的期望效用函数;最后运用主从对策博弈的分析方法,讨论私人最优投资策略和政府不同补偿情景,从而通过情景建模和私人行为决策分析来研究政府补偿契约最优设计和相应的政府补偿对策。

一、风险偏好的概念及其类型

风险偏好就是人们对待风险的态度,或者是对一项风险事件的容忍程度。风险偏好一般可分为风险喜好、风险中性和风险厌恶。

(一) 风险偏好的概念

从理论上讲,风险偏好的概念最早发端于 Von Neumann 和 Morgenstem(1947)给出的期望效用模型(Expected Utility Model),该模型描述了个体如何在不确定性或风险情况下进行决策,即个体将各种不确定性的结果所产生的效用值与相应的概率进行加权求和得到其期望效用,并将期望效用的最大化作为其决策目标。然而,期望效用模型的决策主体完全理性假设与现实情况往往存在较大差异,这就使得期望效用模型在具体的实践应用中出现诸多问题,并受到越来越多的挑战。例如,期望效用理论认为决策主体进行选择的最终目的是实现效用的最大化,那么效用就会成为决定个体决策行为的直接因素,而如果效用是恒定的或不变的,那么决策主体对备选方案的偏好就是无差异的,这显然与现实不符。Coombs 等(1975)通过研究认为,在不确定性或风险的情况下,决策者对备选方案的选择并非总是以效用的最大化为最终目标的,而是在效用和风险之间进行权衡而所做出的妥协。Coombs 等(1975)所做的研究其实就是风险偏好的组合理论,该理论认为决策主体的风险偏好是先于效用而对决策行为产生影响的,尤其在效用不变的前提条件下,不同的决策主体实际上是根据他们的偏好进行选择和决策的。所以,随着行为决策理论的不断发展,偏好理论才得以发展和成熟。

偏好是指决策主体按照自己的意愿对不同事件状态或方案做出的价值判断,而决策是决策主体从这些备选的方案中做出的最优选择。随着人们对个体行为决策研究的不断深入,不确定性或风险逐渐被纳入偏好理论分析框架或效用理论分析框架。当风险被引入偏好理论时,风险偏好的概念被正式提出。风险其实就是一种不确定性,人们在面对这种不确定性时所表现出的态度、倾向等实际上便是风险偏好的具体表现。所以说,风险偏好(Risk Preference or Risk appetite)就是指企业或个人等相关主体为了实现某种特定的目标而在承担风险的种类、大小等方面的基本态度。

从狭义上讲,风险偏好就是风险态度。但从广义上看,风险偏好更多是指企业或个人等行为主体在实现其目标的过程中愿意接受的风险的数量。也就是说,风险偏好的概念更应是建立在风险容忍度概念的基础上的。所谓风险容忍度,就是指企业或个人等相关主体在目标实现过程中对差异的可接受程度,它是行为主体在风险情况下设定的对相关目标实现过程中所出现差异的可容忍限度。

(二)风险偏好的类型

风险偏好就是人们对待风险的态度,或者是人们对一项风险事件的容忍程度。根据风险容忍度的概念,可将风险偏好划分为风险偏爱型、风险中立型和风险规避型三种类型。

1. 风险偏爱型

如果个体的风险容忍度小于零,则称其风险偏好为风险偏爱型。风险偏爱型投资者与风险回避者恰恰相反,他通常会主动追求风险,喜欢收益的不确定性远远胜于喜欢收益的稳定性。他们在选择风险资产时的偏好是:当预期收益相同时,选择风险大的,因为这会给他们带来更大的效用。

2. 风险中立型

如果个体的风险容忍度等于零,则称其风险偏好为风险中立型。风险中立型的投资者通常既不会回避风险,也不会主动追求风险。他们在选择风险资产时的偏好是:期望收益的最大化,而不管风险状况如何。也就是说,无论风险资产的风险多大,他都是选择期望收益率最高的。

3. 风险规避型

如果个体的风险容忍度大于零,则称其风险偏好为风险规避型。风险回避型投资者在选择风险资产时的偏好是:如果预期收益率相同,则偏好于具有低风险的资产;而对于具有相同风险的资产,则偏好于具有较高预期收益率的资产。

二、PPP 项目私人投资者的风险偏好及效用表示

PPP 项目的未来收益是高度不确定的,具有较高风险性。对

第五章　基于私人风险偏好的 PPP 项目补偿契约设计

于 PPP 项目的风险,私人投资者究竟会表现出怎样的偏好?会受何种因素的影响?以下将通过定性分析私人投资行为的影响因素,并结合偏好理论或效用理论,给出私人投资者不同风险偏好的表现形式及其效用表示。

(一) PPP 项目私人投资的影响因素

在 PPP 项目中,私人投资者作为项目核心主体,直接决定项目投资成败。那么,影响私人投资 PPP 项目的因素究竟有哪些,以下将从主客观两方面进行分析。

1. 项目收益的高风险性

PPP 项目由于特许期较长,期间的不确定性因素较多,导致项目风险庞多复杂。一方面,由于 PPP 项目涉及多个利益主体,而不同的主体有不同的利益需求,他们基于一系列的契约和协议来共同完成项目的建设和运营,期间不可避免地会出现利益冲突等不确定的风险问题,而且同一类型风险对于不同参与方的影响存在差异性和多样性。另一方面,由于 PPP 项目风险多样性,使项目风险很难控制,它将随着私人承担风险的增加或私人参与度的增加而降低(如图 5-1)。如项目建设初期大量的资金投入到工程设备的购买、工程费用的支付上,而此时没有任何的收入来弥补大量的资金投入,任何未知的因素都可能导致项目出现无法按时完工等问题,这一期间的风险会随着私人资金的持续投入而不断降低。

PPP 项目的诸多不确定因素必然使项目的未来收益具有较高的风险性,例如在某个机场 PPP 项目的运营期间,大众对于机票需求的变化直接影响其价格,且不同时间段的价格差异较大,如在旅游旺季机票的价格会上涨而平时非双休日机票的成交额则相对较少,这样消费者对机票需求的不确定性直接影响了该项目的运营收益。

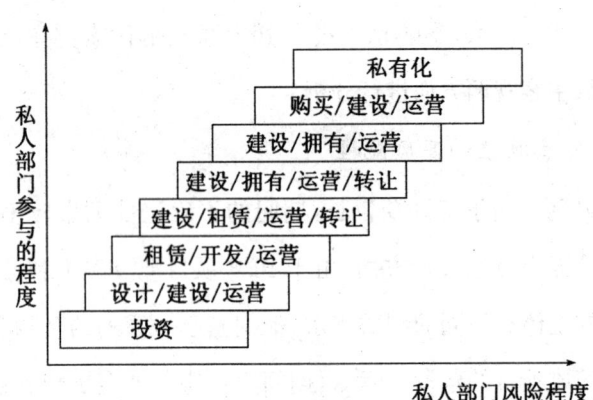

图 5-1　私人参与程度与其风险程度的关系图

因此,对于私人投资者而言,PPP 项目未来收益的不确定性或风险性必将影响其投资决策的风险偏好,或不同风险偏好的私人投资者在项目收益不确定情形下将会表现出不同的决策行为。不同的私人投资者为什么会表现出决策差异,主要还是在于个体的不完全理性差别。

2. 投资者的不完全理性

私人对 PPP 项目的投资决策,除了受项目收益的不确定性或

第五章 基于私人风险偏好的PPP项目补偿契约设计

高风险性的影响,还会与自身对待风险的态度、认知等不完全理性行为有关。

对于PPP项目收益的高风险,不同的投资者会有不同的认知。投资者往往由于对自己所获信息真实性的认知不足或者对自己的专业水平的过度自信,导致了对待PPP项目风险的认知偏差,从而影响了对PPP项目的投资决策。

在PPP项目风险环境下,不同投资者会表现出不同的应对风险能力。抗风险能力强的私人投资者在面临市场环境的恶化等突发状况时,有足够的能力和资金去应对危机,因此这类投资者可能会愿意投资风险较大的PPP项目;而抗风险能力小的私人投资者,则倾向于具有稳定收益的PPP项目,不愿意承受不确定性带来的风险。显然,私人抗风险能力在很大程度上与企业规模相关,即规模越大,抗风险的能力则相对越强,这正是马太效应。

私人投资者对于PPP项目收益风险的认知偏差或应对风险的能力差异,必然会决定投资者对待风险的偏好不同。如抗风险能力强的过度自信者往往会表现出风险偏爱投资行为,即投资者会更倾向于投资那些风险收益较大的PPP项目。那么,在PPP项目收益的高风险环境下,私人投资究竟会存在怎样的风险偏好,如何对其进行刻画?以下将基于偏好或序理论,给出私人投资的不同风险偏好形式及其效用表示。

(二)私人风险偏好的表现形式

私人投资PPP项目时,会因项目收益的风险而表现出不同的风险态度,借助风险偏好理论,可将私人投资者对待PPP项目风险的态度分为三类,即风险规避、风险偏爱和风险中性。

1. 风险规避

相对于PPP项目收益的高风险性,投资者如果更倾向于选择具有较大确定性收益的项目,或愿意为规避项目收益的风险而支付一定成本,则表明私人投资行为表现出风险规避特征。风险规避型私人投资PPP项目时,首先会回避项目的风险,以免遭可能的风险损失。特别当投资的期望收益不足以补偿支付规避风险的成本时,风险规避型私人投资者将会放弃或拒绝投资PPP项目。

2. 风险偏爱

如果投资者认为PPP项目的风险可能会给他带来较高收益而不是损失,或者投资者更愿意选择高风险的投资机会,则表明私人投资行为表现出风险偏爱特征。此类投资者往往善于冒险或铤而走险而获取收益,认为投资不仅可以获得期望收益,还可获得承担风险的额外收益。

3. 风险中性

如果投资者认为PPP项目的风险收益与确定性收益等价,则表明私人投资行为表现出风险中性特征。风险中性投资者对待风险持中立态度,既不像风险规避者那样谨慎或刻意回避,也不会像风险偏爱者那样冒险或铤而走险,介于二者之间而表现中立。

(三) 私人风险偏好的效用表示

针对上述私人投资者的不同风险偏好,根据田厚平等(2007)

第五章 基于私人风险偏好的 PPP 项目补偿契约设计

有关偏好的研究,以下将私人投资者的偏好行为分别用效用函数表示如下:

(1) 风险规避型投资者的效用函数一般呈凹性,且其边际效用递减,即如果私人效用函数满足:$u'(x)>0, u''(x)<0$(图 5-2),则私人投资表现风险规避。

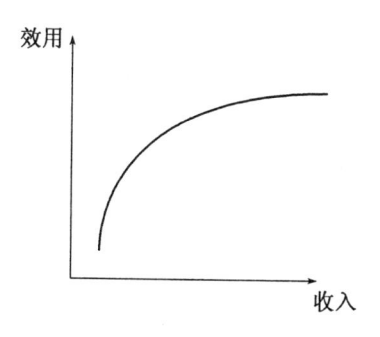

图 5-2 风险规避者的效用函数

图 5-3 风险偏爱者的效用函数

(2) 风险偏爱型投资者的效用函数呈凸性,其边际效用递增,即如果私人效用函数满足:$u'(x)>0, u''(x)>0$(图 5-3),则私人投资表现风险偏爱。

(3) 风险中性型投资者的效用函数一般呈线性,其边际效用为常数,即如果私人效用函数满足:$U=a+bM$,其中 U 表示效用,M 表示货币收益,a 和 b 是常数($b>0$),且 $u'(x)\equiv$

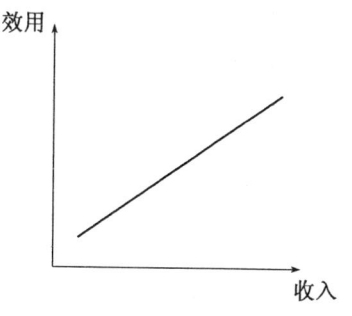

图 5-4 风险中性者的效用函数

$k>0, u''(x)=0$(图 5-4),则私人投资表现风险中性。

三、基于"均值-方差"模型的私人投资者风险偏好表示

尽管投资者对待风险的不同态度或偏好可用其效用函数的凸凹性来表示,但效用函数的凸凹性很难刻画不同风险偏好投资者对风险和收益的权衡。为此,马柯维茨(Harry M. Markowitz)引入了"均值-方差"模型,并被一些学者尝试用来建立能够反映投资者不同风险偏好的效用表示。

(一) 均值-方差模型的概述

"均值-方差"模型自马柯维茨(Harry M. Markowitz)引入投资组合理论之后,已被广泛应用于金融等领域。"均值-方差"模型是指个体的期望效用函数能够表示成仅仅依赖于均值和方差的函数,但并不是所有的期望效用函数都能够表示成均值和方差的函数,即"均值-方差"模型是有条件的。如果个体的期望效用函数能够表示成仅仅依赖于均值和方差的函数,即均值-方差模型,个体行为将遵循马氏随机占优原则。马柯维茨认为,给定资产期望收益的方差,个体总是选择期望收益较高的资产进行投资,即认为期望收益较高的资产是占优的;而给定资产的期望收益率,个体总是选择方差较小的资产进行投资,即认为方差较小的资产是占优的。马柯维茨的随机占优原则仅仅考虑了个体对收益和风险的权衡态度,它在理论上的成立必然依赖于个体的偏好,即效用函数。

(二) 私人不同风险偏好的期望效用表示

为了能够较为方便地刻画私人投资 PPP 项目的不同风险偏好行为,根据马柯维茨提出的"均值-方差"模型,并结合 Lau Hon-Shiang 和 Lau Hing-Ling(1999)对个体风险偏好的研究,建立私人投资的期望效用函数如下:

$$E[U(\tilde{\pi}_P)] = H(E(\tilde{\pi}_P), \sigma^2(\tilde{\pi}_p)) = E(\tilde{\pi}_p) - \rho\sigma(\tilde{\pi}_p) \quad (5-1)$$

其中 $\tilde{\pi}_p$ 表示私人投资 PPP 项目而将获得的实际利润;$U(\tilde{\pi}_p)$ 表示私人投资将获得相应的实际效用;$E(\tilde{\pi}_p)$ 和 $\sigma^2(\tilde{\pi}_p)$ 分别表示 $\tilde{\pi}_p$ 的均值和方差;ρ 表示私人的风险偏好系数,$\rho\sigma(\tilde{\pi}_p)$ 可被看作是为规避风险而支付的成本($\rho > 0$)或为承担风险而应获得的收益($\rho < 0$)。

式(5-1)表明,私人投资的期望效用包括两部分:一部分是私人投资将获得的期望利润,另一部分是私人相对期望利润的风险损失或收益。而且,私人的风险偏好系数 ρ 的不同取值实际上反映了私人投资项目的不同风险偏好行为:

(1) 当 $\rho > 0$ 时,私人投资决策表现风险规避,如果投资的期望收益不足以补偿支付规避风险的成本,则私人投资者将会放弃或拒绝投资。

(2) 当 $\rho < 0$ 时,私人投资表现风险偏爱,私人除了获取投资的期望收益,还可获得额外的风险收益,所以风险偏爱投资者更愿意接受项目的风险。

(3) 当 $\rho=0$ 时,私人投资表现风险中性,私人投资仅仅获得期望收益,对项目风险既不回避,也不积极承担。

在式(5-1)的基础上,以下将通过私人投资 PPP 项目的风险偏好建模,研究私人投资者的最优决策,并运用行为博弈的方法探讨政府如何对不同风险偏好的私人投资者给予补偿,即结合第三章式(3-1)所述的补偿契约,讨论政府如何设计基于私人不同风险投资行为的最优补偿契约。

四、政府补偿契约下不同风险偏好的私人最优决策分析

为了激励具有不同风险偏好的私人投资者能够从项目社会效益最大化的角度进行投资决策,考虑政府在私人投资之前向其提供一个如第三章式(3-1)所述的补偿契约,该契约规定由政府事前准予私人投资 PPP 项目的特许收益,而事后根据项目实际收益与特许收益的比较而给予私人一种广义上的补偿。那么,在该补偿契约下,私人投资决策与其风险偏好存在怎样的关系?本研究将在 PPP 收益风险环境下,通过私人投资者的行为决策建模进行数理分析。

(一) 私人投资决策模型

PPP 项目的未来收益一般是不确定的,即 PPP 项目投资和运营存在收益风险。在 PPP 项目收益风险环境下,私人是否愿意投资项目,是否接受政府提供的补偿契约?这不仅仅取决于私人投

第五章 基于私人风险偏好的 PPP 项目补偿契约设计

资获取的期望利润,还与私人投资时的风险偏好行为有关。譬如当政府补偿并不能降低私人投资收益的高风险时,风险规避的私人投资者可能会拒绝接受政府提供的补偿契约。

为了刻画私人不同的风险投资行为,根据上一节的"均值-方差"模型,可建立私人投资的期望效用函数如下:

$$E[U(\prod{}_p)] = E[\prod{}_p] - \rho\sqrt{\mathrm{Var}[\prod{}_p]} \qquad (5-2)$$

其中 $\prod_p$ 表示私人投资获得的随机单期利润,如式(3-4)所示;$U(\prod_p)$ 表示私人投资而将获得相应的实际效用;$E[\prod_p]$ 和 $\mathrm{Var}[\prod_p]$ 分别表示 $\prod_p$ 的均值和方差;ρ 表示私人投资者的不同风险偏好。

为了方便,以下称 ρ 为私人风险偏好系数,其中 $\rho>0$ 表示私人对期望利润的风险规避程度;$\rho<0$ 表示私人对期望利润表现出风险偏爱行为;而 $\rho=0$ 表示私人投资呈现风险中性行为。

如果将式(3-3)或(3-2)代入式(3-1),再代入式(3-4),还可将私人投资项目而获得的随机单期利润 $\prod_p$ 表示如下:

$$\prod{}_p = S_0 + S_1 - \frac{C}{T} + \left(1 - \frac{S_1 T}{r_f C + \beta \sigma_r T}\right)\widetilde{R} \qquad (5-3)$$

由此,根据式(5-3),可计算 $\prod_p$ 的均值和方差如下:

$$E[\prod{}_p] = S_0 + S_1 - \frac{C}{T} + \bar{r}\left(1 - \frac{S_1 T}{r_f C + \beta \sigma_r T}\right) \qquad (5-4)$$

$$\mathrm{Var}[\prod{}_p] = \left(1 - \frac{S_1 T}{r_f C + \beta \sigma_r T}\right)^2 \sigma_r^2 \qquad (5-5)$$

将式(5-4)和式(5-5)分别代入式(5-2),同时考虑政府给予私人的运营补偿小于其准予私人投资的特许收益,即 $S_1 < R_0(C)$,可将私人投资项目的最优决策问题表示为如下优化模型：

$$\max_C E[U(\prod_P)] = S_0 + S_1 - \frac{C}{T} + \bar{r}\left(1 - \frac{S_1 T}{r_f C + \beta \sigma_r T}\right) -$$

$$\rho \sigma_r \left(1 - \frac{S_1 T}{r_f C + \beta \sigma_r T}\right) \quad (5-6)$$

$$\text{s. t. } 0 \leqslant C \leqslant C^0 \quad (5-7)$$

其中 $C \in [0, C^0]$ 表示私人投资约束, C^0 表示私人投资者的最大投资能力。

式(5-6)表示私人投资者决策的目标是要最大化其投资的期望效用,而不是投资的期望利润；而式(5-7)表示私人投资者的能力是有限的,即私人存在投资的上限和下限。

(二) 模型求解与分析

根据上述给出的私人投资者的最优决策模型,即式(5-6)和(5-7),如果放宽私人投资者的能力约束,即 $C \in [0, C^0]$,仅仅考虑私人投资者的期望效用最大化,则有命题5.1及其结论如下：

命题5.1 如果私人投资者的风险偏好系数 ρ 与项目收益风险的变异系数 υ 满足：$\rho \upsilon < 1$,其中 $\upsilon = \sigma_r / \bar{r}$,则私人投资者存在最优投资策略为：

$$C_s^* = \frac{\{[(\bar{r} - \sigma_r \rho) r_f S_1]^{\frac{1}{2}} - \beta \sigma_r\} T}{r_f} \quad (5-8)$$

否则,如果 $\rho \upsilon \geqslant 1$,则私人对项目的最优投资为 $C_s^* = 0$。而且,私

人最优投资策略 C_S^* 的比较静态分析,即式(5-8)的性质,如表 5-1 所示。

表 5-1 私人投资策略的比较静态分析

参数	β	σ_r	$\bar{r}$	T	S_1	r_f	ρ
C_S^*	—	—	+	+	+	先+后—	—

证明 在放宽私人投资能力约束下,根据式(5-6),计算 $E[U(\prod_P)]$ 关于变量 C 的一阶与二阶偏导数如下:

$$\frac{\partial E[U(\prod_P)]}{\partial C} = -\frac{1}{T} + \frac{S_1 Tr_f(\bar{r} - \sigma_r\rho)}{(r_f C + \beta\sigma_r T)^2} \quad (5-9)$$

$$\frac{\partial^2 E[U(\prod_P)]}{\partial C^2} = \frac{2S_1 Tr_f^2(\sigma_r\rho - \bar{r})}{(r_f C + \beta\sigma_r T)^3} \quad (5-10)$$

根据式(5-10),可分两种情形讨论如下:

(1) 当 $\rho\upsilon \geqslant 1$ 时,式(5-9)严格小于零,即 $\partial E[U(\prod_P)]/\partial C < 0$,表明 $E[U(\prod_P)]$ 是关于变量 C 的严格减函数,所以私人投资者的最优选择是 $C_S^* = 0$。

(2) 当 $\rho\upsilon < 1$ 时,式(5-9)严格大于零,即 $\partial^2 E[U(\prod_P)]/\partial C^2 > 0$,表明 $E[U(\prod_P)]$ 是关于变量 C 的严格凹函数,故私人存在最优一投资策略 C_S^*,并可由式(5-9)等于零解得 C_S^* 如式(5-8)所述。

而且,根据式(5-8)可知,如果 $r_f < \bar{r}(2\beta\upsilon)^2/S_1(1-\rho\upsilon)$,则

$\partial C_S^* / \partial r_f > 0$；而如果 $r_f > \bar{r}(2\beta v)^2 / S_1(1-\rho v)$，则 $\partial C_S^* / \partial r_f < 0$。至于上述表 5-1 中的 C_S^* 的性质关于其他参数的结论则是显然的，从而命题 5.1 得证。

证毕．

命题 5.1 表明：在不考虑私人投资者的能力约束下，风险规避度较高（$\rho \geqslant 1/v$）的私人投资者很可能会由于不愿意承担相对较大的运营风险而拒绝投资项目，但风险规避度较低（$\rho < 1/v$）的私人投资者，特别是对于风险中性（$\rho = 0$）或风险偏爱（$\rho \leqslant 0$）的私人投资者，由于能够容忍或有限容忍项目运营风险而在政府补偿条件下将会采取积极的投资策略。而且，私人投资者的最优投资策略与其风险偏好系数、项目运营风险和风险补偿系数负相关；而与项目收益、特许权期、运营补偿正相关；但关于零风险利率是先增后减，即当市场的零风险利率超过某个阈值时，私人对 PPP 项目的建设投资将会随着零风险利率提高而减少，此时私人更愿意将拥有的资本投向零风险项目。

五、政府补偿决策与最优补偿契约设计

对于补偿契约 $\widetilde{S} = \widetilde{S}(R_0) = S_0 + \widetilde{\omega} S_1$，政府如何通过对契约参数 S_0 和 S_1 的合理设计以最大化项目的预期社会效益？以下将基于私人的不同风险投资行为和投资者的能力约束，讨论政府不同的补偿情景，并基于情景建模，研究政府补偿契约 $\widetilde{S}(R_0) = S_0 + \widetilde{\omega} S_1$ 的最优形式解。

第五章　基于私人风险偏好的 PPP 项目补偿契约设计

（一）政府补偿情景建模

当私人接受政府补偿契约并投资项目时，考虑到私人投资者的能力约束和不同风险偏好，可结合式(5-8)来讨论政府不同的运营补偿情景，以预测私人投资者的实际投资决策行为。

情景一：政府给予私人投资者的运营风险补偿较少，致使 S_1 满足：

$$0 \leqslant S_1 \leqslant \frac{\bar{r}(\beta v)^2}{(1-\rho v)r_f} \quad (5-11)$$

由式(5-11)和式(5-8)，并结合私人投资约束，即 $C_s^* \in [0, C^0]$，可推测私人对项目的最优投资为 $C_s^* = 0$，这表明政府过低的运营风险补偿对私人投资项目的激励性不足，导致私人存在道德风险，骗取政府补偿而没有进行实际投资，而且这种行为将随风险规避度增加而更加强烈。如云南某市污水处理厂项目在中央检查中发现，私人擅自缩小政府规定的投资规模，挤兑国家对项目建设的补贴，而并没有对项目投入自有资金。

情景二：政府给予私人的运营风险补偿较大，以使 S_1 满足：

$$S_1 \geqslant \frac{[R_0(C^0)]^2}{[(1-\rho v)r_f \bar{r}]} \quad (5-12)$$

结合式(5-11)与私人投资约束 $C_s^* \in [0, C^0]$，根据式(5-8)可预测私人对项目的最优投资为 $C_s^* = C^0$，这表明政府过多的运营风险补偿不仅对私人投资没有较高的激励性，反而会增加冒险者的机会主义或投机行为，但这种行为会随风险规避度的增加而减弱。如我国政府于2009年的上半年和下半年对一些PPP项目分别实施1 000亿元和1 300亿元的专项补贴,但检查发现,一些冒险投机者大都对补贴进行挥霍,并没有发挥政府补贴的预期效果。

情景三:政府给予私人的运营风险补偿S_1恰好满足:

$$\frac{\bar{r}(\beta v)^2}{r_f(1-\rho v)} < S_1 < \frac{[R_0(C^0)]^2}{\bar{r} r_f(1-\rho v)} \quad (5-13)$$

此时,结合式(5-13)与私人投资约束$C_s^* \in [0, C^0]$,并根据式(5-8),可以推得$\partial C_s^*/\partial S_1 > 0$, $\partial C_s^*/\partial \rho < 0$,即随着运营风险补偿增加或私人风险规避度降低,私人对项目的初始投资将相应提高。这表明,尽管私人投资策略与其风险偏好行为负相关,但政府可通过对补偿契约参数S_1的适当增加来激励私人做尽可能多的初始投资。

(二) 最优补偿契约设计

基于上述政府三种不同的运营补偿情景,并结合私人投资者的能力约束和参与约束,可将政府补偿契约的最优设计问题表示为如下的约束优化问题:

$$W^* = \max_{S_0, S_1} E[\prod_G(\tilde{S}, C_S^*)] = (1-\lambda)\Big(S_0 + S_1 - \frac{\bar{r} S_1 T}{r_f C_S^* + \beta \sigma_r T}\Big) + \frac{k(C_S^*)^\alpha - C_S^*}{T} \quad (5-14)$$

$$\text{s. t. } E[U(\prod_P(\tilde{S}, C_S^*))] = S_0 + S_1 - \frac{C_S^*}{T} + (\bar{r} -$$

第五章 基于私人风险偏好的 PPP 项目补偿契约设计

$$\rho\sigma_r)\left[1-\frac{S_1 T}{r_f C_s^* + \beta\sigma_r T}\right] \geqslant \bar{u}_p$$

(5-15)

$$C_s^* = \left\{0, \frac{\{[(\bar{r}-\sigma_r\rho)r_f S_1]^{\frac{1}{2}} - \beta\sigma_r\}T}{r_f}, C^0\right\} \quad (5-16)$$

其中上标 * 表示上述问题的最优解,相应的 W^* 表示项目在单期内的最佳社会效益;$\bar{u}_p$ 表示私人投资者的保留效用,即私人不接受此契约时所能获得的最大期望效用,它由其他市场机会决定(张维迎,1996)。

对于上述优化问题进行求最优解,可得命题 5.2 及其结论如下。

命题 5.2 如果私人投资者的风险偏好系数 ρ 与项目收益风险的变异系数 υ 满足:

$$\rho\upsilon \leqslant \lambda/(2\lambda-1) \quad (5-17)$$

则由式(3-1)所述的最优补偿契约 $\widetilde{S}^*$ 将激励私人对项目的最优投资为:

$$C^* = \left[\frac{\alpha k(1-\rho\upsilon)}{\lambda-(2\lambda-1)\rho\upsilon}\right]^{\frac{1}{1-\alpha}} \quad (5-18)$$

其中该契约 $\widetilde{S}^*$ 的参数 S_1^* 和 S_0^* 满足:

$$S_1^* = \frac{[R_0(C^*)]^2}{r_f \bar{r}(1-\rho\upsilon)} \quad (5-19)$$

$$S_0^* = \bar{u}_p + \frac{C^*}{T} + \frac{R_0(C^*)}{r_f} - \frac{[R_0(C^*)]^2 + r_f[\bar{r}(1-\rho\upsilon)]^2}{r_f \bar{r}(1-\rho\upsilon)}$$

(5-20)

否则,如果 $\rho \upsilon > \lambda/(2\lambda-1)$,则政府补偿契约 $\widetilde{S} = S_0 + \widetilde{\omega} S_1$ 不存在最优形式解。

证明 当 C_S^* 等于 0 或 C^0 时,上述政府的优化问题即退化为线性规划,所以根据单纯形法可知,该优化问题无解或有无界解。

而对于上述优化问题的非线性规划情形,可以考虑其 Lagrange 函数及 Kuhn-Tucker 条件如下:

$$L(S_0, S_1, \mu) = E\left[\prod_G(\widetilde{S}, C_S^*)\right] + \mu\{E[U(\prod_P(\widetilde{S}, C_S^*))] - \bar{u}_p\} \tag{5-21}$$

$$\frac{\partial L}{\partial S_0} = 1 - \lambda + \mu = 0 \Rightarrow \mu = \lambda - 1 > 0 \tag{5-22}$$

$$\frac{\partial L}{\partial S_1} = 0 \Rightarrow [\alpha k(C_S^*)^{\alpha-1} - \lambda] = \frac{(1-\lambda)\rho\sigma_r}{\bar{r} - \rho\sigma_r} \tag{5-23}$$

$$\mu \frac{\partial L}{\partial \mu} = 0 \Rightarrow E[U(\prod_P(\widetilde{S}, C_S^*))] = \bar{u}_p \tag{5-24}$$

其中 μ 为约束条件(5-15)对应的 Lagrange 乘子。

首先根据式(5-23)可知,当 $\rho\upsilon \leqslant \lambda/(2\lambda-1)$ 时,由该方程可解得 C^* 如式(5-18)所述;然后再结合式(5-8),可求得 S_1^* 如式(5-19)所示;最后再将 S_1^* 和 C^* 分别代入式(5-24),可求得 S_0^* 如式(5-20)所示。然而,当 $\rho\upsilon > \lambda/(2\lambda-1)$ 时,方程(5-23)无解,从而式(3-1)所述的补偿契约,即 $\widetilde{S} = S_0 + \widetilde{\omega} S_1$,不存在最优形式解。

证毕.

命题 5.2 表明:由于私人投资能力的限制和投资风险偏好的

第五章 基于私人风险偏好的PPP项目补偿契约设计

存在,政府对私人投资者的运营补偿无论较大或者较小都不是最优,而应控制在适当范围内,以激励私人对项目做最优投资。特别地,当私人投资者的风险规避度满足式(5-17)时,政府可按式(5-19)和(5-20)设计最优补偿契约参数,以实现预期社会效益最优。

而且,根据命题5.2还可知,$\partial C^*/\partial S_1^*=0$,$\partial C^*/\partial \rho>0$,$\partial S_1^*/\partial \rho>0$,这表明政府最优补偿契约将使私人对项目的最优投资与运营补偿无关,但私人最优投资会随着其风险规避度的提高而增加,因为风险规避度越高的投资者为了降低项目未来运营风险,越会倾向采取保守或稳定的投资决策,以尽可能增加对项目的初始投资,而风险规避度较低或冒险型投资者往往会铤而走险做尽可能少的初始投资。所以,政府要激励私人增加对项目的初始投资,应给与风险规避较高或保守型投资者较多的运营补偿,而对于冒险型投资者或投机者要采取谨慎的运营补偿策略,必要时应通过契约的合理设计促使他们放弃或拒绝投资。

然而,在政府提供上述最优补偿契约$\widetilde{S}^*=S_0^*+\widetilde{\omega}S_1^*$的条件下,政府的期望补偿如何受私人投资者的不同风险偏好影响,以下将借助数值分析作进一步讨论。

六、基于私人风险偏好的PPP项目补偿契约应用

为了检验本章研究所获结论的适用性,以更好地解释所获结论,本章还将针对PPP项目的具体实例,通过数值仿真的方法对

一些研究结果进行验证。

(一) 应用算例

假设政府对某公共基础设施项目计划采取 PPP 模式, 项目拟 2015 年投入运营, 到 2045 年由私人投资者将该项目转交给政府, 其特许运营期为 30 年, 期间私人投资者负责该项目的运营和管理。由于项目的特许期较长, 期间的不确定因素较多, 因此项目的未来收益具有较大不确定性, 又由于 PPP 项目的准公共物品属性增加了项目收益的风险, 因此政府有必要给予私人投资者适当的补偿。

不妨设该 PPP 项目在市场上的单位风险补偿系数为 0.11, 单期运营收益服从正态分布 $N(10^8, 10^{81})$, 投资无风险利率为 3%, 投资规模指数为 0.4, 投资社会价值系数为 10^6, 私人保留效用为 0, 补偿资金边际成本为 1.2, 具体参数取值详见表 5-2。

表 5-2 算例参数取值

参数	T	r_f	β	α	k	λ	$\bar{u}_p$
数值	30	3%	0.11	0.4	10^6	1.2	0

(二) 数值分析

针对上面给出的 PPP 项目补偿实例, 通过数值分析讨论私人投资者的不同风险偏好对政府补偿契约设计的影响。

1. 私人风险偏好对政府补偿决策的影响

首先, 根据式(5-18), 令 ρ 取不同的值, 可求得最优补偿契约

第五章 基于私人风险偏好的 PPP 项目补偿契约设计

$\tilde{S}^*$ 下的私人初始投资为 C^*，并代入私人投资者的期望利润函数 $E[\prod_{P}^{*}]$，可得到如下图 5-5。

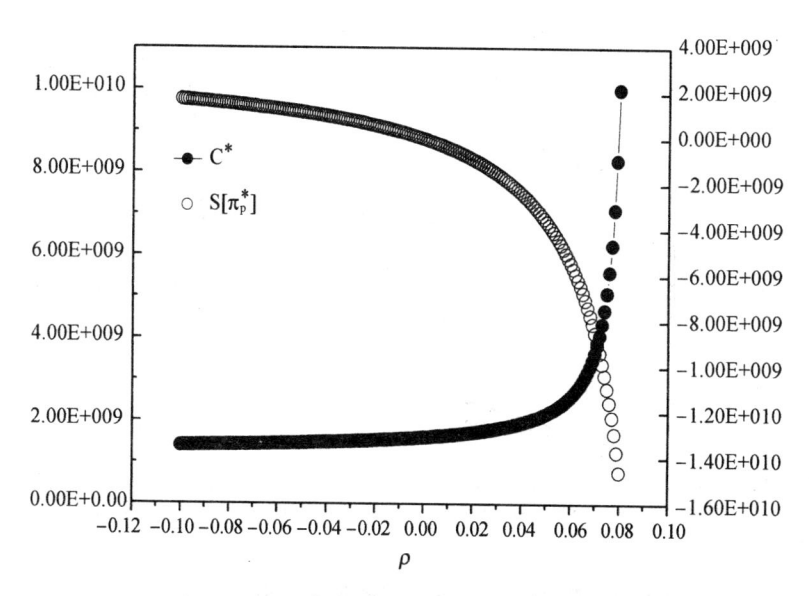

图 5-5 私人投资和期望利润受其风险偏好的影响

从图 5-5 可看出，在政府的最优补偿契约 $\tilde{S}^*$ 下，私人对项目的最优投资将随其风险规避度的增加而增加，但其期望利润在减少，主要因为私人规避较高的运营风险，将支付较高的投资成本，从而导致其风险收益降低。

其次，再将 C^* 代入契约参数 S_1^* 和 S_0^*，以及政府期望补偿 $E[\tilde{S}^*]$ 和项目最佳社会效益函数 W^*，可得到图 5-6 和图 5-7。

图 5-6 表明，政府应根据私人不同风险投资行为设计最优补偿契约，即随着私人风险规避度的增加，给予私人的最优建设成本

补偿和运营风险补偿也应增加,这是因为私人随其风险规避度的增加,不仅增加对项目的初始投资,也增加了规避风险的成本。

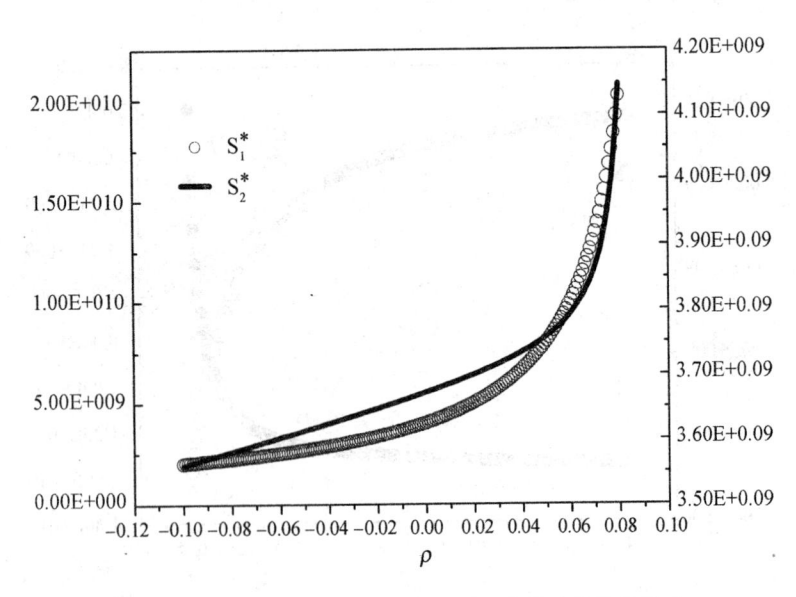

图 5-6 政府最优补偿契约参数受私人风险偏好的影响

然而,由图 5-7 可知,政府对私人的期望补偿却会随着私人风险规避度的增加而减少,因为风险规避度越高的投资者越不愿意承担运营风险,政府也就越不希望给予较多的风险补偿。于是,再结合图 5-5 可知,项目的最佳社会效益将随私人投资者的风险规避度的增加而增加。

2. 项目差异性对政府补偿决策影响

除了私人投资行为偏差影响政府最优补偿契约设计,项目自身的差异性也将影响私人投资决策,进而影响政府补偿决策。为

第五章 基于私人风险偏好的 PPP 项目补偿契约设计

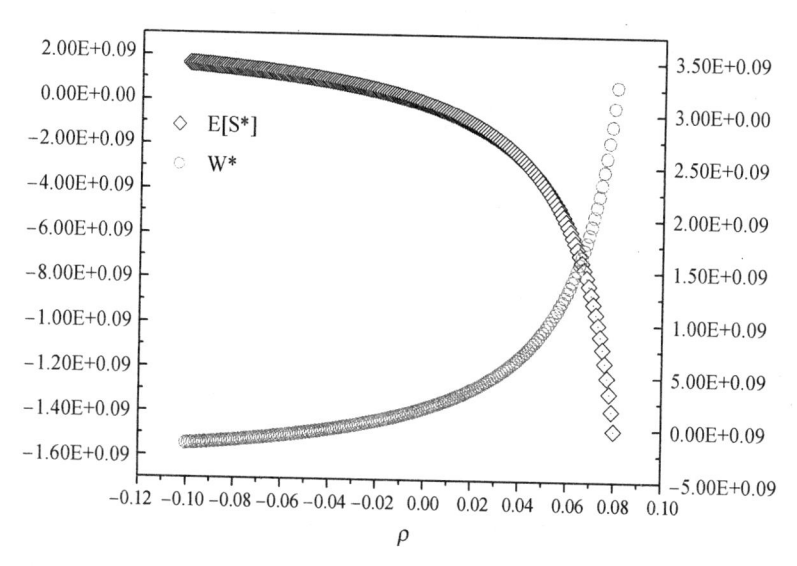

图 5-7 政府期望补偿与项目福利受私人风险偏好的影响

此,通过私人最优投资的等值线(如图 5-8)可知,对于风险规避的投资者,其最优初始投资将随着其风险偏好系数与项目风险收益差异系数的同步增加而不断增加;但对于冒险型投资者而言,却恰恰相反。

当私人投资的风险偏好确定时,尽管私人最优投资随着项目风险收益差异的增加而增加,但项目的最佳社会效益并未提升,而是呈下降趋势(如图 5-9)。这是因为从图 5-10 和 5-11 可知,政府期望补偿增加致使私人期望利润增加,从而导致项目社会效益损失。而且在私人风险规避度较大或较小情形下,项目风险收益差异性对政府期望补偿或私人期望利润的影响不太明显,因为极度保守或极度冒险的投资者对项目差异性不太敏感。

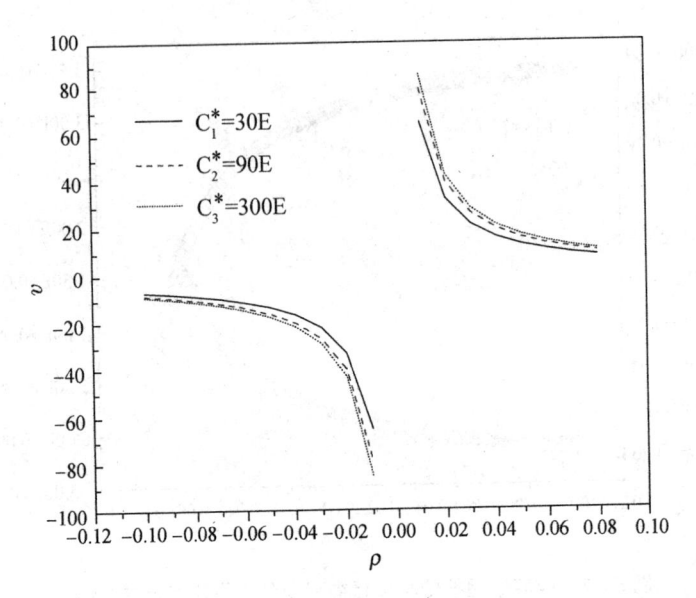

图 5-8 最优投资关于风险偏好与项目差异系数的等值线

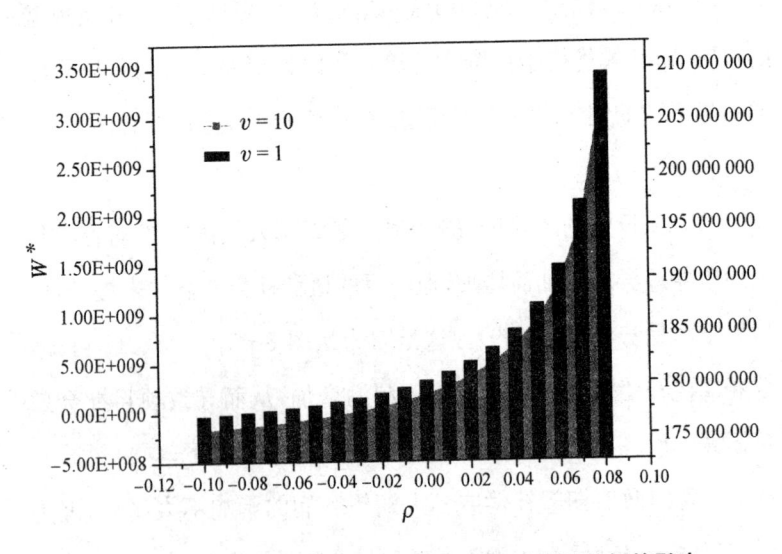

图 5-9 项目差异下的最佳社会效益受私人风险偏好的影响

第五章 基于私人风险偏好的 PPP 项目补偿契约设计

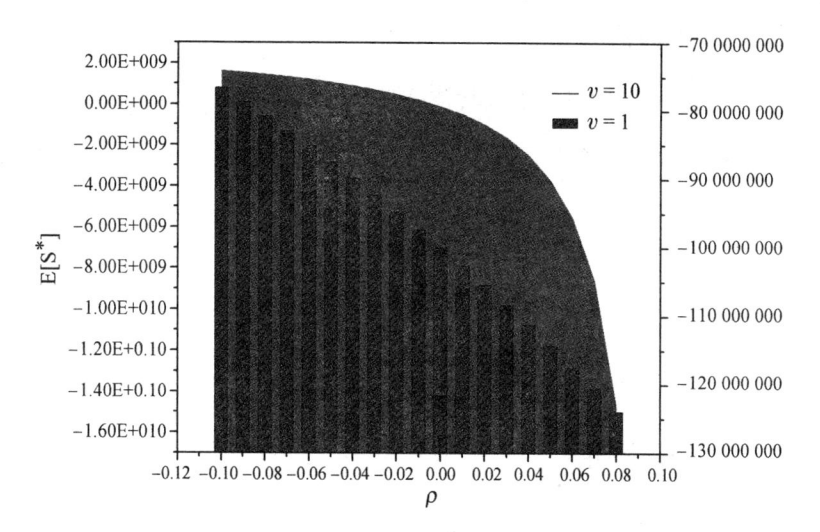

图 5-10 项目差异下的最优期望补偿受私人风险偏好的影响

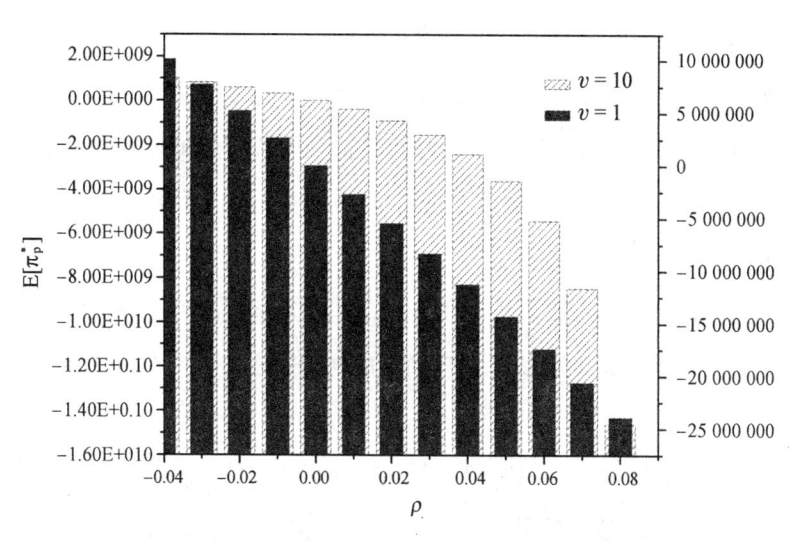

图 5-11 项目差异下的私人最优期望利润受风险偏好的影响

(三) 政府对策

上述 PPP 项目实例的数值分析表明,虽然政府不希望给予风险规避度高的投资者较多补偿,但可通过契约参数的最优设计,即给予风险规避较高或保守型投资者较多建设成本补偿和运营风险补偿,来激励私人增加初始投资、减少期望利润、提高项目最佳社会效益。而对于冒险型投资者或投机者,政府要采取谨慎的补偿策略,必要情况下应通过契约参数的合理设计促使他们放弃投资。

七、本章小结

政府补偿直接关系到 PPP 项目运作成败,过高补偿将导致政府失效,而过低补偿将导致市场失灵。为此,针对 PPP 项目的准公共物品属性,以及未来收益的高风险性,基于私人投资决策存在不同风险偏好行为,借助"均值-方差"模型,建立私人投资者的期望效用函数,并运用主从对策博弈分析私人投资策略与政府补偿情景,从而通过情景建模来研究政府补偿契约的最优设计及其相应对策。研究结果表明:

(1) 尽管私人投资项目的积极性与其风险规避度负相关,但政府最优补偿契约将使私人对项目的初始投资与其风险规避度正相关。

(2) 虽然政府不希望给予风险规避度高的投资者较多补偿,但可通过契约参数的最优设计,即给予风险规避较高或保守型投资者较多建设成本补偿和运营风险补偿,来激励私人增加初始投

第五章 基于私人风险偏好的PPP项目补偿契约设计

资、减少期望利润、提高项目最佳社会效益。而对于冒险型投资者或投机者,政府要采取谨慎的补偿策略,必要情况下应通过契约参数的合理设计促使他们放弃投资。

(3) 政府最优补偿契约设计除了受私人投资行为差异的影响,还应考虑项目风险收益差异性的影响。在私人风险偏好确定的情形下,随着项目风险收益差异性的增加,政府要激励私人增加最优投资,有必要给予私人更多的期望补偿,使其获得较多利润,从而相应减少了项目的最佳社会效益。

本章所获结论为PPP项目的政府补偿契约设计提供了一定的理论支撑,但局限于仅考虑私人投资者的风险偏好行为倾向对补偿策略的影响,缺乏对私人投资决策受其他行为因素影响的考虑,与现实可能还不太吻合。特别地,在政府补偿情形下,私人投资者很可能会对项目的预期收益表现出过度自信。因此,下一章尝试将私人过度自信的不完全理性行为假设引入PPP项目政府补偿契约研究中。

第六章 基于私人过度自信的PPP项目补偿契约设计与选择

第六章 基于私人过度自信的PPP项目补偿契约设计与选择

在PPP项目收益风险环境下,政府给予私人投资者一定的建设和运营补偿非常重要,但政府给予补偿往往会使私人投资者对项目的投资表现出过度自信行为。针对私人投资者在PPP项目政府补偿下存在的过度自信倾向,本章将首先介绍过度自信的基本概念、产生根源以及测量方法;然后在此基础上分析PPP项目私人投资者过度自信行为的影响因素与表现特征,并给出相应的数学描述;接着,基于"均值-方差"模型对私人投资者过度自信的量化描述,引入私人投资者的过度自信系数,构建私人投资的期望效用函数,从而分析私人过度投资策略;最后,在私人过度自信可观察情形下,运用主从博弈分析政府最优补偿契约的结构以及受私人过度自信的影响机理,并在私人过度自信不可观察情形下,讨论政府对最优补偿契约的设计与选择。

一、过度自信理论概述

过度自信理论(Overconfidence Theory)是当前行为金融学的重要研究成果,它与前景理论(Prospect Theory)、过度反应理论(Overreaction Theory)和后悔理论(Regret Theory)并称为行为金融学的四大研究理论,对行为决策理论的发展具有重要意义。那么,什么是过度自信?产生过度自信的根源是什么?过度自信能否被定量化研究?以下将分别给予回答。

(一) 过度自信的基本概念

过度自信(Overconfidence)一词源于认知心理学的研究成果,大量的认知心理学文献认为,人是过度自信的,尤其对其自身知识的准确性存在过度自信,表现为系统性地低估某类信息并高估其他信息。过度自信早在20世纪60年代就引起心理学家们的关注和研究,但目前对过度自信的定义还未形成统一的概念。心理学文献对过度自信的定义存在以下三种基本类型:

1. 过高估计型

所谓过高估计,是指过度自信的个体对自身实际能力、绩效、控制水平、成功机会等方面所表现出的过高估计(Clayson,2005)。按照 Gervaris、Heaton 和 Odean(2002)对过度自信的定义,这种类型的个体总认为自己知识的准确性比事实中的程度更

第六章 基于私人过度自信的 PPP 项目补偿契约设计与选择

高,即对自己的信息赋予的权重大于事实上的权重。

2. 过度精确型

所谓过度精确,是指过度自信的个体过于肯定自身信念的精确度,即认为自身的信息比实际信息要更为精确(Klayman,2004)。按照 Kahneman 和 Tversky(1982)的说法,这种类型的过度自信主表现在两个方面。一方面,人们过高估计高概率事件发生的概率;另一方面,人们又过低估计小概率事件发生的概率。

3. 优于常人型

所谓优于常人,是指人们过分地相信自己的判断优于他人,即人们通常认为他们自身拥有比常人更多的能力(Glaser & Weber,2007)。按照 Larriek,Burson 和 Soll(2007)的说法,这类过度自信就是对自己定位过高(Overplacement)。

事实上,过高估计型和过度精确型都是指向自身的自我赞许式的信念,无须和他人进行比较,所以又属于独立型的过度自信;而优于常人型往往需要与他人进行比较,所以又可将其视为参照型的过度自信。对于这两种类型的过度自信的存在及其联系,学者们持有不同的看法,但心理学领域的研究者普遍将过度自信定义为一种心理和行为偏差,在一定意义上,也是一种认知偏差。

心理学家们的研究发现,几乎从事各种职业的人都会存在过度自信,他们在物理学家、临床心理学家、律师、谈判人员、工程师、企业家、证券分析师、驾驶员等的判断过程中,都观察到了过度自信现象。这种现象特别是在一些职业领域往往表现得更为明显,如外科医生和护士、心理学家、投资银行家、工程师、律师、投资者和经理在判断和决策中通常会存在过度自信特征。过度自信的特征可概括为以下几方面：

首先，人们会有不切实际的积极的自我评价，往往认为自己的能力、前途等会比其他人更好，期望好事情发生在自己身上的概率远远高于发生在别人身上的概率（Kunda，1987）。

其次，人们会过度估计其完成任务的能力，并且这种过度估计随着个人在任务中的重要性而增强，人们对未来事件有着不切实际的乐观主义（Frank，1935）。而且，过度自信的人们往往会表现出事后聪明的特征，即当他们期望一种结果，而这种结果确实发生时，他们往往会过度估计自己在产生这种合意结果中的重要性。所以，成功者事后通常会夸大自己事前预测的准确性，更会将自己的成功归因于自己知识的准确性和个人能力，这种自我归因偏差使成功者表现出过度自信特征（Daniel、Hirshleifer ＆ Subrahmanyam，1998）。

此外，人们在做决策时会过度估计并突出能够引人注意的信息，尤其会过度估计与其已经存在的信念一致的信息，并倾向于搜集那些支持其信念的信息，而忽略了那些不支持其信念的信息。特别当某些观点得到活灵活现的信息、重要的案例和明显的场景支持的时候，人们会更加表现出过度自信，并对这些信息表现过度反应。而当某些观点得到相关性强的、简洁的、统计性的和基本概率信息支持的时候，人们通常会低估这些信息，并对这些信息反应

第六章　基于私人过度自信的PPP项目补偿契约设计与选择

不足。

基于以上对过度自信的类型及其特征的描述,本章可对过度自信的概念界定为:个体高估自己的实际能力而过分相信自己的判断能力和个人信息的准确性。

(二) 过度自信的影响因素

过度自信是人们典型而普遍存在的一种心理偏差,但导致个体表现过度自信的原因或因素却要因人而异。总的来说,过度自信的影响因素包括心理因素、个体差异因素、任务因素和情境因素等。在这些众多的影响因素中,造成过度自信的一个很重要的原因就是人们很难想象不确定性事件将来会以什么样的方式发展。由于人们很难预测未来可能的各种发展方向,所以就会对其所知道的事情将来可能的发展方向过于自信。例如,相对没有经验的人来说,有经验的人因为他们能够更多地知道将来事情发展的方向性,所以更容易表现过度自信的倾向。这也就是说,不确定性环境往往是人们过度自信的重要影响因素,即在不确定性环境下,人们会对未来预期表现出过分的乐观和自信。

此外,证实偏见也是导致过度自信的重要因素之一。所谓证实偏见,是指人们总是倾向于寻找或关注和自己的观点一致的意见和证据,而不关注也不收集和自己的观点相抵触的证据。证实偏见的后果必然是过度自信,因为人们只是看到了对自己有利的信息,从而就非常乐观地相信自己的判断。例如,PPP项目私人投资者如果接受政府给予的补偿契约,那么他肯定会对项目的未来收益充满信心,否则,他不会接受政府补偿而对项目进行投资,即使项目实际收益没有达到预期,他也能够找到各种各样的理由为自己辩护,一厢情愿地认定该项目的建设和运营值得投资。

由此可见,基于过度自信的影响因素,本章认为PPP项目私人投资者在项目收益风险环境下存在过度自信不仅是有理论基础的,也是有现实基础的。

(三) 过度自信的定量描述

尽管过度自信是人们普遍存在的一种心理偏差,但要对其进行定量化描述目前还是比较困难的。以下将通过对独立型过度自信和参照型过度自信的测量方法进行梳理,指出过度自信的现有度量方法的核心思想及其局限性(伍如昕,2011)。

1. 独立型过度自信的度量

独立型过度自信可细分为过高估计型过度自信和过度精确型过度自信两种类型,不妨分别对这两种过度自信的测量方法进行概括如下。

(1) 过高估计型过度自信的测量方法

过高估计型过度自信主要是指个体对自身实际能力、绩效、控制水平、成功机会的高估,所以对这类过度自信的直接测量就是通过计算个体期望得分与其实际的得分的差值来描述过度自信程度,即:

$$过度自信大小(OC) = 期望得分(E) - 实际得分(T)$$

第六章 基于私人过度自信的 PPP 项目补偿契约设计与选择

如 Acke & Duck(2008)曾用考试分数的预测值与参与者实际考试的得分之间的差异来直接测量这类过度自信,但也有不少的研究者采用自陈问卷或量表的形式对这类独立型过度自信进行间接测量(黄品豪,2002;黄永杰,2003)。

使用 5 点或者 7 点的 Likert 量表作为测量工具,有其自身的局限性。这主要因为 Likert 量表通常是一种等距量表,其有标准单位但无绝对零点,用这种量表测量过度自信有时很难给出解释,例如,5 点 Likert 量表上的 4 分,看上去好像是相对较高程度的过度自信,但很有可能就算是 80% 的过度自信水平也许并不是特别的高;同样,即便是 7 点的 Likert 量表也很难精确测量一个人是 90% 还是 95% 的过度自信水平。所以说,使用量表测量过度自信缺乏足够精确的区间来指出被调查对象的过度自信水平。

(2) 过度精确型过度自信的测量方法

过度精确型过度自信由于源于心理学研究中的认知偏差描述,所以对这类过度自信的测量方法如下:

偏差=被试认为自己选择正确的平均概率-

被试选择的实际正确率

(Bias=AccurateJudgment-Percentage Correct)

上式表明,偏差越大,过度自信水平越高。对于这类过度自信的测量,目前采用的材料大多为一般知识问题或有客观正确答案的题目,其题目形式包括二择一任务、指明信心范围任务和分类任务等(于窈,李纾,2006)。

二择一任务是要求被试者在包含两个选项的题目中选择自己认为正确的答案,并估计自己答对该题的概率。在二择一任务中,如果被试者自己判断的答对率比其答题的实际正确率大且偏差显著,则表明被试者过度自信。这种借助题项水平(item level)测量人们过度自信水平很容易混淆过高估计型和过度精确型这两种过度自信的度量,很难区分各自的相对影响。同样,在采用信心范围任务进行测量时,常要求被试者在一个给定的高置信区间下给出某个未知数据的一个相应的数值区间,通过比较参与者回答的正确率与给定的置信区间之间的偏差,给出被试者的过度自信表示。而分类任务在本质上也是一种较为特殊的二择一或多择一任务。所以,使用偏差表示过度自信难免会存在一些缺陷。

2. 参照型过度自信的度量

参照型过度自信就是指优于常人型的过度自信,对这类过度自信的测量可以采用直接方法和间接方法。

(1) 直接测量法

所谓直接测量,就是让被试者直接对自己在某件事情中的表现和普通人的表现进行比较。如果设 B(Bias) 表示所有个体对自身表现和他人表现的平均比较评价,b_n 表示第 n 个被试者对自身表现和他人表现的比较评价,那么 B 可用公式表示如下:

$$B=\frac{b_1+b_2+\cdots b_n}{n}$$

上式表明,B 的值越大,优于常人的过度自信越明显。这种测量个体的自信程度的方法,由于仅仅用个体对其自身预期绩效的信念与个体对他人的预期绩效的信念之差来表示,所以必存在不足之处。主要因为个体可能在实际上的确要优于他人,因此学者们认为有必要对这一测量方法进行修正。

(2) 间接测量法

所谓间接测量,就是指让被试者分别评价比较自己和他人的表现和能力等。如果设 S(Self) 表示所有个体对比较自己的平均评价,S_n 表示第 n 个被试者对比较自己的评价,则 S 可用公式表示如下:

$$S=\frac{S_1+S_2+\cdots S_n}{n}$$

如果设 O(Others) 表示所有个体对比较他人的平均评价,O_n 表示第 n 个被试者对比较他人的评价,则 O 可用公式表示如下:

$$O=\frac{O_1+O_2+\cdots O_n}{n}$$

于是,S-O 表示个体对比较目标的平均评价与个体对比较对象的平均评价之差。当 S-O>0 时,说明个体表现优于常人的过度自信或个体表现出参照型过度自信;而当 S-O<0 时,说明个体表现出差于常人的过度自信。显然,间接测量方法与直接测量方法在本质上没有任何差异,所以这种对参照型过度自信的间接测量仍然会存在不足之处。

尽管从上给出了不同类型过多自信的测量方法,但过度自信作为人们普遍存在的一种认知偏差,在实证研究中仍然是很难直接测量的。为了避免实证研究中对过度自信测量的缺陷，本章将基于PPP项目私人投资者在政府补偿下会存在过度自信倾向，借助"均值-方差"模型描述而引入私人过度自信系数，构建私人投资的期望效用函数，从而通过主从博弈建模来探讨私人过度自信对其投资决策和政府补偿契约结构的影响。具体地，本章研究的创新之处在于：

第一，突破了传统的完全理性人假设，考虑私人投资者在政府补偿下会存在过度自信行为，并通过引入私人过度自信系数，建立了私人投资的期望效用函数，拓宽了现有文献中的决策模型，使本文研究结果更加贴近实际。

第二，基于私人投资的过度自信行为，借助"均值-方差"模型描述而引入私人过度自信系数，相对现有研究中仅仅通过方差被低估来描述过度自信，使得本文模型更有一般性，因为私人在政府补偿下除了会低估项目风险，更会高估项目收益。

第三，鉴于私人低估了投资风险，将完全理性私人投资者要求的特许收益通过加入私人过度自信系数而进行修正，扩展了本文模型的现实性，使得研究结果对政府决策更有借鉴意义。

那么，本章为什么能够对PPP项目私人投资者的过度自信行为给予模型化描述并进行创新性研究？这将主要归结为以下几方面的原因：

（1）PPP项目私人投资者在政府补偿下所表现出的过度自信是高估项目收益，而低估项目风险，所以通过"均值-方差"模型引

第六章 基于私人过度自信的 PPP 项目补偿契约设计与选择

入私人过度自信系数符合投资者常常利用均值和方差进行决策的模式,这其实就是本章第二部要分析的内容。

(2)在均值和方差中引入私人过度自信系数能够很自然地拓展已有文献中的完全理性模型,这符合行为决策理论的统一框架,回避了实证研究中的过多主观假设,使得研究结果更具一般性和可信性,具体研究结果就是本章第三部分所获结论。

(3)借助"均值-方差"模型描述私人过度自信行为既具有现实基础,又具备参数少、易分析的特点,有助于解析性地分析私人过度自信对其投资决策以及政府补偿契约的影响,克服了实证研究中私人过度自信很难具体测量的弊端,具体分析过程其实就是本章第三部分和第四部分的主体内容。

二、PPP 项目私人投资者的过度自信行为及模型描述

在政府给予 PPP 项目补偿情形下,私人投资决策很可能会表现出过度自信倾向。而 PPP 项目私人投资者的过度自信的根源是什么?如何对其进行定量化描述?以下将分别进行讨论。

(一)私人投资者过度自信的影响因素

在 PPP 项目收益风险环境下,私人对项目的投资决策不仅受政府补偿政策的影响,也会受到私人对收益风险的认知、判断等非理性因素的影响。当私人接受政府补偿并对项目投资时,私人往往会对 PPP 项目的未来预期表现出过分的乐观和自信,即私人存在过度自信行为(Malmendier, et, 2011)。

过度自信通常指人们过度相信自己的判断能力，它是经济行为中普遍存在的心理现象，是人类心理与行为偏差的重要表征（Galasso，et，2011）。过度自信不仅会受到个体自身能力、知识水平、感官情绪等自身因素的影响，还会受到职业环境、社会地位、人际关系等外部因素的影响。PPP项目私人投资者在政府补偿下会存在过度自信行为，主要归结为如下两方面原因：

第一，投资PPP项目的私营部门一般都具有较高的专业知识水平和运营管理经验，这往往会使他们在政府补偿情形下对项目的未来预期表现出过度自信。而且，投资者的经验越丰富，其过度自信水平越高。

第二，PPP项目大都为一些投资成本庞大的公益性基础设施项目，这些项目的建设和运营不仅需要私人作巨额的初始投资，也需要政府给予较高的补偿，这就在客观上会使私人投资者低估项目风险而表现出过度投资行为。而且，政府补偿越高，私人过度投资越明显。

由此可见，在PPP项目收益风险环境下，如果私人投资者接受政府补偿并对项目进行投资，那么私人投资者可能就会表现出过度自信倾向，即高估项目收益，而低估项目风险。

（二）私人投资者过度自信的模型描述

由于PPP项目私人投资者在政府补偿下所表现出的过度自信是高估项目收益，而低估项目风险，所以对于私人投资者的过度自信行为，可借助均值或方差模型进行如下的数学描述。

第六章　基于私人过度自信的 PPP 项目补偿契约设计与选择

1. 均值表示

如果私人投资 PPP 项目的过度自信行为表现为过高估计项目的实际收益,则过度自信私人投资者的期望收益必然高于理性期望收益。所以,当项目实际收益的均值表示为 $\bar{r}$ 时,过度自信投资者的期望收益可表示为 $\tau\bar{r}$,其中 $\tau>1$ 表示私人投资者的过度自信水平,即 τ 值越大,私人过度自信程度越高(石岿然,2014)。

2. 方差表示

如果私人投资 PPP 项目的过度自信行为表现为低估项目的风险,则当项目收益的方差表示为 σ^2 时,过度自信投资者对项目风险的估值可表示为 $\kappa\sigma^2$,其中 $0<\kappa<1$ 表示私人投资者的过度自信水平,即 κ 值越小,私人过度自信程度越高(王健,庄新田,2008)。

事实上,在政府补偿情形下,私人投资 PPP 项目不仅会高估项目的实际收益,也会低估项目的运营风险。所以,结合上述对私人投资者过度自信的定量化描述,还可通过"均值-方差"模型描述而引入私人投资者的过度自信系数,建立私人投资者的期望效用函数,讨论私人投资者对 PPP 项目的最优投资策略。

三、PPP 项目政府补偿下过度自信私人最优投资策略

在政府补偿情形下,私人投资 PPP 项目一般会表现出过度自信行为。那么,当私人投资者存在过度自信时,私人投资者究竟如何进行最优决策?私人过度自信行为又会怎样影响其投资决策?

以下将构建包含私人过度自信行为的私人投资 PPP 项目的决策模型,通过模型求解和分析来讨论私人投资者的决策机理,以及私人过度自信对其投资决策的影响机制。

(一) 私人投资决策模型

在政府给予补偿情形下,私人投资 PPP 项目一般会表现出过度自信行为,即过度相信自己对项目预期收益和风险的判断。当私人投资 PPP 项目时,假设项目单期收益 $\tilde{R}$ 的均值和标准差在客观上分别为 $\bar{r}$ 和 σ_r,但考虑到私人投资存在过度自信倾向,即高估 $\bar{r}$ 值和低估 σ_r 值,所以对过度自信投资者而言,$\tilde{R}$ 的均值和标准差可通过如下"均值-方差"模型表示为:

$$E[\tilde{R}_p]=(1+\phi)\bar{r}, \sqrt{\mathrm{Var}[\tilde{R}_p]}=(1-\phi)\sigma_r \qquad (6-1)$$

其中 $0 \leqslant \phi < 1$ 表示私人过度自信程度或过度自信水平,称为私人投资者过度自信系数(李娟,等,2014;Hirshleifer & Luo,2001),其值越大表示私人越过度自信,特别是 $\phi = 0$ 表示私人投资者无过度自信心理,即私人投资表现完全理性。

式(6-1)表明,私人在政府补偿情形下投资 PPP 项目将会存在过度自信行为,即过高估计项目的预期收益,而过低估计项目的收益风险。

将式(6-1)和式(3-3)相结合,并根据吴孝灵等(2012)对风险补偿的研究可知,过度自信私人投资者要求政府准予的特许收益可表示为:

第六章 基于私人过度自信的 PPP 项目补偿契约设计与选择

$$R_p = TR_0(C) = iC = r_f C + \eta(1-\phi)\sigma_r T \quad (6-2)$$

其中 r_f 表示无风险利率,通常取国债利率;η 表示风险补偿系数,指项目运营的单位时间内的风险溢价。

式(6-2)表明,过度自信私人投资者会因过低估计项目的风险而导致其要求政府准予的特许收益会比完全理性投资者低一些。

于是,基于私人投资者的随机单期利润函数,即式(3-4),并结合式(6-1)、(6-2)和(3-1),可构建过度自信私人投资者对 PPP 项目的决策模型如下:

$$\max_{C} E[U(\prod_p)] = \bar{r}(1+\phi)\left(1 - \frac{S_1 T}{r_f C + \eta(1-\phi)\sigma_r T}\right) - \frac{C}{T} + S_0 + S_1 \quad (6-3)$$

式(6-3)表明,私人投资者将通过选择适当的初始投资,以最大化其投资的期望效用,过度自信私人投资项目的期望效用实际上是私人投资者的期望利润的过度自信表示,如果私人投资者是完全理性(即 $\phi=0$)的,则私人投资的期望利润就可看作是其投资的期望效用。

由此可见,当私人投资者在政府补偿下表现出过度自信行为时,私人投资决策的目标是期望效用最大化而不是传统的或完全理性意义上的期望利润最大化,即过度自信私人投资者的决策模型为式(6-3)的最优化问题 $\max_{C} E[U(\prod_p(\tilde{S}, C))]$。

(二) 私人投资决策分析

对于私人投资者的决策模型,即式(6-3),可通过求其最优解而获得命题 6.1 及其结论如下：

命题 6.1 如果过度自信私人投资者接受政府补偿契约 $\widetilde{S} = S_0 + \widetilde{\omega}S_1$，并按式(6-3)对项目进行投资决策，则私人投资者的期望效用函数 $E[u(\prod_p(\widetilde{S}, C))]$ 是其初始投资 C 的严格凹函数，并存在唯一的 C_s^* 如下：

$$C_s^* = \frac{T}{r_f}\{[(1+\phi)\bar{r}r_fS_1]^{\frac{1}{2}} - (1-\phi)\eta\sigma_r\} \quad (6-4)$$

使 $\max_{C_s^*} E[u(\prod_p(\widetilde{S}, C))]$，即私人投资者存在最优策略 C_s^*。而且，私人最优策略 C_s^* 使得私人期望效用函数 $E[u(\prod_p(\widetilde{S}, C_s^*))]$ 满足：

1) 如果 $\nu \geqslant r_f/\eta$，则 $\partial E[U(\prod_p(C_s^*))]/\partial \phi < 0$；

2) 如果 $\nu < r_f/\eta$，则 $\partial E[U(\prod_p(C_s^*))]/\partial \phi < 0$ 当且仅当 $\phi \in (0, \phi_s)$。

其中 $\nu = \sigma_r/\bar{r}$ 表示项目收益风险的变异系数，参数 ϕ_s 由下式定义为：

$$\phi_s = \frac{S_1\bar{r}(r_f)^3}{(r_f\bar{r} - \eta\sigma_r)^2} - 1 \quad (6-5)$$

证明 首先，计算式(6-3)关于变量 C 的一阶与二阶偏导数如下：

$$\frac{\partial E[U(\prod_p)]}{\partial C} = \frac{S_1 T\bar{r}r_f(1+\phi)}{(r_fC + (1-\phi)\eta\sigma_rT)^2} - \frac{1}{T} \quad (6-6)$$

第六章 基于私人过度自信的 PPP 项目补偿契约设计与选择

$$\frac{\partial^2 E[U(\prod_p)]}{\partial C^2} = \frac{-2S_1 T \bar{r}(r_f)^2(1+\phi)}{(r_f C+(1-\phi)\eta p_r T)^3} < 0, (S_1 \neq 0)$$

(6-7)

根据上式(6-7)可知，$E[U(\prod_p(\widetilde{S},C))]$ 是变量 C 的严格凹函数，所以式(6-3)必存在唯一最优解 C_s^*，并可由式(6-6)等于零解得如式(6-4)所示。

其次，将式(6-4)代入式(6-3)，计算函数 $E[U(\prod_p(C_s^*))]$ 关于 ϕ 的一阶与二阶偏导数如下：

$$\frac{\partial E[U(\prod_p(C_s^*))]}{\partial \phi} = \frac{r_f \bar{r} - \eta p_r}{r_f} - \left(\frac{S_1 \bar{r} r_f}{1+\phi}\right)^{\frac{1}{2}}, (S_1 \neq 0)$$

(6-8)

$$\frac{\partial^2 E[U(\prod_p(C_s^*))]}{\partial \phi^2} = \frac{1}{2}\left(\frac{S_1 \bar{r} r_f}{(1+\phi)^3}\right)^{\frac{1}{2}} > 0, (S_1 \neq 0)$$

(6-9)

由式(4-9)可知，当 $\eta p_r \geqslant r_f \bar{r}$ 时，即 $\nu \geqslant r_f/\eta$，必有 $\partial E[U(\prod_p(\widetilde{S},C_s^*))]/\partial \phi < 0$。而当 $\eta p_r < r_f \bar{r}$ 时，即 $\nu < r_f/\eta$，通过令式(6-8)等于零可求得 ϕ_s 如式(6-5)所定义，从而结合式(6-9)大于零，即函数 $E[U(\prod_p(\widetilde{S},C_s^*))]$ 关于 ϕ 的凸性，可进一步推得 $\partial E[U(\prod_p(\widetilde{S},C_s^*))]/\partial \phi < 0$ 当且仅当 $\phi \in (0,\phi_s)$。

证毕.

命题 6.1 表明：在 PPP 项目的政府补偿情形下，如果私人投资者对项目的投资存在过度自信行为倾向,则私人对项目的最优初始投资将随其过度自信水平的提高而增加,即由式(6-4)可推得 $\partial C_s^* / \partial \phi > 0$,但私人投资者的期望效用关于其过度自信水平并不一定是递增的,只有在一定的条件下才会呈现出一致效应,即由式(6-5)可知,在项目收益风险较小($\nu < r_f / \eta$)情形下,如果政府给予私人的运营补偿 S_1 充分小,以使 $\phi_s = 0$ 时,则私人投资者的期望效用将随其过度自信水平的提高而增加。

命题 6.1 也意味着,在政府给予建设补偿($S_0 > 0$)和运营补偿($S_1 > 0$)情形下,或者当私人投资者接受政府补偿契约 $\widetilde{S} = S_0 + \widetilde{\omega} S_1$(其中契约参数 $S_0, S_1 > 0$)时,私人投资者的过度投资并不一定增加其期望效用。然而,如果私人投资者表现完全理性,即 $\phi = 0$,则命题 6.1 即为第四章命题 4.2 的结果。为了便于比较,以下将私人投资者的最优投资 C_s^*,即式(6-4),分为完全理性和过度自信两种情形,比较结果如表 6-1 所示。

表 6-1 政府不同补偿情形下私人完全理性和过度自信最优投资策略比较

	固定补偿($S_0 > 0, S_1 = 0$)	激励补偿($S_0 > 0, S_1 > 0$)
完全理性($\phi = 0$)	$C_{00}^* = \dfrac{-\eta p_r T}{r_f}$	$C_{0s}^* = \dfrac{T}{r_f} \{ (\bar{r} r_f S_1)^{\frac{1}{2}} - \eta p_r \}$
过度自信($0 < \phi < 1$)	$C_{\phi 0}^* = \dfrac{-(1-\phi)\eta p_r T}{r_f}$	$C_{\phi s}^* = \dfrac{T}{r_f} \{ [(1+\phi)\bar{r} r_f S_1]^{\frac{1}{2}} - (1-\phi)\eta p_r \}$

从表 6-1 可以看出,如果契约参数 $S_1 = 0$,则政府补偿由于

第六章 基于私人过度自信的 PPP 项目补偿契约设计与选择

属于固定补偿,将使私人投资者无论是完全理性还是过度自信都会采取消极的投资策略,即私人投资存在道德风险;但如果契约参数 $S_1\neq0$,则私人最优投资将随政府运营补偿的增加而增加,即 $\partial C_s^*/\partial S_1>0$,说明该政府补偿对过度自信投资者仍具有较好的激励性。

因此,要激励私人积极合理投资 PPP 项目,政府有必要基于私人过度自信的投资策略来选择适当的契约参数 S_0 和 S_1,以设计最优补偿契约。

四、私人过度自信条件下 PPP 项目最优补偿契约

在私人投资者存在过度自信情形下,根据逆向分析法,政府有必要基于私人投资者过度自信的投资策略 C_s^*,即式(6-4),适当给予私人投资者建设补偿 S_0 和运营补偿 S_1,以最大化 PPP 项目的预期社会效益。那么,在上述相关假设下,政府如何确定契约参数 S_0 和 S_1 的最优解?鉴于私人投资者的过度自信水平在现实中一般很难被监测,将分私人过度自信可观察与不可观察两种情形讨论政府补偿契约 $\widetilde{S}=S_0+\widetilde{\omega}S_1$ 的最优设计与选择问题。

(一) 私人过度自信可观察情形

当私人过度自信可被政府完全观测时,私人过度自信水平 ϕ 为完全信息,政府可根据式(6-4)预测到过度自信私人投资策略为 C_s^*。于是,基于逆向归纳法,将式(6-4)分别代入项目预期社

会效益函数和私人投资者的期望效用函数,即式(3-5)和式(6-3),可将政府对最优补偿契约设计问题,即确定契约参数 S_0 和 S_1 的最优解,转化为求解如下优化问题:

$$\max_{(S_0,S_1)} E[\prod\nolimits_G(S_0,S_1,C_s^*)] = \frac{k(C_s^*)^\alpha - C_s^*}{T} + (1-\lambda)\Big[S_0 + S_1\Big(1 - \frac{\bar{r}T}{r_f C_s^* + (1-\phi)\eta p_r T}\Big)\Big]$$

(6-10)

$$\text{s.t.} \quad E[u(\prod\nolimits_P(S_0,S_1,C_s^*))] = \bar{r}(1+\phi)\Big(1 - \frac{S_1 T}{r_f C_s^* + \eta(1-\phi)\sigma_r T}\Big)$$

$$- \frac{C_s^*}{T} + S_0 + S_1 \geqslant \bar{u} \quad (6-11)$$

其中式(6-10)表示政府将通过项目的预期社会效益最大化来确定契约参数 S_0 和 S_1;而式(6-11)表示私人投资者的参与约束,即私人投资 C_s^* 时获得的期望效用不能小于其不接受契约 $\widetilde{S}$ 时的保留效用 $\bar{u}$。

如果求得上述政府优化问题(6-10)和(6-11)的最优解为 (S_0^*,S_1^*),则由式(6-4)可再求得政府与私人投资者之间博弈的均衡解,不妨记作 (C^*,S_0^*,S_1^*)。于是,有命题 6.2 和命题 6.3 及其结论如下。

命题 6.2 在私人过度自信可观测情形下,如果政府补偿决策问题归结为上述优化模型,即式(6-10)和式(6-11),则最优补偿契约 $\widetilde{S}^*$ 中的参数 S_0^* 和 S_1^* 可分别表示为:

第六章 基于私人过度自信的PPP项目补偿契约设计与选择

$$S_0^* = \bar{u} + \frac{2C^*}{T} + \frac{(1-\phi)\eta\sigma_r}{r_f} - \frac{r_f}{(1+\phi)\bar{r}}\left[\frac{C^*}{T} + \frac{(1-\phi)\eta\sigma_r}{r_f}\right]^2 -$$
$$\bar{r}(1+\phi) \tag{6-12}$$

$$S_1^* = \frac{[r_f C^* + (1-\phi)\eta\sigma_r T]^2}{(1+\phi)\bar{r} r_f T^2} \tag{6-13}$$

其中 C^* 由下式给定:

$$C^* = \left[\frac{\alpha k(1+\phi)}{\lambda-\phi}\right]^{\frac{1}{1-\alpha}} \tag{6-14}$$

证明 上述政府优化问题(6-10)和(6-11)的 Lagrange 函数为:

$$L(S_0, S_1, \tau) = E\left[\prod_G(S_0, S_1, C_S^*)\right] + \tau(E[U(\prod_P(C_s^*))] - \bar{u})$$
$$\tag{6-15}$$

其中 τ 是约束条件(6-11)对应的 Lagrange 乘子。

根据式(6-15),该优化问题的最优解 (S_0^*, S_1^*) 满足 Kuhn-Tucker 条件如下:

$$\tau\frac{\partial L}{\partial \tau} = \tau\{E[U(\prod_P(C_s^*(S_1^*)))] - \bar{u}\} = 0 \tag{6-16}$$

$$\frac{\partial L}{\partial S_0} = 1 - \lambda + \tau = 0 \Rightarrow \tau = \lambda - 1 > 0 \tag{6-17}$$

$$\frac{\partial L}{\partial S_1} = \frac{1}{T}\frac{\partial C_s^*}{\partial S_1}\left\{\alpha k(C_s^*(S_1^*))^{\alpha-1} - \lambda + \frac{(\lambda-1)\phi}{1+\phi}\right\} - \frac{(\lambda-1)\phi\bar{r}}{R_0(C_s^*(S_1^*))} = 0$$
$$\tag{6-18}$$

其中 $C_s^*(S_1^*)$ 表示式(6-4)中的 S_1 替换为 S_1^*。

如果令 $C^* = C_s^*(S_1^*)$,则由式(6-18)可解得 C^*,即为式(6-

14)所述,从而可将 S_1^* 表示成式(6-13)所示。于是,再将 S_1^* 和 C^* 分别代入式(6-16),可求得 S_0^*,即如式(6-12)所述。

证毕.

命题 6.3 如果项目的收益风险充分小,即变异系数 ν 充分小,以使 σ_r 和 $\bar{r}$ 满足:$\sigma_r < (r_f/\eta)[\bar{r}-(C_0^*/T)]$,则必存在 $\delta>0$,使 $\phi \in (0,\delta)$ 时,项目最优预期社会效益函数 $E[\prod_G(S_0^*,S_1^*,C^*)]$ 满足:$\partial E[\prod_G(S_0^*,S_1^*,C^*)]/\partial \phi > 0$;否则,如果 σ_r 和 $\bar{r}$ 满足: $\sigma_r > (r_f/\eta)[\bar{r}-(C_0^*/T)]$,则当 $\phi \in (0,\delta)$ 时,$\partial E[W(S_0^*,S_1^*,C^*)]/\partial \phi < 0$,其中 $C_0^* = \lim\limits_{\phi \to 0^+} C^*$ 表示式(6-14)的极限。

证明 首先,将式(6-12)、(6-13)和(6-14)分别代入政府最优补偿决策目标函数 $E[\prod_G(S_0,S_1,C)]$,并化简得:

$$E[\prod\nolimits_G(S_0^*,S_1^*,C^*)] = \frac{1}{T}[K(C^*)^\alpha - \lambda C^*] + \frac{(1-\lambda)\phi}{1+\phi}\left[\frac{C^*}{T} + \frac{(1-\phi)\eta r_r}{r_f}\right] + (1-\lambda)[\bar{u}-(1+\phi)\bar{r}] \quad (6-19)$$

根据式(6-19),计算函数 $E[\prod_G(S_0^*,S_1^*,C^*)]$ 关于 ϕ 的一阶偏导数为:

$$\frac{\partial E[\prod_G(S_0^*,S_1^*,C^*)]}{\partial \phi} = \frac{\phi}{1+\phi}\left[\frac{(\lambda-1)\eta r_r}{r_f} - \frac{2\lambda}{T}\frac{\partial C^*}{\partial \phi}\right] + (\lambda-1)\left\{\bar{r} - \frac{1}{(1+\phi)^2}\left[\frac{C^*}{T} + \frac{(1-\phi)\eta r}{r_f}\right]\right\} \quad (6-20)$$

对式(6-20)两边,令 $\phi \to 0^+$,则有下式:

第六章 基于私人过度自信的 PPP 项目补偿契约设计与选择

$$\lim_{\phi \to 0^+} \frac{\partial E[W(S_0^*, S_1^*, C^*)]}{\partial \phi} = (\lambda - 1)\left[\bar{r} - \frac{C_0^*}{T} - \frac{\eta \sigma_r}{r_f}\right] \quad (6-21)$$

其中 C_0^* 表示 C^* 在 $\phi \to 0^+$ 时的极限,即 $C_0^* = \lim\limits_{\phi \to 0^+} C^*$。

对于上式(6-21),如果该式的右端大于零,即 $\sigma_r < (r_f/\eta)[\bar{r} - (C_0^*/T)]$,则根据函数极限的局部保号性可知,必存在 $\delta > 0$,使 $\phi \in (0, \delta)$ 时,项目最优预期社会效益函数 $E[\prod_G(S_0^*, S_1^*, C^*)]$ 满足:$\partial E[\prod_G(S_0^*, S_1^*, C^*)]/\partial \phi > 0$。否则,如果式(6-21)的右端小于零,即 $\sigma_r > (r_f/\eta)[\bar{r} - (C_0^*/T)]$,则必存在 $\delta > 0$,使 $\phi \in (0, \delta)$ 时,项目社会效益函数 $E[\prod_G(S_0^*, S_1^*, C^*)]$ 满足:$\partial E[\prod_G(S_0^*, S_1^*, C^*)]/\partial \phi < 0$。

证毕.

命题 6.2 表明:当私人投资者的过度自信可被观测时,政府可根据式(6-12)和(6-13)确定最优补偿契约参数 S_0^* 和 S_1^*,同时按式(6-14)预测私人对项目的最优投资为 C^*,而且私人的最优投资随其过度自信水平的增加而增加,即 $\partial C^*/\partial \phi > 0$。然而,命题 6.3 表明:在此最优补偿契约下,项目的最优预期社会效益并不一定会因私人过度自信投资的增加而增加。

特别地,根据命题 6.3 还可知,如果项目的预期收益较高而运营风险较小(即满足 $\sigma_r < (r_f/\eta)[\bar{r} - (C_0^*/T)]$),则私人适度提高过度自信水平将有利于增加项目的预期社会效益,因为此时私人适当增加的投资有助于项目的社会福利产出,并可通过项目的未

来收益来补偿；相反，如果项目的预期收益较低而风险较大（即满足 $\sigma_r > (r_f/\eta)[\bar{r} - (C_0^*/T)]$），则私人过度自信投资相对完全理性投资不利于提高项目的预期社会效益，因为此时私人增加的投资很难通过项目的预期收益收回，加大了政府补偿成本，损害了项目社会效益。

由此可见，在项目收益风险较小情形下，政府应向适度过度自信的投资者提供最优补偿契约；而在项目收益风险较大情形下，政府应向完全理性的投资者提供最优补偿契约。然而，私人投资者究竟是过度自信的还是完全理性的，一般很难直接判断。这就有必要从私人过度自信不可观测的角度，探讨政府对最优补偿契约的合理选择问题。

（二）私人过度自信不可观察情形

在私人过度自信不可观测情形下，如果假设私人投资表现过度自信的概率是 p，而表现完全理性的概率是 $1-p$，其中 $0 \leqslant p \leqslant 1$，则由表 6-1 和式（6-4）可预测私人投资者选择过度自信投资策略 $C_{\phi s}^* = C_s^*$ 的概率为 p，而选择完全理性投资策略 $C_{0s}^* = \lim\limits_{\phi \to 0} C_s^*$ 的概率为 $1-p$。

由此，根据上述分析，如果再假设私人投资者的过度自信水平为 $\phi \in (0, \delta)$，其中 $0 < \delta < 1$，则政府可按如下方式选择不同组合的最优补偿契约参数，具体如表 6-2 所示。

第六章 基于私人过度自信的 PPP 项目补偿契约设计与选择

表 6-2 基于私人不同类型投资策略的最优补偿契约参数组合

	私人完全理性投资策略 C_{0s}^* （选择概率 $1-p$）	私人过度自信投资策略 $C_{\phi s}^*$ （选择概率 p）
最优补偿契 约参数 S_0^*	$S_{00}^* = \lim\limits_{\phi \to 0} S_0^* = S_0^* \mid_{\phi=0}$	$S_{\phi 0}^* = S_0^* \mid_{0<\phi<\delta}$
最优补偿契 约参数 S_1^*	$S_{01}^* = \lim\limits_{\phi \to 0} S_1^* = S_1^* \mid_{\phi=0}$	$S_{\phi 1}^* = S_1^* \mid_{0<\phi<\delta}$

根据表 6-2，并结合补偿契约 $\widetilde{S} = S_0 + \widetilde{\omega} S_1$，即式 (3-1)，可将基于私人完全理性投资和过度自信投资的政府最优补偿契约分别设计为：

$$\widetilde{S}_0^* = S_{00}^* + \frac{R_0(C_0^*) - \widetilde{R}}{R_0(C_0^*)} S_{01}^* \quad (6-22)$$

$$\widetilde{S}_\phi^* = S_{\phi 0}^* + \frac{R_0(C^*) - \widetilde{R}}{R_0(C^*)} S_{\phi 1}^* \quad (6-23)$$

其中 $R_0(C_0^*)$ 和 $R_0(C^*)$ 分别表示私人投资 C_0^* 和 C^* 时要求的单期特许收益。

式 (6-22) 和式 (6-23) 分别表示政府提供给完全理性和过度自信投资者的最优补偿契约，而在私人投资者的过度自信或完全理性无法观测的情况下，政府如何对这两种补偿契约进行合理选择，有必要结合命题 6.3 给予理论分析。

于是，结合命题 6.3，如果假设上述两种补偿契约均使项目产生正的预期社会效益，则由命题 6.3 可推得命题 6.4 及其结论如下。

命题 6.4 在私人过度自信不可观察情形下,如果政府知道私人过度自信的概率为 p,而是完全理性的概率为 $1-p$,则对式 (6-22) 和式 (6-23) 给定的两种补偿契约,政府的选择如下:

(1) 当 $\sigma_r > (r_f/\eta)[\bar{r}-(C_0^*/T)]$ 时,政府只需提供式 (6-22) 所示的最优补偿契的充要条件是存在 $p_0 \in (0,1)$,使 $p<p_0$。

(2) 当 $\sigma_r < (r_f/\eta)[\bar{r}-(C_0^*/T)]$ 时,政府只需提供式 (6-23) 所示的最优补偿契约即可。

证明 如果政府提供式 (6-22) 所示的补偿契约,则完全理性的私人投资者会接受,而过度自信投资者会拒绝。所以,在私人过度自信不可被观察情形下,该契约将使政府对项目的预期社会效益为 $(1-p)E[\prod_G(S_{00}^*, S_{01}^*, C_0^*)]$。

然而,如果政府提供式 (6-23) 所示的补偿契约,则过度自信投资者和完全理性投资者都会接受,因为完全理性情形可看作式 (6-23) 的特例或极限。因此,该契约将使政府对项目的预期社会效益为 $E[\prod_G(S_{\phi 0}^*, S_{\phi 1}^*, C^*)]$。

于是,通过比较可知,当 $\sigma_r > (r_f/\eta)[\bar{r}-(C_0^*/T)]$ 时,要使政府只需提供形如式 (6-22) 所示的补偿契约,当且仅当 $(1-p)E[\prod_G(S_{00}^*, S_{01}^*, C_0^*)] > E[\prod_G(S_{\phi 0}^*, S_{\phi 1}^*, C^*)]$,即等价于下式成立:

$$p < 1 - \frac{E[\prod_G(S_{\phi 0}^*, S_{\phi 1}^*, C^*)]}{E[\prod_G(S_{00}^*, S_{01}^*, C^*)]} \qquad (6-24)$$

第六章 基于私人过度自信的PPP项目补偿契约设计与选择

令式(6-24)的右端为 p_0,则根据命题6.3可推得 $p_0 \in (0,1)$。

而当 $\sigma_r < (r_f/\eta)[\bar{r}-(C_0^*/T)]$ 时,$(1-p)E[\prod_G(S_{00}^*,S_{01}^*,C_0^*)] < E[\prod_G(S_{\phi 0}^*,S_{\phi 1}^*,C^*)]$ 可由命题6.3推知恒成立,所以此时政府只需提供式(6-23)所示的补偿契约即可。

证毕.

命题6.4表明:当私人投资者的过度自信不可观测时,政府还有必要根据私人过度自信的概率分布情况来合理选择补偿契约。在项目收益风险较大情形下,如果私人投资者表现过度自信的可能性小于某个阈值或者私人完全理性的可能性相对较大,则政府仅需选择适合完全理性投资者的最优补偿契约;相反,如果私人投资者表现完全理性的可能性相对较小,则政府应选择完全理性和过度自信投资者都可接受的最优补偿契约。然而,在项目收益风险较小情形下,政府完全可以只选择过度自信投资者接受的最优补偿契约。

由此可见,私人过度自信行为不仅影响其自身的最优投资决策,而且对政府最优补偿契约的设计和选择有着显著的影响。这些影响究竟如何,下一节将借助数值分析给予解释和说明。

五、私人过度自信影响PPP项目补偿的实例分析

为了较为直观地显示私人投资者的过度自信行为对其最优投资决策和政府最优补偿契约的影响,将针对PPP项目政府补偿的

具体实例,并在私人过度自信可被观测的假设下,通过数值分析的方法对上述研究结果进行进一步的检验和拓展。这里假设私人过度自信水平是可观测的,主要是基于两个方面的考虑:一方面,是为了对私人过度自信系数赋予不同的数值,以便通过一个算例进行如下的数值分析;另一方面,如果私人过度自信水平是不可观测的,则公私博弈的均衡结果就不再是本文结论所能刻画的,因为它需要通过不完全信息博弈建模而进行均衡分析。

(一) PPP 项目实例

某城市的一项公共交通基础设施项目计划采取 PPP 模式,即通过特许权协议的方式将项目的建设和运营委托给私人投资者。该项目拟由私人部门于 2026 年投入运营,并到 2056 年结束后再由私人投资者移交给政府,即该项目的特许运营期为 30 年。由于项目的特许权期较长,运营期间存在很多不确定因素,所以政府部门和私人部门都无法准确预测该项目的风险和收益。因此,要顺利实施 PPP 项目,政府有必要对私人部门采取前面所述的一种单期补偿契约。

而在政府补偿情形下,私人投资者很可能会表现出过度自信倾向。当私人存在过度投资行为时,政府补偿契约的设计和选择必将受到私人过度自信的影响。为了通过数值分析来探讨私人过度自信对政府补偿策略的影响,不妨设该项目的风险补偿系数为 0.11,投资的无风险利率为 0.03,项目投资的社会价值系数为

第六章 基于私人过度自信的 PPP 项目补偿契约设计与选择

10^6,项目投资规模指数为 0.4,政府补偿资金的边际成本为 1.2,私人投资存在保留效用为 $30*10^8$,而项目实际的单期运营收益可能服从正态分布 $N(10^{10},10^{17})$,也可能服从正态分布 $N(10^6,10^{15})$,具体的相关参数取值如表 6-3 所示。

表6-3 PPP项目相关参数取值

$\bar{r}$	σ_r	$\bar{u}$	T	r_f	η	α	k	λ
$10^{10}(10^6)$	$10^7(10^{15})$	$30*10^8$	30	0.03	0.11	0.4	10^6	1.2

(二) 数值分析

针对上述给出的 PPP 项目补偿实例,基于表 6-3 中给定的相关参数取值,可作数值仿真如下。

1. 私人过度自信对其最优投资的影响

首先,根据命题 6.2,如果假设私人投资者的过度自信行为是可观测的,并令 ϕ 取不同数值,则由式(6-14)可预测私人对项目的最优投资 C^* 如图 6-1 所示。

图 6-1 表明,在政府最优补偿契约下,私人对项目的最优投资将随其过度自信水平的提高而增加,主要因为私人投资者在政府补偿下越是过低评估项目的收益风险,就越会高估项目投资的盈利能力和清偿能力,从而相应的初始投资就会越高。

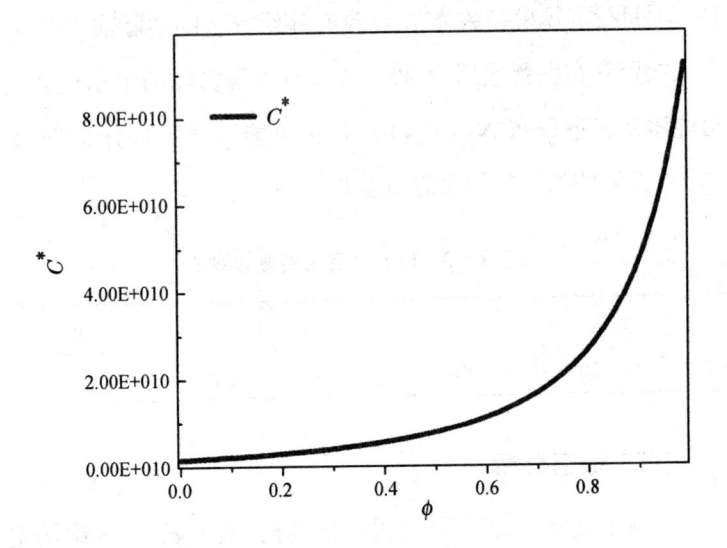

图 6-1　私人过度自信对项目最优投资 C^* 的影响

2. 私人过度自信对最优补偿契约的影响

其次，根据命题 6.2，并结合命题 6.3，同时假设项目实际运营收益服从正态分布 $N(10^{10},10^{17})$ 或 $N(10^6,10^{15})$，由此只要对 σ_r 和 $\bar{r}$ 进行分别取值为 $(10^{10},10^{17})$ 和 $(10^6,10^{15})$，并将 C^* 分别代入最优补偿契约参数 S_0^* 和 S_1^*，以及政府的最优期望补偿 $E[\tilde{S}^*]$，则可得到如下图 6-2、图 6-3 和图 6-4。

图 6-2 表明，在项目未来收益较高而风险较小情形下，政府最优补偿契约中的建设成本补偿将随着私人过度投资的增加而减少，因为此时私人增加的投资完全可通过项目的运营收益来收回；然而，在项目未来收益较低而风险较高情形下，私人过度投资的增

第六章 基于私人过度自信的 PPP 项目补偿契约设计与选择

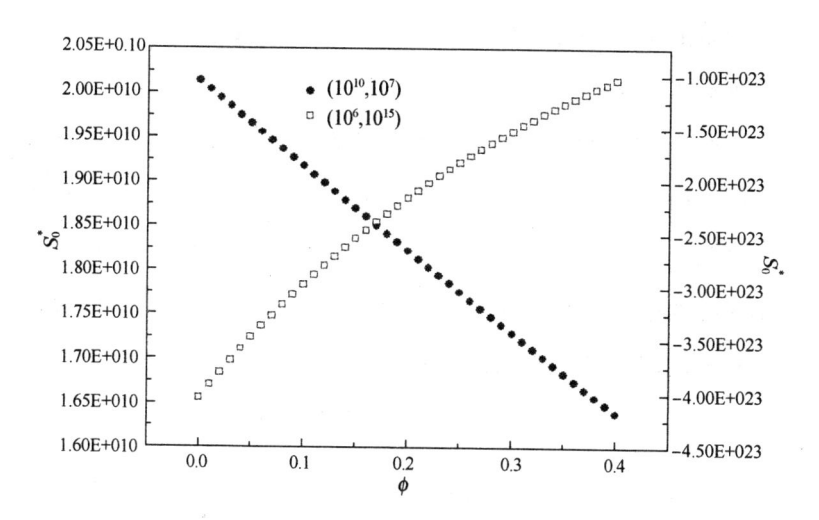

图 6-2 私人过度自信对最优补偿契约参数 S_0^* 的影响

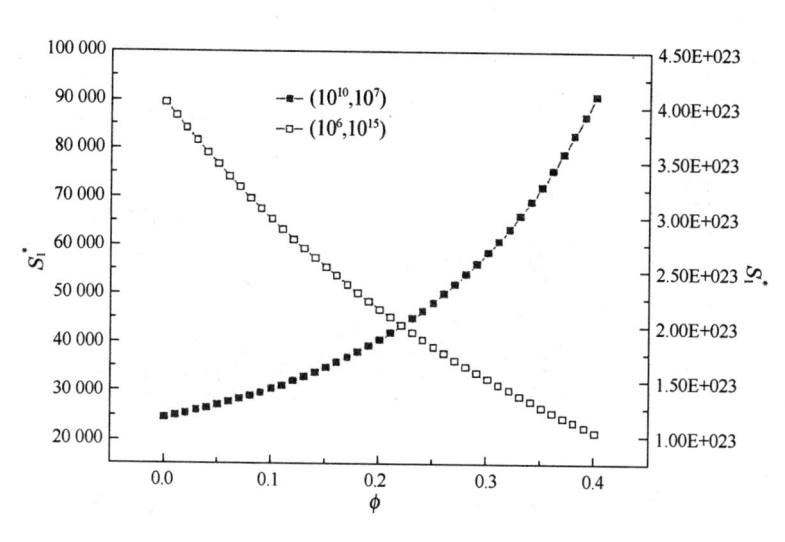

图 6-3 私人过度自信对最优补偿契约参数 S_1^* 的影响

加很难由项目收益来收回,所以政府有必要增加对私人投资者的建设成本补偿。

图6-3表明,在项目未来收益较高而风险较小情形下,政府最优补偿契约中的运营补偿将随着私人过度自信程度的增加而增加,因为此时政府可通过运营补偿的增加来从项目的高收益中索取较高的补偿份额,如税收等;但在项目未来收益较低而风险较高情形下,随着私人过度自信程度的增加,政府可通过减少运营补偿来抑制私人过度投资,以改善项目社会福利。

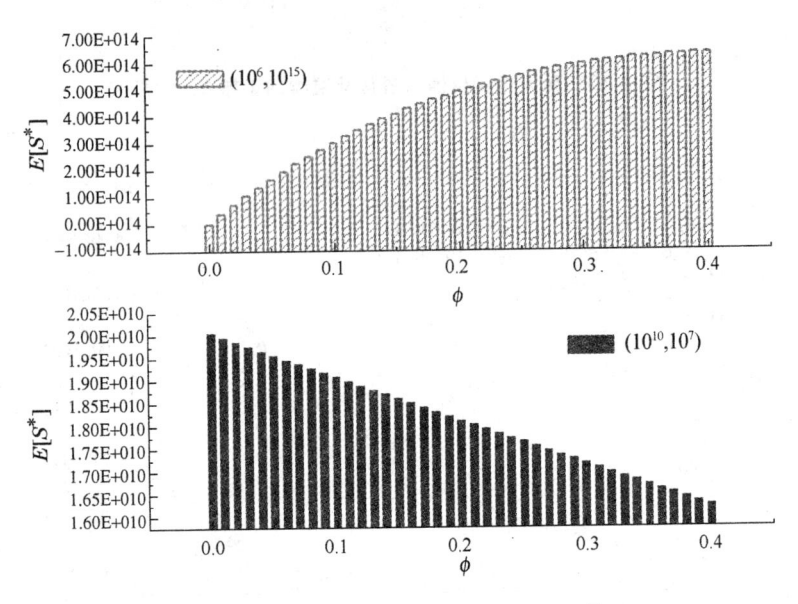

图6-4 私人过度自信对政府最优期望补偿 $E[\tilde{S}^*]$ 的影响

图6-4表明,在项目未来收益较高而风险较小情形下,政府

第六章 基于私人过度自信的 PPP 项目补偿契约设计与选择

最优期望补偿将随着私人过度自信程度的增加而减少,因为私人过度投资的增加完全可由项目的运营收益来补偿;但在项目未来收益较低而风险较大情形下,私人过度投资的增加很难通过项目的运营收益来补偿,所以政府期望补偿必然增加。

由此可见,私人过度自信对最优补偿契约的影响并不是简单的正相关或负相关,政府必须基于项目实际的收益风险情况,为不同过度自信程度的投资者设计不同的契约参数,以使最优补偿契约既要保证私人投资者获得最大期望效用或预期保留效用又要实现项目预期社会效益最大化。

3. 私人过度自信对项目最优社会效益的影响

最后,根据命题 6.3,当 σ_r 和 $\bar{r}$ 分别取值为 $(10^{10}, 10^{17})$ 和 $(10^6, 10^{15})$ 时,私人投资者的过度自信对其最优期望利润 $E[\prod_p^*]$ 以及项目最优期望社会效益 $E[\prod_g^*]$ 的影响分别如图 6-5 和 6-6 所示。

图 6-5 表明,在项目收益风险较小情形下,私人最优期望利润将随着私人过度自信程度的增加而减少,因为此时政府给予的期望补偿随之减少(如图 6-4),同时私人过度投资也增加了私人投资的成本;然而在项目收益风险较高情形下,由于政府补偿随着私人投资者过度自信的增加而增加,所以私人投资者获得的期望利润也相应增加。

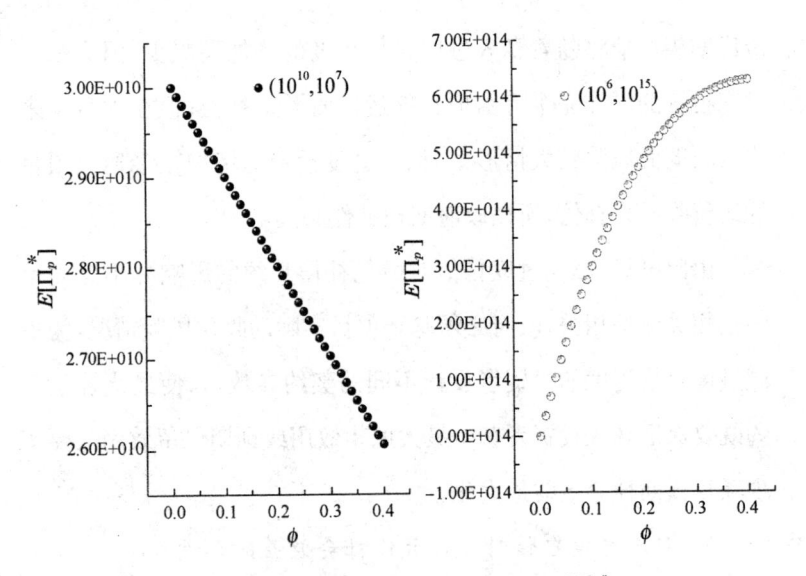

图 6-5 私人过度自信对其最优期望利润 $E[\prod_p^*]$ 的影响

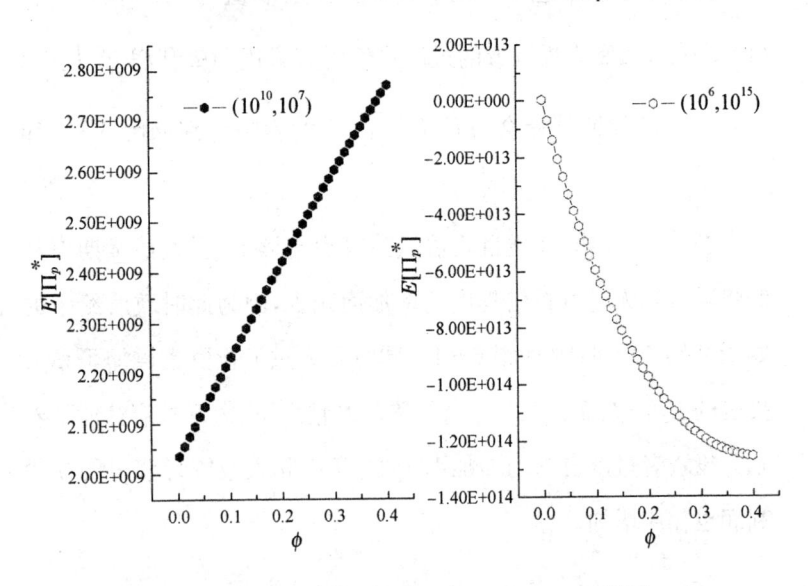

图 6-6 私人过度自信对项目最优期望社会效益 $E[\prod_g^*]$ 的影响

第六章 基于私人过度自信的PPP项目补偿契约设计与选择

图6-6表明,在项目收益风险较小情形下,项目最优期望社会效益将随着私人过度自信程度的增加而增加,因为此时政府的期望补偿随之减少(如图6-4),同时也导致政府补偿的预期社会成本较少;然而,在项目收益风险较大情形下,由于政府补偿的增加以及补偿成本随之增加,所以项目的预期社会效益必然随之减少。

(三) 对策启示

上述数值分析表明,当项目预期收益较高而风险较小时,政府可向适当过度自信的投资者提供最优补偿契约,期望通过给予私人投资者较少补偿,以增加项目预期社会效益;然而,在项目预期收益较低而风险较高情形下,政府要改善项目预期社会效益,有必要向完全理性的投资者提供最优补偿契约,即通过补偿契约参数的合理设计使过度自信投资者拒绝契约,而使完全理性投资者接受契约。

六、本章小结

政府补偿是吸引社会资本进入PPP项目并实现项目社会效益的重要途径,但在PPP项目收益风险环境下和政府给予补偿情形下,私人投资项目很可能会高估项目收益而低估项目风险,即私人投资者存在过度自信行为倾向,或者说私人投资者过分相信自己对项目未来预期的判断。基于私人投资者的过度自信行为,政府如何设计补偿契约以使补偿具有针对性和有效性。本章首先介绍了过度自信的基本概念、影响因素以及度量描述;然后在此基础上分析了私人投资 PPP 项目的过度自信行为的影响因素与表现特征,并给出相应的"均值-方差"模型描述;接着,借助"均值-方差"模型引入了私人过度自信系数,建立了私人投资者的期望效用函数,从而分析了私人过度投资策略;最后,在私人过度自信可观察情形下,运用主从博弈方法分析了政府最优补偿契约的设计以及受私人过度自信的影响,同时在私人过度自信不可观察情形下,讨论了政府对最优补偿契约的设计与选择。研究结果可简要概括如下:

(1) 在政府给定的最优补偿契约下,私人对项目的最优投资将随着其过度自信水平的提高而增加,这有助于增加项目的社会福利产出,但由于政府补偿的社会成本随之增加而导致项目社会效益损失较高,所以私人过度投资行为并不一定有利于项目预期社会效益的改善。

(2) 政府最优补偿契约受私人过度自信的影响并不是简单的正相关或负相关可以刻画,这在一定程度上取决于项目的收益风险情况。在项目收益风险较小情形下,随着私人过度自信水平的提高,政府最优补偿契约应减少建设成本补偿而增加运营补偿,以激励私人通过增加初始投资、减少期望利润来提高项目的预期社会效益;但在项目收益风险较大情形下,最优补偿契约应增加建设成本补偿而减少运营补偿,以通过抑制私人过度投资、给予私人较高补偿来激励私人理性投资,从而提高项目预期社会效益。

(3) 政府对最优补偿契约的设计和选择除了依赖项目收益风

第六章 基于私人过度自信的 PPP 项目补偿契约设计与选择

险情况,还应考虑私人过度自信的不可观测情况。在项目收益风险较高情形下,如果私人投资表现过度自信的可能性相对较低,则要使项目预期社会效益尽可能大,政府可通过契约参数的合理设计以提供只适合完全理性投资者的最优补偿契约;否则,如果私人投资表现过度自信的可能性相对较高,则政府可提供完全理性和过度自信投资者都可接受的最优补偿契约。而当项目收益风险较低时,政府完全只需提供过度自信的私人投资者接受的补偿契约。

本章所获结果不仅有利于政府对 PPP 项目的补偿决策,也为 PPP 项目的实施提供了较好的理论支持。然而,本章仅仅是讨论了私人过度自信在可观测情况下对其投资决策和政府补偿的影响,以及在不可观测情况下,通过已知私人过度自信满足离散型概率分布来分析政府最优补偿契约的设计和选择。所以,未来研究则是要考察私人过度自信不可观测时的博弈均衡结果是否依然适用,并讨论私人过度自信满足连续型概率分布时的政府最优补偿契约设计与选择问题。

此外,尽管本章给出了政府针对 PPP 项目投资者过度自信的补偿对策,而政府补偿究竟是否有效?这不仅仅需要考虑私人投资者过度自信的不完全理性行为对政府补偿契约的影响,更需要考虑政府补偿是否公平以及私人投资者对政府补偿的公平感知。为此,下一章将会通过考虑私人投资者对政府补偿存在不公平厌恶行为,构建私人投资决策的公平期望效用模型,进而借助模型分析来探讨政府最优补偿契约的激励性和有效性。

第七章 基于私人公平偏好的PPP项目补偿契约有效性

第七章 基于私人公平偏好的 PPP 项目补偿契约有效性

在 PPP 项目收益风险环境下,政府补偿究竟能否激励私营部门积极投资、建设和运营项目?这不仅需要政府给予的补偿是公平合理的,而且还需要私人投资者感知到政府补偿的公平性。而私人投资者对政府补偿公平与否的感知一般是在比较基础上形成的,比较的对象或利益参考点的选择不一样,私人所形成的公平感知或公平偏好就不一样。那么,私人投资者的公平偏好会怎样影响其投资决策,又会怎样影响政府的补偿决策?本章将首先介绍公平偏好的基本概念、主要类型和相应的模型表示方法;然后在此基础上,将私人投资者的公平偏好引入到对 PPP 项目政府补偿契约结构的研究中,主要借鉴 BO 模型的思想,将私人投资要求的特许收益作为其公平参考点,并通过对 FS 模型加以改进,构建私人公平偏好的效用函数，从而运用主从对策博弈的方法对政府补偿契约问题进行行为建模和分析，以研究政府补偿契约的最优形式解以及私人公平偏好对最优补偿契约激励性和有效性的影响；最后本章还给出了一个数值算例，以验证所获结果的合理性，并对部分结论做了拓展。

一、公平偏好理论概述

公平一般是指公平分配，而公平分配就是指用"统一尺度"来公平地决定个人参与分配的份额。不过，公平的"统一尺度"总是相对的，不应当把分配均等当作公平的同义词(厉以宁，1994)。Adams(1965)在《工人关于公司不公平的内心冲突及其生产率的关系》等著作中最早提出了公平分配的概念，认为工人的工作动机不是受绝对报酬而是受相对报酬的影响。这也就说，公司员工不仅关心自己报酬的绝对值，而且更关心其相对比值，即自己的工资报酬与劳动付出之比和他人的报酬与付出之比的比值。当发现该比值相等时，公司员工认为收入分配公平，从而心理平衡，会努力工作；相反，员工则会产生不满情绪，从而影响其工作积极性。

人们总会自觉或不自觉地将自己付出的劳动代价及其所得到的报酬与他人进行比较，并对公平与否做出判断，这种形成公平判断的心理过程称为公平偏好(Fairness Preference)。行为研究发现，在现实生活中，人们往往对公平性表现出极大的关注(Fehr et al, 1999)，也就是说，人们不仅关注自身的利益，还会关注周围其

第七章 基于私人公平偏好的 PPP 项目补偿契约有效性

他人的利益(Rabin,1993),即人们存在公平偏好。在公平偏好的作用下,人们很有可能会在感到不公平时以己方利益受损为代价而采取报复行动来达到惩罚对方的目的,这表明,人们一旦面临不公平分配,就会遭受一定的负效用,这称为公平负效用(Andreoni, Miller,1993),所以公平偏好理论与传统的效用偏好理论是不一致的,甚至相反。公平偏好理论违背了传统的理性人完全自利偏好假设,强调人的决策在现实世界中表现出公平偏好等有限理性行为特征,而且已有许多实证或实验研究均证实了这种行为倾向的存在。

公平偏好可通过收益差的形式在效用函数中进行刻画,Bolton(1991)和 Rabin(1993)认为收益差的正负性都会给效用带来一定的损失;Konrad and Lommerud(1993)则从经济学角度引入公平偏好效用函数,即使用相对经济状况来反映公平偏好;De Bruyn 和 Bolton(2008)通过对非对称损失效用函数的改进,讨论了公平偏好对讨价还价行为的影响。总的来说,刻画公平偏好的模型目前主要有如下两种类型。

1. 收入分配公平偏好模型

该模型主要描述人们总关心分配的最终结果是否公平,人们不仅会关心自己的收益,也会关心他人的收益。

2. 互惠公平偏好模型

该模型描述人们关心行为背后的动机,人们为了报答善意行为或报复敌意行为会不惜牺牲自己的部分收入。

上述的两种公平偏好模型统称为公平偏好理论,前者认为影响公平的因素是结果而不是动机,而后者则认为动机是影响公平性的因素,同一个结果可能因为动机的不同而影响公平的度量。

(一) 收入分配公平偏好模型

收入分配公平偏好模型是基于结果的公平偏好模型,该模型认为人们对公平的追求体现为对不公平现象的厌恶,即在效用函数上表现为效用的损失。也就是说,个体对不公平现象越是厌恶,其效用函数值就会是越低。收入分配公平偏好模型主要包括 Fehr & Schmidt(1999) 的不公平厌恶模型(简记 FS 模型)和 Bolton & Ockenfels(2000) 的 ERC 模型(简记 BO 模型)。

1. FS 模型

Fehr & Schmidt 认为人们不仅会关心自己的收入,还关心自己收入与他人收入之间的差距,但不会关心其他人之间的收入差距。所以,Fehr & Schmidt 将人们的公平偏好定义为"本位主义的收入差距厌恶",即人们把自己的收益与群体中的每一个人的收益做比较,并用其差异来表示对分配不公平的厌恶程度。这里产生的不公平厌恶存在两种类型,一种是参与者认为在物质收益上自己的比其他参与者少,从而产生嫉妒心理,导致不公平效用为负,所以称为"不利不公平厌恶";另一种是参与者认为在物质收益上自己的比其他参与者多,从而产生愧疚心理,同样导致不公平效用为负,所以称为"有利不公平厌恶"。由于参与者的效用既包括

第七章 基于私人公平偏好的PPP项目补偿契约有效性

对所获收益的直接正效用,也包括对收益分配不公平厌恶的负效用,所以FS模型可用公式表示如下:

$$U_i(x) = x_i - \alpha_i \frac{1}{n-1} \sum_{j \neq i} \max\{x_j - x_i, 0\} -$$

$$\beta_i \frac{1}{n-1} \sum_{j \neq i} \max\{x_i - x_j, 0\}, i,j \in \{1,2,\cdots,n\}$$

其中,$U_i(x)$是参与者i的效用值,$x=\{x_1,\cdots,x_n\}$表示物质支付向量,$i\in\{1,\cdots,n\}$。

上式右边第二项表示参与者i在其收益低于他人时表现出嫉妒心理所带来的负效用;右边第三项表示参与者i在收益高于他人时表现出内疚心理所带来的负效用。α_i和β_i相应的分别表示不利不公平和有利不公平厌恶系数,其大小刻画了参与者i的嫉妒和内疚心理强度。而且,在上述模型中,$\alpha_i \geqslant \beta_i$,$0 \leqslant \beta_i < 1$,其中$\alpha_i \geqslant \beta_i$表示人们对自己的收益低于其他人的收益所带来的嫉妒心理强度要大于自己的收益高于其他人的收益所带来的内疚心理强度,即同样的收益差,前者要比后者带来更多的负效用。

对于上述的FS模型,如果仅仅考虑两个参与者,即$n=2$,则该模型还可简化如下:

$$U_i(x) = x_i - \alpha_i \max\{x_j - x_i, 0\} - \beta_i \max\{x_i - x_j, 0\},$$
$$i,j \in \{1,2\}$$

从该模型可以看出,给定参与者i的收益x_i,当$x_j=x_i$时,参与者i的效用达到最大,即如下图7-1所示。

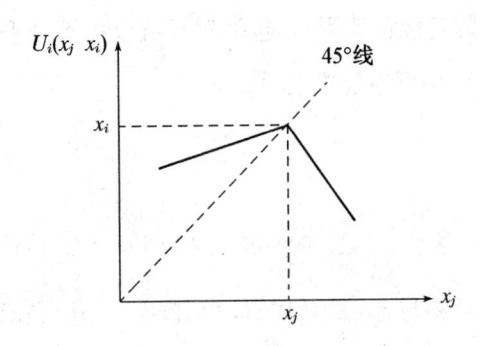

图 7-1 不公平效用与收益的比较关系

2. BO 模型

Bolton(1991)很早就认为人们不仅仅会关注自己所获收益的绝对量,而且也会关注自己收益与其他参与者收益比较的相对量,他把从简单博弈实验中发现的参与者对自私自利的偏离认为是一种不公平厌恶,所以他模型化了在实验博弈中观察到的相对收入假设,把相对收入作为附加因素融入了参与者效用函数中,给出了两人博弈的效用函数形式。而后,Bolton 与 Ockenfels(2000)在对博弈实验数据认识的基础上,构建了 ERC 模型(Equity, Reciprocity and Competition),通常简单记作 BO 模型。BO 模型表示参与者会把自己的收益与参照群体的平均收益进行比较,该模型将公平(Equity)、互惠(Equity)和竞争(Equity)的偏好共同融入了效用函数。BO 模型中的第 i 个参与者的效用函数可表示为:

$$U_i = U_i(y_i, \sigma_i), i \in \{1, \cdots, n\}$$

其中,y_i 表示参与者 i 的绝对收益;σ_i 表示参与者 i 的收益在

第七章 基于私人公平偏好的 PPP 项目补偿契约有效性

参照群体收益中所占的相对份额,具体可表示如下。

$$\sigma_i = \begin{cases} \dfrac{y_i}{\sum_{j=1}^{n} y_j}, & \sum_{j=1}^{n} y_j > 0 \\ \dfrac{1}{n}, & \sum_{j=1}^{n} y_j = 0 \end{cases}$$

BO 模型还指出,对于给定的 σ_i 来说,参与者 i 的效用函数是其绝对收入 y_i 表的递增和凹函数,这意味着参与者 i 是狭隘的自利的;同样,对于给定的 y_i 来说,参与者 i 的效用函数是 σ_i 的严格凹函数,这意味着参与者 i 的公平参考点是群体平均收益,当参与者 i 的收益等于群体平均收益时,其效用达到最大。

事实上,BO 模型也可看作是一种不公平厌恶模型,因为它在本质上同 FS 的模型是一致的,只是在具体的处理方式上有所不同。FS 模型认为参与者的公平偏好是将自己的收益与其他每个参与者的收益进行比较,而 BO 模型认为参与者的公平偏好是只关心自己的收益占总收益的相对份额,并不关心与其他参与者之间的差异。所以,在实际应用中有必要将这两种模型相互结合,本章的研究内容就是借鉴了 BO 模型的思想,对 FS 模型进行了改进,并获得了较好的结果。

(二)互惠公平偏好模型

互惠偏好是指人们不仅关心分配的最终结果,而且关心产生这种结果的意图,相互之间的这种意图必须是对等的或公正的。

也就是说,如果一方认为对方是怀有善意的,那么他就会报答这种善意行为;如果一方觉得对方是怀有恶意的,那么他就会报复这种恶意行为。Rabin(1993)最早将人们的这种互惠偏好进行模型化,认为参与者的公平偏好是根据他对另一参与者是否公平地对待他的善意来增加或减少另一参与者的净收入,即人们做出公平性判断的标准是某一行为动机,具体地说,如果这一动机是友好善意的,则被认为是公平的;如果这一动机是敌对恶意的,则被认为是不公平的。

为了使用公式描述人们的互惠公平偏好,Rabin通过允许支付是参与者信念和行动的函数来修正传统的博弈论,并且建立了以参与者主观期望效用为基础的行为博弈。在该博弈中,个人的反应函数不仅取决于对方的策略选择,而且取决于自己的信念,参与者根据自己的信念来判断对方的意图,进而采取相应的策略。

为了描述参与者 i 判断其他参与者究竟是善意的还是恶意的,Rabin构造了两个友善函数如下:

$$f_i(a_i, b_j) \equiv \frac{\pi_j(b_j, a_i) - \pi_j^e(b_j)}{\pi_j^h(b_j) - \pi_j^{\min}(b_j)}$$

$$\widetilde{f}_j(b_j, c_i) \equiv \frac{\pi_i(c_i, b_j) - \pi_i^e(c_j)}{\pi_i^h(c_i) - \pi_i^{\min}(c_i)}$$

$$\pi_j^e(b_j) = \frac{\left[\pi_j^h(b_j) + \pi_j^l(b_j)\right]}{2}$$

上述第一个友善函数是用来表示 i 对 j 的善意程度,第二个友善函数是用来衡量 i 认为 j 对 i 的善意程度。其中,a_i 是 i 的策

第七章 基于私人公平偏好的 PPP 项目补偿契约有效性

略；b_j 是 i 关于 j 策略的信念；c_i 是 i 的信念中 j 认为 i 采取的策略；$\pi_j^h(b_j)$、$\pi_j^l(b_j)$ 是 i 相信 j 选取 b_j 时在帕累托有效下 j 可能得到的最大效益和最小效益；$\pi_j^e(b_j)$ 是 i 采取策略给 j 带来的公平收益；$\pi_j^{\min}(b_j)$ 是 j 可能得到的最小收益；其他符号以此类推。

于是，Rabin 给出了两人博弈中参与者 i 的效用函数如下：

$$U_i(a_i,b_j,c_i) \equiv \pi_i(a_i,b_j) + \tilde{f}_j(b_j,c_i) \cdot [1+f_i(a_i,b_j)]$$

参与者 i 的效用函数表明，参与者 i 的效用除了与直接收益有关外，还与 j 对 i 的善意程度以及 i 对 j 的善意程度有关。所以，当第二个友善函数大于零时，说明 j 对 i 是善意的，则 i 可以通过调整 a_i 来增加第一个友善函数的值，以做出善意的回应；反之，则通过调整 a_i 来减少第一个友善函数的值，以对 j 做出惩罚。

综述所述，收入分配公平偏好模型只强调收益分配公平，以标准博弈论为分析工具，具有模型参数少，结构简单，只存在唯一均衡结果，行为预测能力强，可操作性好等优点。然而，互惠公平偏好模型由于包含了对他人意图的信念，模型参数多，结构非常复杂，并且可能存在多个均衡结果，行为预测能力差，因而会限制这类模型的应用。事实上，互惠公平偏好模型和收入分配公平偏好模型各有优点和缺点，而且人们的决策行为可能同时受到这两种偏好的共同影响，所以学者们目前正尝试将互惠公平偏好和收入分配公平偏好相互融合，以构建统一的模型来研究人们对公平的感知行为，这也为本章研究 PPP 项目投资者的公平偏好行为提供了有益的借鉴。

二、PPP项目政府补偿的公平问题与模型构建

PPP项目由于收益的高风险性，往往需要政府给予私人投资者一定的补偿方可实施。而政府补偿对私人投资者是否公平，需要私人投资者感知后方可形成，即形成私人的公平偏好。如何刻画私人投资者的公平偏好，并将其引入政府补偿契约研究中？将通过建立私人投资者的公平偏好效用模型，运用主从博弈的方法对政府补偿契约问题进行行为建模。

(一) 私人投资者的公平偏好及效用表示

在PPP项目的风险环境下，私人投资者究竟会做出怎样的决策，一般需要综合考虑多方面的因素，但最为关键的一个决定性因素就是该项目能为私人投资带来多大的期望收益。PPP项目的期望收益主要表现在两方面：首先是私人投资者在PPP项目特许期限内运营该项目所获得的收益；其次是政府将给予私人投资者的补偿(包括负补偿)。

当政府补偿是通过契约方式给予私人时，私人投资者是否会接受政府的补偿契约？这不仅要看补偿对私人投资收益有何影响，更要看补偿对私人是否公平。政府补偿是否公平在较大程度上依赖于私人对公平的感知或私人的公平偏好，因为已有大量的实验和实证表明，处于弱势地位的决策者更倾向于关注收益的公平性(Fehr & Schmidt, 1999; Bolton & Ockenfels, 1993)，而私人相对政府一般都处于弱势或从属地位。而且实践证明，私人投

第七章 基于私人公平偏好的 PPP 项目补偿契约有效性

资 PPP 项目时,由于承担了一定的收益风险,必然要求获得相应的风险补偿收益,所以私人对补偿的公平偏好或公平感知并不会以政府收益或项目的社会效益作为公平比较对象,而会将自己承担风险的投入收益之比与市场的平均风险收益比做比较,或者是将自己投资的期望收益与其要求政府准予的特许收益做比较。私人投资要求的特许收益可结合式(3-2)表示为:

$$R_p = TR_0(C) = iC = r_f C + \eta \sigma_r T \qquad (7-1)$$

其中 σ_r 表示项目收益风险,即 $\tilde{R}$ 的标准差;r_f 表示无风险利率,通常取国债利率;η 表示风险补偿系数,指项目通过市场运营的单位时间内的风险溢价(吴孝灵等,2012)。

式(7-1)表明,私人投资要求的特许收益包括两部分:一部分是私人投入建设成本而应获得的无风险补偿收益;另一部分是私人承担运营风险而应获得的风险补偿收益。这既说明政府补偿应体现"多投资多收益、少投资少收益"和"风险收益对等"的公平原则,也说明私人投资要求的特许收益是公平的、合理的。

为此,借鉴 BO 模型(Bolton & Ockenfels,1993)的思想,以私人投资要求的特许收益作为其公平参考点,并通过对 FS 模型(Fehr & Schmidt,1999)加以改进,构建私人公平偏好的效用函数如下:

$$U_P = \alpha \prod_P - \beta(R_0 - \prod_P), (\alpha, \beta \geqslant 0) \qquad (7-2)$$

其中,$\prod_P$ 表示私人投资项目而将获得的实际利润,如式

(3-4)所述;α 表示私人对自己所获利润Π_P的边际效用,反映私人对利润的偏好程度;β 表示私人对其所获利润 $\prod_P$ 超出或低于参照点 R_0 的边际效用,反映私人对不公平的敏感程度。在此,分别称 α 和 β 是私人的利润偏好系数与公平偏好系数。

式(7-2)表明,私人的实际效用包括两部分:一部分是私人投资获取利润产生的效用,另一部分是私人感知补偿不公平时产生的效用。就是说,如果补偿使私人实际利润大于其要求的特许收益,即 $\prod_P > R_0$,则私人会感到补偿是有利不公平,β 反映私人感知这种不公平时产生正效用的程度,其值越大,说明私人越愿意接受补偿;否则,如果 $\prod_P < R_0$,则 β 反映私人感知不利不公平时产生负效用的程度,其值越大,说明私人越不愿接受补偿。

(二) PPP 项目政府补偿问题的博弈模型构建

鉴于 PPP 项目补偿契约签订之前,政府部门居主导地位,私人部门居从属地位,考虑政府首先从项目社会效益最大化的角度进行补偿决策,然后私人根据政府补偿而对项目进行投资决策,以最大化其投资的期望效用。于是,政府补偿契约的最优设计问题,即如何确定最优补偿契约参数 S_0^* 和 S_1^*,以及如何预测项目的最优投资 C^*,在本质上就转化为政府部门与私人部门之间的主从对策问题,即可用两阶段的优化模型表示如下:

$$\max_{(S_0,S_1)} E[\prod_G(\tilde{S},C)] = \frac{V(C)}{T} - \bar{r} + E[\prod_P] - \lambda E[\tilde{S}]$$

(7-3)

第七章 基于私人公平偏好的 PPP 项目补偿契约有效性

$$\text{s. t. } C \geqslant C^b \quad (7-4)$$

$$E[U_P] = (\alpha+\beta)E[\prod_P] - \beta R_0 \geqslant \alpha\bar{\pi}_p \quad (7-5)$$

$$\max_C E_{u_p} = E[U_P] = (\alpha+\beta)E[\prod_P] - \beta R_0 \quad (7-6)$$

其中 E 表示求期望,$\bar{r}$ 表示 $\widetilde{R}$ 的期望,C^b 表示项目的最低投资成本,$\bar{\pi}_p$ 表示私人不接受该补偿契约时而能在市场上获得的其他机会收益,$\alpha\bar{\pi}_p$ 表示私人不接受此契约时而能获得的相应最大期望保留效用。

如果设 (C^*, S_0^*, S_1^*) 表示上述问题的均衡解,则式(7-3)表示政府设计补偿契约参数 S_0^* 和 S_1^* 是要最大化项目预期社会效益;式(7-4)表示项目预计投资 C^* 不能低于最低投资成本,即投资约束;式(7-5)表示私人投资的期望效用不能低于其保留效用,即参与约束;式(7-6)表示政府由于很难监测到私人实际投资行为而只能通过假设私人投资期望效用最大化来预测项目投资,即激励相容约束。

三、基于公私博弈分析的 PPP 项目补偿契约激励性

上述模型(7-3)~(7-6)是基于私人实际投资无法监测而构建的,而如果私人投资可被政府完全监控,则项目的任何投资都可通过满足投资约束和私人参与约束的强制性契约来实现,即政府最优补偿契约等价于求解如下优化问题:

$$\max_{(C, S_0, S_1)} E[\prod\nolimits_G (S_0, S_1, C)] = E[\prod\nolimits_G (\widetilde{S}, C)] = \frac{V(C)}{T} - \bar{r} +$$

$$E[\prod_P] - \lambda E[\tilde{S}] \quad (7-7)$$

$$\text{s. t. } C \geqslant C^b \quad (7-8)$$

$$E[U_P] = (\alpha+\beta)E[\prod_P] - \beta R_0 \geqslant \alpha \bar{\pi}_p \quad (7-9)$$

为了区别模型(7-3)~(7-6),称上述优化问题(7-7)~(7-9)为信息对称问题,而称模型(7-3)~(7-6)为信息不对称问题,并将信息对称问题的最优解(first-best)记作(C^{FB}, S_0^{FB}, S_1^{FB})。通过对这两种问题分别进行求解,可有如下命题及其结论。

(一) 信息对称情形

当私人实际投资可被政府完全观测时,PPP项目政府补偿契约的设计问题即可用模型(7-7)~(7-9)来表示,这里称为信息对称问题。如果对该问题求最优解,则有命题7.1及其结论如下。

命题 7.1 信息对称情形下,政府最优补偿契约参数 S_0^{FB} 和 S_1^{FB} 满足:

$$V'(C^{FB}) \leqslant \lambda + \frac{\beta(\lambda-1)r_f}{\alpha+\beta} \quad (7-10)$$

$$S_0^{FB} + \frac{R_0(C^{FB}) - \bar{r}}{R_0(C^{FB})} S_1^{FB} = \frac{C^{FB}}{T} + x_1 \bar{\pi}_p + x_2 R_0(C^{FB}) - \bar{r}$$

$$(7-11)$$

其中,式(7-10)在 $C^{FB} > C^b$ 时取得等号,式(7-11)中的系数 $x_i(i=1,2)$ 由私人投资者的利润偏好系数 α 和公平偏好系数 β 决定,即:

第七章 基于私人公平偏好的 PPP 项目补偿契约有效性

$$x_1 = \frac{\alpha}{\alpha+\beta}, x_2 = \frac{\beta}{\alpha+\beta} \qquad (7-12)$$

证明 信息对称情形下,政府的优化问题可通过 Lagrange 函数转化为:

$$L(S_0, S_1, C, \mu, \nu) = E[\prod_G(S_0, S_1, C)] + \mu(C - C^b) +$$
$$\nu(E[U_p] - \alpha \bar{\pi}_p) \Rightarrow \max \qquad (7-13)$$

其中 $\mu \geqslant 0$ 和 $\nu \geqslant 0$ 分别是约束条件 (7-8) 和 (7-9) 对应的 Lagrange 乘子。

根据式 (7-13),信息对称情形下政府优化问题的 Kuhn-Tucker 条件为:

$$\frac{\partial L}{\partial S_0} = 1 - \lambda + \nu(\alpha+\beta) = 0 \Rightarrow \nu = \frac{\lambda-1}{\alpha+\beta} \qquad (7-14)$$

$$\frac{\partial L}{\partial S_1} = [1 - \lambda + \nu(\alpha+\beta)]\frac{R_0(C) - \bar{r}}{R_0(C)} = 0 \Rightarrow \frac{\partial L}{\partial S_1} \equiv 0 \quad (7-15)$$

$$\nu \frac{\partial L}{\partial \nu} = \nu(E[u_p] - \alpha \bar{\pi}_p) = 0 \Rightarrow E[\tilde{S}] = \frac{\alpha \bar{\pi}_p + \beta R_0(C)}{\alpha+\beta} + \frac{C}{T} - \bar{r}$$
$$(7-16)$$

$$\frac{\partial L}{\partial C} = \frac{1}{T}\left[V'(C) - \lambda - \frac{(\lambda-1)\beta r_f}{\alpha+\beta}\right] + \mu = 0 \qquad (7-17)$$

$$\mu \frac{\partial L}{\partial \mu} = \mu(C - C^b) = 0 \qquad (7-18)$$

首先,由式 (7-17),并结合 $\mu \geqslant 0$,可推得信息对称情形下的最优解 C^{FB} 满足式 (7-10)。

其次,根据式 (7-18) 可知,当 $C^{FB} > C^b$ 时,必有 $\mu = 0$,从而再

由式(7-17),可推得式(7-10)取等号。

最后,如果将式(7-12)所定义的 $x_i(i=1,2)$ 代入式(7-16),则结合式(3-1)可知,信息对称情形下的政府最优补偿契约参数 S_0^{FB} 和 S_1^{FB} 满足式(7-11)。

证毕.

命题7.1 表明,当 $C^{FB}>C^b$ 时,式(7-10)必然取等号,此时如果对方程两边求关于 β 的导数,则可解得:

$$\frac{\partial C^{FB}}{\partial \beta}=\frac{\alpha(\lambda-1)r_f}{(\alpha+\beta)^2 V''(C^{FB})}<0 \qquad (7-19)$$

式(7-19)表明,项目的最优初始投资将随私人公平偏好的增加而减少。所以,在信息对称情形下,要使项目的最优投资大于项目最低投资成本(即 $C^{FB}>C^b$),政府只能允许私人存在有限公平偏好,即私人公平偏好系数 β 应满足:

$$V'(C^{FB})<V'(C^b) \Rightarrow \beta<\frac{\alpha(V'(C^b)-\lambda)}{(\lambda-1)r_f+\lambda-V'(C^b)} \qquad (7-20)$$

所以说,对称信息情况下,政府的最优补偿契约 $\widetilde{S}^{FB}$ 对公平偏好系数 β 较低的私人投资者表现出较强的投资激励性,而对公平偏好系数 β 较高的私人投资者的激励性不太明显。

(二) 信息不对称情形

事实上,对于私人的实际投资情况,政府一般很难观测到,只能通过激励相容约束来预测。所以,PPP项目政府补偿契约的设计问题实际上就是信息不对称问题,它可用模型(7-3)~(7-6)

第七章 基于私人公平偏好的 PPP 项目补偿契约有效性

表示。如果对该问题求最优解,则有命题 7.2 和命题 7.3 及其结论如下。

命题 7.2 信息不对称问题的最优解 (C^*, S_0^*, S_1^*) 可由如下方程确定：

$$C^* = C^{FB} \tag{7-21}$$

$$\left[\left(\frac{(\alpha+\beta)\bar{r}S_1^*}{(\alpha+\beta)r_f+\beta r_f^2}\right)^{\frac{1}{2}} - \frac{\eta\rho_r}{r_f}\right]T = C^{FB} \tag{7-22}$$

$$S_0^* + S_1^*\left[1 - \frac{\bar{r}}{R_0(C^{FB})}\right] = \frac{C^{FB}}{T} + \frac{\alpha\bar{\pi}_p + \beta R_0(C^{FB})}{\alpha+\beta} - \bar{r} \tag{7-23}$$

其中 C^{FB} 是上述信息对称问题的最优解。

证明 在信息不对称时,由于政府补偿契约设计问题是典型的主从博弈问题,所以根据逆向归纳法,信息不对称问题的最优解等价于求解如下优化问题：

$$\max_{(S_0,S_1)} E[\prod_G(S_0,S_1,C_s^*)] = \frac{V(C_s^*)-C_s^*}{T} + (1-\lambda)\Big[S_0 + S_1\Big(1-\frac{\bar{r}}{R_0(C_s^*)}\Big)\Big] \tag{7-24}$$

$$\text{s. t. } C_S^* \geqslant C^b \tag{7-25}$$

$$E[U_P^*] = (\alpha+\beta)\Big[\bar{r}+S_0+S_1\Big(1-\frac{\bar{r}}{R_0(C_S^*)}\Big) - \frac{C_S^*}{T}\Big] - \beta R_0(C_S^*) \geqslant \alpha\bar{\pi}_p \tag{7-26}$$

$$C_S^* = \left[\left(\frac{(\alpha+\beta)\bar{r}S_1}{(\alpha+\beta)r_f+\beta r_f^2}\right)^{\frac{1}{2}} - \frac{\eta\rho_r}{r_f}\right]T \in \underset{C}{\operatorname{argmax}} E[U_p] \tag{7-27}$$

上述优化问题(7-24)~(7-27)的 Lagrange 函数为：

$$L(S_0,S_1,\xi,\psi)=E[W(S_0,S_1,C_S^*)]+\xi(C_S^*-C^b)+$$
$$\psi(E[U_p^*]-\alpha\bar{\pi}_p) \qquad (7-28)$$

其中 $\xi \geqslant 0$ 和 $\psi \geqslant 0$ 分别是约束条件(7-25)和(7-26)的 Lagrange 乘子。

根据式(7-28)，信息不对称问题的最优解 (C^*,S_0^*,S_1^*) 满足 Kuhn-Tucker 条件如下：

$$\frac{\partial L}{\partial S_0}=1-\lambda+\psi(\alpha+\beta)=0 \Rightarrow \psi=\frac{\lambda-1}{\alpha+\beta} \qquad (7-29)$$

$$\frac{\partial L}{\partial S_1}=\left\{\frac{1}{T}\left[V'(C_S^*)-\lambda-\frac{(\lambda-1)\beta r_f}{\alpha+\beta}\right]+\xi\right\}\frac{\partial C_S^*}{\partial S_1}=0 \qquad (7-30)$$

$$\xi\frac{\partial L}{\partial \xi}=\xi(C_S^*-C^b)=0 \qquad (7-31)$$

$$\psi\frac{\partial L}{\partial \psi}=\psi(E[U_p^*]-\alpha\bar{\pi}_p)=0 \Rightarrow E[\widetilde{S}]=\frac{\alpha\bar{\pi}_p+\beta R_0(C_S^*)}{\alpha+\beta}+\frac{C_S^*}{T}-\bar{r}$$
$$(7-32)$$

通过令 $C^*=C_S^*(S_1^*)$，可以证明 $C^*=C^{FB}$。因为由式(7-27)可知 $\partial C_S^*/\partial S_1 > 0$，故式(7-30)与(7-17)等价，又因为式(7-31)与(7-18)等价，式(7-32)与(7-16)等价，所以必然有 $C^*=C_S^*(S_1^*)=C^{FB}$。

于是，再结合式(7-32)，可推得式(2-1)所述的最优补偿契约参数 S_0^* 和 S_1^* 满足式(7-22)和式(7-23)。

证毕.

第七章 基于私人公平偏好的 PPP 项目补偿契约有效性

命题 7.3 如果信息不对称下的最优补偿契约参数 S_1^* 满足：$S_1^* = \phi$，则该契约将使私人事后利润无风险；否则，如果 $S_1^* \neq \phi$，则私人风险可用其实际利润的标准差表示为：

$$\sigma_p^* = \sqrt{Var[\prod{}_P^*]} = |1 - \sqrt{S_1^*/\phi}|\sigma_r \quad (7-33)$$

其中 ϕ 定义如下：

$$\phi = \frac{\bar{r}r_f(\alpha+\beta)}{\alpha+\beta+\beta r_f} \quad (7-34)$$

证明 根据命题 7.2，由式(7-22)可得：

$$\frac{S_1^*}{R_0(C^*)} = \sqrt{\frac{S_1^*(\alpha+\beta+\beta r_f)}{r_f \bar{r}(\alpha+\beta)}} = \sqrt{\frac{S_1^*}{\phi}} \quad (7-35)$$

于是，结合式(7-35)和式(7-34)，根据式(3-4)可将私人投资者的事后利润在最优补偿契约 $\widetilde{S}^*$ 下表示为：

$$\prod{}_P^* = S_0^* + S_1^* + \tilde{R}\left[1 - \sqrt{\frac{S_1^*}{\phi}}\right] - \frac{C^*}{T} \quad (7-36)$$

由式(7-36)可知，当 $S_1^* = \phi$ 时，$\prod{}_P^*$ 为确定变量，即私人事后利润无风险；而当 $S_1^* \neq \phi$ 时，可计算 $\prod{}_P^*$ 的标准差如式(7-33)所述。

证毕.

命题 7.2 首先意味着，尽管私人对 PPP 项目的实际投资无法被政府观测，但可通过私人投资者的激励相容约束预测私人存在最优投资策略 C_S^*，并当 $S_1 \neq 0$ 时，$\partial C_S^*/\partial S_1 > 0$，$\partial C_S^*/\partial \beta < 0$，$\partial^2 C_S^*/\partial S_1 \partial \beta < 0$，即政府补偿契约能够激励私人对项目的最优投

资随着运营补偿额度的增加而增加,但该激励性会随着私人公平偏好的增加而降低,也就是说,就私人最优投资策略而言,政府补偿契约参数 S_1^* 与私人公平偏好系数 β 是不可战略互补的。所以说,有必要考虑私人公平偏好对政府补偿契约参数的影响,以合理选择契约参数。

另外,命题 7.2 也表明,信息不对称下的最优补偿契约 $\widetilde{S}^*$ 能够诱导私人选择信息对称情形下的最优投资,即 $C^* = C^{FB}$,这充分说明了政府补偿契约对私人投资者有着较好的激励性。然而,该契约对私人投资者的激励性并不是表现在私人收益风险的降低或消除。因为根据命题 7.3 中的式(7-33)可知,当 $S_1^* \in (\phi, +\infty)$ 时, $d\sigma_p^*/dS_1^* > 0$,即私人收益风险将随着运营补偿的增加而上升,这较好地说明了政府补偿是要让私人获取高收益的同时承担相应的高风险;而当 $S_1^* \in (0, \phi)$ 时, $d\sigma_p^*/dS_1^* < 0$,且 $\partial \phi/\partial \beta < 0$,即私人收益风险随着运营补偿的增加而降低,并对公平偏好较高的私人投资者较为敏感,此时说明政府补偿较低而使私人收益风险较高,政府有必要增加补偿来降低私人收益风险,以使私人感到补偿的公平性。所以说,政府补偿的激励性应更多地体现"风险收益对等"的公平原则。

四、PPP 项目政府最优补偿契约设计及其有效性

以上分析表明,政府补偿契约对私人投资 PPP 项目有着较好的公平激励性。但对于政府而言,补偿的最终目的是要让项目产

第七章 基于私人公平偏好的 PPP 项目补偿契约有效性

生预期的最优社会效益,这就意味着政府的最优补偿契约并不一定是社会有效的。政府如何设计有效补偿契约,补偿的有效性与私人公平偏好究竟存在什么关系?要对这些问题进行解析性分析,还有必要先给出两个假设如下。

假设 7.1 根据 $V'(C)>0$ 和 $V''(C)<0$,不妨假设 $V(C)$ 具有如下形式:

$$V(C) = \frac{k}{\theta}C^\theta, (k>0, 0<\theta<1) \quad (7-37)$$

其中 k 表示项目投资的社会价值系数,θ 表示项目投资价值的弹性(保罗,威廉,2008)。

假设 7.2 要使 $C^{FB}>C^b$ 或 $V'(C^{FB})<V'(C^b)$ 成立,根据式 (7-10),不妨假设 β 满足:$0<\beta<\beta^p$,其中 β^p 定义为:

$$\beta^p = \frac{\alpha(V'(C^b)-\lambda)}{(\lambda-1)r_f + \lambda - V'(C^b)} \quad (7-38)$$

之所以给出上述假设 7.1 和假设 7.2,其主要原因如下:

(1)项目投资产生的社会价值 $V(C)$ 随着项目投资 C 的增加而增大,但边际社会价值 $V'(C)$ 随着项目投资 C 的增加而减小,所以 $V(C)$ 的函数解析式需要满足 $V'(C)>0$ 和 $V''(C)<0$,而式 (7-33)不仅满足该条件,而且引入弹性系数 θ 能够更好地刻画项目社会价值的变化对投资变化的灵敏度。

(2)如果 $C^{FB}=C^b$,则根据命题 7.1 可知,C^b 必满足:

$$V'(C^b) < \lambda + (\lambda-1)r_f = \lim_{\beta \to +\infty}\left[\lambda + \frac{\beta(\lambda-1)r_f}{\alpha+\beta}\right] \quad (7-39)$$

式(7-39)意味着,此时政府允许私人公平偏好系数 β 无限大。事实上,当项目的最优初始投资为 C^b 时,C^{FB} 已与私人的公平偏好系数 β 无关。所以,为了进一步研究私人公平偏好对项目最优投资和政府最优补偿契约的影响,有必要考察 $C^{FB}>C^b$ 情形。而要使 $C^{FB}>C^b$,则由式(7-20)可知,私人公平偏好系数 β 需满足:$0<\beta<\beta^b$。

在上述假设 7.1 和假设 7.2 下,以下可给出政府最优补偿契约 $\tilde{S}^*$ 的解并讨论其有效性。

(一) 最优补偿契约设计

由于私人实际投资决策很难被政府完全监测到,所以只好考虑政府提供信息不对称下的最优补偿契约 $\tilde{S}^*$。于是,根据命题 7.2,并结合假设 7.1 和假设 7.2,有命题 7.4 及其结论如下。

命题 7.4 在信息不对称情形下,基于政府最优补偿契约 $\tilde{S}^*$ 的公私博弈均衡解 (C^*, S_0^*, S_1^*) 可由以下各式分别给出:

$$C^* = \left[\frac{\lambda}{k} + \frac{(\lambda-1)\beta r_f}{(\alpha+\beta)k}\right]^{\frac{1}{\theta-1}} \qquad (7-40)$$

$$S_0^* = \frac{C^*}{T} + \frac{\alpha \bar{\pi}_p}{\alpha+\beta} - \bar{r} - \frac{(\alpha+\beta)R_0^2(C^*) - [\beta\phi + \bar{r}(\alpha+\beta)]R_0(C^*)}{\phi(\alpha+\beta)}$$

$$(7-41)$$

$$S_1^* = \frac{R_0^2(C^*)}{\phi} \qquad (7-42)$$

其中 ϕ 由式(7-34)所定义。

证明 根据假设 7.2,即 $0<\beta<\beta^b$,并结合式(7-10),可推得

第七章 基于私人公平偏好的 PPP 项目补偿契约有效性

下式成立：

$$V'(C^b) > \lambda + \frac{(\lambda-1)\beta r_f}{\alpha+\beta} \geqslant V'(C^{FB}) \qquad (7-43)$$

由式(7-43)，并结合 $V'(C)$ 递减，则必有 $C^{FB} > C^b$，从而根据命题 7.1 可知式(7-10)必然取等号。于是，在假设 7.1 下，再由式(7-10)取等号可解得项目的最优投资 C^* 如式(7-40)所示。

将式(7-40)再代入式(7-22)和式(7-23)，并联立方程组可解得 S_0^* 和 S_1^* 如式(7-41)和式(7-42)所述。

证毕.

命题 7.4 表明，如果私人公平偏好系数 β 满足假设 7.2，则信息不对称下的政府最优补偿契约 $\widetilde{S}^*$ 可由式(7-41)和式(7-42)给定的契约参数 S_0^* 和 S_1^* 确定。而且，根据式(7-40)还可推得：

$$\frac{\partial C^*}{\partial \beta} = -\frac{(\lambda-1)\alpha k r_f C^*}{(1-\theta)(\alpha+\beta)[(\alpha+\beta)\lambda+(\lambda-1)\beta r_f]} < 0 \quad (7-44)$$

$$\lim_{\beta \to \beta^{b-}} C^* = \left[\frac{\lambda}{k} + \frac{(\lambda-1)r_f}{k} \cdot \frac{\beta^b}{\alpha+\beta^b}\right]^{\frac{1}{\theta-1}} = \left[\frac{V'(C^b)}{k}\right]^{\frac{1}{\theta-1}} = C^b$$

$$(7-45)$$

$$\lim_{\beta \to 0^+} C^* = \left(\frac{k}{\lambda}\right)^{\frac{1}{1-\theta}} = C^M \qquad (7-46)$$

式(7-44)、(7-45)和(7-46)表明，信息不对称下的政府最优补偿契约 $\widetilde{S}^*$ 将使项目的最优投资与私人公平偏好系数 β 呈负相关关系，并当私人存在有限公平偏好时，即公平偏好系数 β 满足：$0 < \beta < \beta^b$，可以预测项目的最优投资将在有限范围内，即 $C^* \in (C^b, C^M)$。

(二) 最优补偿契约有效性

根据命题7.4,如果将式(7-40)、(7-41)和(7-42)分别代入式(7-24),则项目在特许期内的最优预期社会效益可表示为:

$$W_T^* = \frac{k(1-\theta)(C^*)^\theta}{\theta} - T(\lambda-1)\left[\frac{\alpha\bar{\pi}_p + \beta\eta\sigma_r}{\alpha+\beta} - \bar{r}\right] \quad (7-47)$$

式(7-47)表示政府采取最优补偿契约 $S^*(\cdot)$ 时,项目在特许期 T 内产生的预期社会效益,记作 W_T^*,它实际上是式(7-24)的最优值 T 期化。

然而,政府采取的最优补偿契约 $S^*(\cdot)$ 能否使PPP项目产生预期的最优社会效益,还有必要考虑政府补偿的社会效益约束。如果假设政府对项目的预期最优社会效益非负,则式(7-47)不小于零就可表示政府补偿的社会效益约束,并称满足社会效益约束的最优补偿契约 $S^*(\cdot)$ 是有效的。显然,W_T^* 的值越大,$S^*(\cdot)$ 的社会有效性或社会效率越大。

为了讨论私人公平偏好对政府补偿有效性的影响,不妨将 W_T^* 仅仅看作是 β 的函数,并记作 $W_T^*(\beta)$。于是,由式(7-47)可推得命题7.5及其结论如下.

命题 7.5 如果 $r_f = 0$,则 $\partial W_T^*/\partial\beta > 0$ 当且仅当 $\bar{\pi}_p > \eta\sigma_r$;而如果 $r_f > 0$,则 $\partial W_T^*/\partial\beta$ 的符号不仅依赖于 $\bar{\pi}_p$ 的范围,还与 β 取值有关,具体如表7-1所示,其中参数 $\beta_0 \in (0, \beta')$ 是如下方程的唯一解:

$$\lambda + \frac{(\lambda-1)r_f\beta_0}{\alpha+\beta_0} = k\left[\frac{r_f}{T(\bar{\pi}_p - \eta\sigma_r)}\right]^{1-\theta} \quad (7-48)$$

第七章 基于私人公平偏好的 PPP 项目补偿契约有效性

表 7-1 私人公平偏好对政府补偿有效性的影响

$\partial W_T^{SB}/\partial \beta$ 符号	$\bar{\pi}_p$ 取值范围	补偿有效性条件
$-,\beta\in(0,\beta')$	$(0,R_0(C^b)]$	$W_T^{SB}(\beta')\geqslant 0$
$-,\beta\in(0,\beta_0)$	$(R_0(C^b),R_0(C^M))$	$W_T^{SB}(\beta_0)\geqslant 0$
$+,\beta\in(\beta_0,\beta')$		
$+,\beta\in(0,\beta')$	$[R_0(C^M),+\infty)$	$W_T^{SB}(0)\geqslant 0$

注：表 7-1 中 $R_0(C^b)$ 和 $R_0(C^M)$ 由命题 7.4 可解释成公平偏好为 β' 和公平中性的私人分别对项目最优投资为 C^b 和 C^M 时而要求的单期特许收益，即政府准予有限公平偏好私人投资者的最小和最大特许收益。

证明 根据命题 7.4，如果定义 $h(\beta)=\bar{\pi}_p-R_0(C^*)$，则 $h(\beta)$ 满足：

$$\lim_{\beta\to 0^+}h(\beta)=\bar{\pi}_p-\eta\sigma_r-r_fC^MT^{-1}=\bar{\pi}_p-R_0(C^M) \quad (7-49)$$

$$\lim_{\beta\to \beta'^-}h(\beta)=\bar{\pi}_p-\eta\sigma_r-r_fC^bT^{-1}=\bar{\pi}_p-R_0(C^b) \quad (7-50)$$

$$\frac{\partial h(\beta)}{\partial \beta}=-\frac{r_f}{T}\cdot\frac{\partial C^*}{\partial \beta}>0 \quad (7-51)$$

而且，根据式（7-47）可推得：

$$\frac{\partial W_T^*}{\partial \beta}=\frac{\alpha(\lambda-1)}{(\alpha+\beta)^2}[T(\bar{\pi}_p-\eta\sigma_r)-r_fC^*]=\frac{\alpha(\lambda-1)T}{(\alpha+\beta)^2}h(\beta)$$

$$(7-52)$$

于是，当 $r_f=0$ 时，由式（7-52）可知，$\partial W_T^*/\partial \beta>0$ 当且仅当 $\bar{\pi}_p>\eta\sigma_r$；而当 $r_f>0$ 时，则可通过 $\bar{\pi}_p$ 与 $R_0(C^b)$、$R_0(C^M)$ 的大小比较来讨论 $h(\beta)$ 符号，进而判定 $\partial W_T^*/\partial \beta$ 的符号。

(1) 如果 $\bar{\pi}_p$ 满足：$\bar{\pi}_p \leqslant R_0(C^b)$，则有 $\lim\limits_{\beta \to \beta^-} h(\beta) \leqslant 0$，从而由式 (7-51)，即 $h(\beta)$ 严格递增，可推得 $h(\beta) < 0$，进而 $\partial W_T^* / \partial \beta < 0$。所以，此时 $W_T^*(\beta) \geqslant 0$ 的条件为 $W_T^*(\beta^b) \geqslant 0$。

(2) 如果 $\bar{\pi}_p$ 满足：$\bar{\pi}_p \geqslant R_0(C^M)$，则有 $\lim\limits_{\beta \to 0^+} h(\beta) \geqslant 0$，从而由式 (7-51)，可断定 $h(\beta) > 0$，进而 $\partial W_T^* / \partial \beta > 0$。所以，此时 $W_T^*(\beta) \geqslant 0$ 的条件为 $W_T^*(0) \geqslant 0$。

(3) 如果 $\bar{\pi}_p$ 满足：$R_0(C^b) < \bar{\pi}_p < R_0(C^M)$，则有 $\lim\limits_{\beta \to 0^+} h(\beta) < 0$，而 $\lim\limits_{\beta \to \beta^-} h(\beta) > 0$。从而结合式 (7-51) 可知，方程 $h(\beta) = 0$ 必存在唯一解 $\beta_0 \in (0, \beta^b)$，即 β_0 满足方程 (7-48)。因此，当 $\beta \in (0, \beta_0)$ 时，由 $h(\beta)$ 的递增性可知 $h(\beta) < h(\beta_0) = 0$，进而可以判定 $\partial W_T^* / \partial \beta < 0$；而当 $\beta \in (\beta_0, \beta^b)$ 时，由 $h(\beta)$ 的递增性可知 $h(\beta) > h(\beta_0) = 0$，进而可判定 $\partial W_T^* / \partial \beta > 0$。所以，此时 $W_T^*(\beta) \geqslant 0$ 的条件为 $W_T^*(\beta_0) \geqslant 0$。

综合上述 (1)，(2) 和 (3) 可知，命题 7.5 得证。

证毕.

命题 7.5 表明，私人公平偏好对政府补偿有效性影响并不是一般意义上的正相关或负相关，而是依赖于私人投资的机会收益与政府准予的特许收益之间大小比较，可按私人投资者是否存在无风险投资机会进行不同讨论。

当私人不存在无风险投资机会或只能在完全风险下投资时，即 $r_f = 0$，政府补偿的社会有效性与私人公平偏好表现出一致性的条件是私人要求的特许收益严格小于其机会收益，否则二者之

第七章 基于私人公平偏好的 PPP 项目补偿契约有效性

间负相关。然而,当私人存在无风险投资机会或投资存在无风险情形时,即 $r_f>0$,则由表 7-1 可将私人公平偏好对政府补偿有效性影响表述如下:

(1) 如果私人投资的机会收益不大于政府准予的最低特许收益,即 $\bar{\pi}_p \leqslant R_0(C^b)$,则补偿有效性将随私人公平偏好的增加而减小,即二者呈负相关关系。所以,此时补偿有效的条件是私人最大公平偏好 β^p 满足:$W_T^*(\beta^p) \geqslant 0$。

(2) 如果私人投资的机会收益介于政府准予的最低特许收益与最高特许收益之间,即 $R_0(C^b)<\bar{\pi}_p<R_0(C^M)$,则补偿有效性将随私人公平偏好的增加在 $(0,\beta_0)$ 和 (β_0,β^p) 内先减小后增加。所以,政府补偿有效的条件为 β_0 满足:$W_T^*(\beta_0) \geqslant 0$。

(3) 如果私人投资的机会收益不小于政府准予的最大特许收益,即 $\bar{\pi}_p \geqslant R_0(C^M)$,则政府补偿有效性与私人的公平偏好正相关,即二者之间具有一致效应。所以,政府补偿是有效的条件为 $W_T^*(0) \geqslant 0$。

由此可见,政府最优补偿契约的社会有效性性与私人公平偏好之间既可能是对立的,也可能是统一的,政府必须对私人投资者的机会收益与其要求的特许收益或风险补偿收益进行适当权衡,才有可能确定更加有效的补偿机制。

(三) 政府有效补偿对策

综合考虑私人投资者的利润偏好和对政府补偿的公平偏好,

可将私人投资要求的风险补偿收益与其机会收益进行加权平均如下:

$$l(\bar{\pi}_p,\sigma_r)=\frac{\alpha}{\alpha+\beta}\bar{\pi}_p+\frac{\beta}{\alpha+\beta}\eta\sigma_r \qquad (7-53)$$

式(7-53)表示私人投资者的机会收益 $\bar{\pi}_p$ 与其要求风险补偿收益 $\eta\sigma_r$ 的凸组合,简称组合收益,记作 $l(\bar{\pi}_p,\sigma_r)$ 。

根据式(7-53),还可将式(7-47)的非负性通过下式表示为:

$$[l(\bar{\pi}_p,\sigma_r)-\bar{r}]T\leqslant\frac{k(1-\theta)(C^*)^\theta}{\theta(\lambda-1)} \qquad (7-54)$$

同时,结合式(7-53),政府给予私人投资者在特许期 T 内的期望补偿可通过下式表示为:

$$E[T\tilde{S}^*]=\left(1+\frac{\beta r_f}{\alpha+\beta}\right)C^*+[l(\bar{\pi}_p,\sigma_r)-\bar{r}]T \qquad (7-55)$$

根据式(7-54),并结合式(7-55),可通过私人投资者要求的组合收益与项目期望收益的不同比较,给出政府在不同情景下的有效补偿机制如下。

情景一: $l(\bar{\pi}_p,\sigma_r)>\bar{r}$

如果私人投资要求的组合收益相对项目期望收益较大,即 $l(\bar{\pi}_p,\sigma_r)>\bar{r}$,则要使补偿产生预期的正社会效益,政府可对 PPP 项目采取 BT(Build-Transfer)模式或承建制模式,即在项目建设完成(即 $T\rightarrow 0$)时,政府按照事前约定,给予私人投资者或承建者一定的费用和报酬补偿(Ye & Liu, 2008)。此时,由于项目运营风险完全由政府承担,而私人不参与项目运营,故可认为私人当前

第七章 基于私人公平偏好的 PPP 项目补偿契约有效性

不存在利润偏好,即 $\alpha=0$。因而,由式(7-55)可知 BT 模式下的政府期望补偿为:

$$\lim_{T \to 0^+} E[T\widetilde{S}^*] = (1+r_f)C^* \tag{7-56}$$

式(7-56)表明,政府采取 BT 补偿将使私人收回建设成本的同时获取相应的建设投资回报。

情景二: $l(\bar{\pi}_p, \sigma_r) \to \bar{r}$

如果私人投资要求的组合收益与项目期望收益比较接近,即 $l(\bar{\pi}_p, \sigma_r) \to \bar{r}$,则政府可对项目采取 BOS(Build-Operate-Sale)模式,即在特许期满时,政府通过购买方式支付给投资者一定建设成本作为补偿(Ye & Liu, 2008)。此时,政府不需要给予私人运营补偿,就可使项目产生正的社会效益,因为由式(7-54)和(7-55)可知:

$$\lim_{l(\bar{\pi}_p, \sigma_r) \to \bar{r}} W_T^* = \frac{k(1-\theta)(C^*)^\theta}{\theta} > 0 \tag{7-57}$$

$$\lim_{l(\bar{\pi}_p, \sigma_r) \to \bar{r}} E[T\widetilde{S}^*] = \left(1 + \frac{\beta r_f}{\alpha+\beta}\right) C^* \tag{7-58}$$

式(7-58)表明,BOS 模式由于允许私人投资者运营项目并获取一定的收益,所以相对 BT 模式,该模式下的期望补偿较小,即如果将 BT 与 BOS 两种模式下的期望补偿分别记作 A^* 和 B^*,则必有 $A^* > B^*$。由此,结合式(7-54)和式(7-55)可知,当 $l(\bar{\pi}_p, \sigma_r) > \bar{r}$ 时,政府有效补偿的期望应在 (B^*, A^*) 内;而当 $l(\bar{\pi}_p, \sigma_r) < \bar{r}$ 时,有效正补偿的期望应在 $(0, B^*)$ 内。

事实上,PPP项目一般都会由于实际运营收益不足而需要政府给予一定的正补偿,即一般意义上的补偿或所谓的狭义补偿。而BOS补偿和BT补偿均属于一种固定补偿,可看作是特殊的狭义补偿,这两种补偿可分别在不同情景下产生正社会效益,并与私人公平偏好负相关,即$\partial W_T^*/\partial \beta < 0$。然而,对一般的狭义补偿而言,政府补偿有效性与私人公平偏好之间关系仍如表5-1所示。

情景三:$l(\bar{\pi}_p, \sigma_r) < \bar{r}$

如果私人投资要求的组合收益远远小于项目的期望收益,即$l(\bar{\pi}_p, \sigma_r) < \bar{r}$,则政府可对项目采取BOT(Build-Operate-Transfer)模式,即在特许权期满,私人投资者按照事前约定将项目无偿移交给政府(Ye & Liu, 2008)。此时,政府不仅无须给予私人投资者运营补偿,还可通过税收等形式向项目运营适当索取部分剩余,即BOT模式属于严格广义上的补偿。BOT补偿的有效性与私人公平偏好之间的关系仍可由表7-1来反映。

特别是如果私人投资者要求的组合收益较小,即$l(\bar{\pi}_p, \sigma_r) \to 0$,则政府还可对项目采取BOO(Build-Own-Operation)模式(Ye & Liu, 2008),因为根据式(7-54)和式(7-55)还可推得:

$$\lim_{T \to +\infty} W_T^* = \frac{k(1-\theta)(C^*)^\theta}{\theta} + (\lambda - 1)\bar{r}T = +\infty \quad (7-59)$$

$$\lim_{T \to +\infty} E[T\tilde{S}^*] = \left(1 + \frac{\beta r_f}{\alpha + \beta}\right)C^* - \bar{r}T = -\infty \quad (7-60)$$

式(7-59)和式(7-60)表明,如果项目的期望收益相对私人投资者要求的组合收益较大,则BOO模式相对上述其他模式是有效的。实践已证明,西方一些国家的公共基础设施项目私有化并没有降低项目的社会效益(Ye & Liu,2008)。

为了对上述的不同补偿机制进行比较,可按照不同的比较情景而将政府补偿的期望值以及有效补偿与私人公平偏好的关系汇总如下,即表 7-2 所示。

表 7-2 表明,政府应根据私人投资者要求的组合收益与项目期望收益的不同比较情景,选择相应的有效补偿机制。从比较结果可看出,项目的期望收益越小,政府给予的期望补偿越大,但补偿有效性与私人公平偏好之间是否表现出一致效应仍依赖表 7-1 中的条件。

表 7-2 基于不同比较情景的政府有效补偿与私人公平偏好关系

比较情景	有效补偿	$E[T\tilde{S}^*]$ 取值	$\partial W_T^*/\partial \beta$ 符号
$l(\bar{\pi}_p,\sigma_r) \gg \bar{r}$	BT 补偿	$A^* = C^* + r_f C^*$	—
$l(\bar{\pi}_p,\sigma_r) > \bar{r}$	狭义补偿	(B^*, A^*)	表 1
$l(\bar{\pi}_p,\sigma_r) = \bar{r}$	BOS 补偿	$B^* = C^* + \dfrac{\beta r_f}{\alpha+\beta}C^*$	—
$l(\bar{\pi}_p,\sigma_r) < \bar{r}$	狭义补偿	$(0, B^*)$	表 1
$l(\bar{\pi}_p,\sigma_r) \ll \bar{r}$	BOT 补偿	$(-\infty, 0]$	表 1

五、数值分析

为更清楚显示私人公平偏好对政府期望补偿以及补偿有效性的影响,这里将通过数值算例对上述研究结果进行检验和拓展,相关参数取值如表 7-3 所示。

表 7-3 数值算例的相关参数取值

$\bar{r}$	σ_r	C^b	T	r_f	η	θ	k	λ
10^8	10^9	62.8E	30	0.03	0.11	0.6	10^4	1.2

首先,根据式(7-36)可求得 $\beta^b = 3\alpha$,并且随 $\beta \in (0, 3\alpha)$ 的不同取值,可分析私人公平偏好在其不同利润偏好下对项目投资的影响。如果假设私人利润偏好存在四种情形并依次为:$0 = \alpha_1 < \alpha_2 < \alpha_3 < \alpha_4 = +\infty$,则项目最优投资受私人公平偏好的影响如图 7-2 所示。

从图 7-2 可看出:(1) 如果私人利润偏好无限大(即 α_4),则项目最优投资将不受私人公平偏好的影响,与公平中性情形是相同的。这意味着,当项目未来运营收益较好时,政府完全可对项目采取 BOO 模式,允许私人利润最大化,而忽视私人公平偏好的存在。(2) 如果私人不存在利润偏好(即 α_1),则项目最优投资也将不受私人公平偏好的影响,但最优投资相对有利润偏好情形是最小的。这意味着,BT 模式由于只准予私人投资建设项目而使最优投资可能会在信息不对称下低于项目最低投资成本,如 α_1 情形下的最优投资为 $C^* = 62.6$ 亿,低于项目最低投资成本 $C^b = 62.8$ 亿。所以,当政府采取 BT 模式时,有必要对私人监控,以降低信息不对称导致的道德风险。(3) 如果私人存在有限利润偏好(如 α_2 和 α_3),则项目最优投资将随私人公平偏好的增加而减小,并在

第七章 基于私人公平偏好的 PPP 项目补偿契约有效性

公平偏好较大时,投资对其利润偏好表现较为敏感。这意味着,尽管私人会为实现自己较高利润偏好而积极投资,但为追求公平性的增加会不惜减少投资。所以,公平偏好私人最优投资严格小于公平中性情形,即 $C^* \leqslant C^M = 63.4$ 亿。

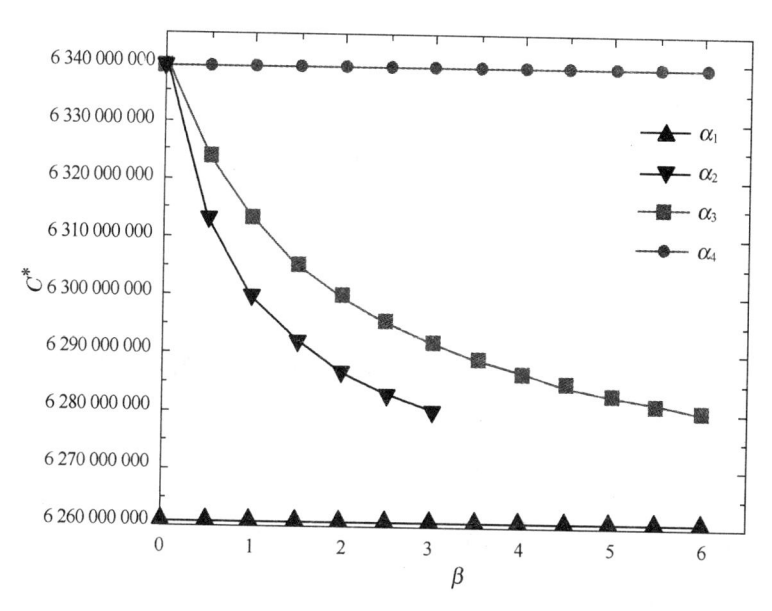

图 7-2 私人公平偏好对项目最优投资的影响

其次,由式(7-1)求得 $R_0(C^M) = 1.1634$ 亿,$R_0(C^b) = 1.1628$ 亿,通过 $\bar{\pi}_p$ 分别取 1.1627 亿、1.1631 亿和 1.1635 亿,可讨论不同情形下私人公平偏好对政府最优期望补偿、私人最优期望利润,以及补偿有效性的影响如图 7-3、7-4 和 7-5 所示。

从图 7-3 和图 7-4 可看出:如果私人投资的机会收益相对特许收益较大,则私人很可能会对补偿表现出较强的公平偏好,但

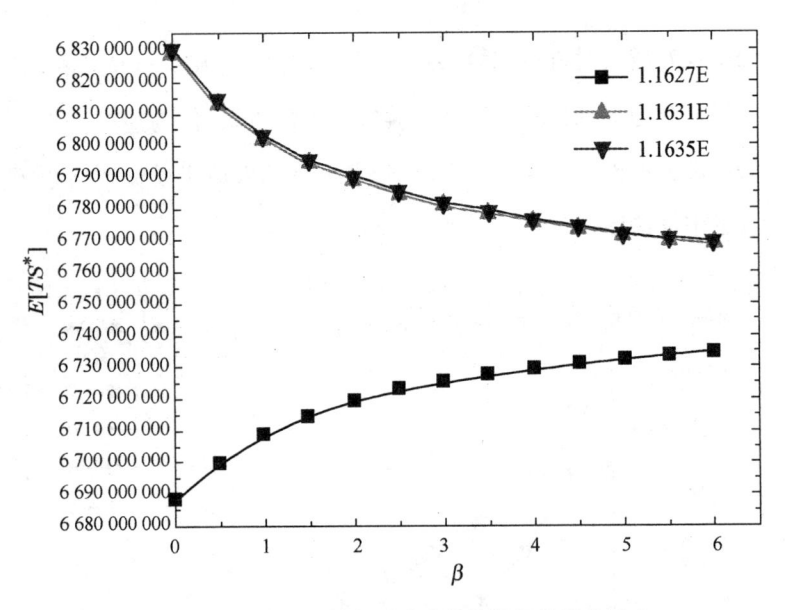

图 7-3 私人公平偏好对政府最优期望补偿的影响

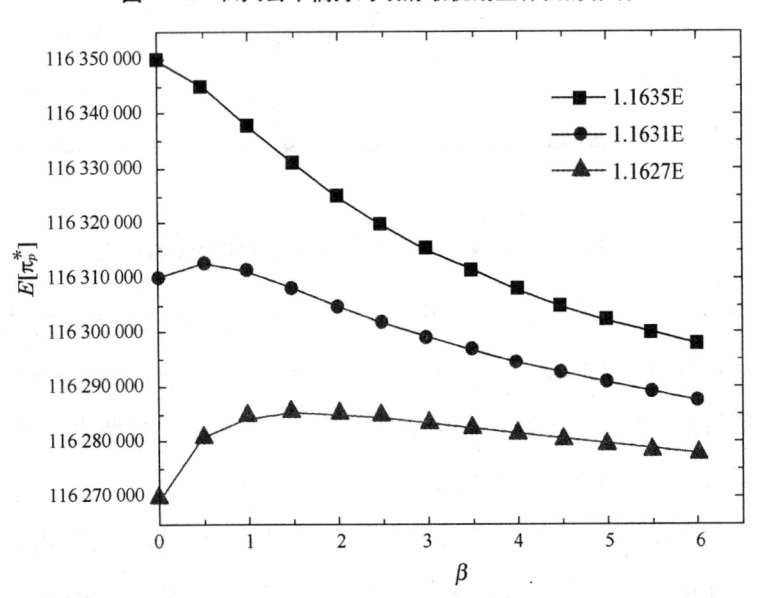

图 7-4 私人公平偏好对其最优期望利润的影响

第七章 基于私人公平偏好的 PPP 项目补偿契约有效性

政府为了提高补偿的有效性,将会随着私人公平增加而减少期望补偿,从而使私人期望利润下降。相反,如果私人投资的机会收益相对较小,则为了激励私人积极投资,政府期望补偿将随私人公平偏好的增加而增加,但要兼顾补偿的有效性,补偿将使私人期望利润随其公平偏好先增加后减小。

而且,图 7-5 表明:(1)如果私人投资的机会收益相对特许收益较小,则政府补偿有效性与私人公平偏好负相关。相反,如果私人投资的机会收益相对特许收益较大,则政府补偿有效性与私人公平偏好之间表现出一致效应。(2)如果私人投资的机会收益介于政府准予的特许收益范围内,则项目的社会效益将随私人公

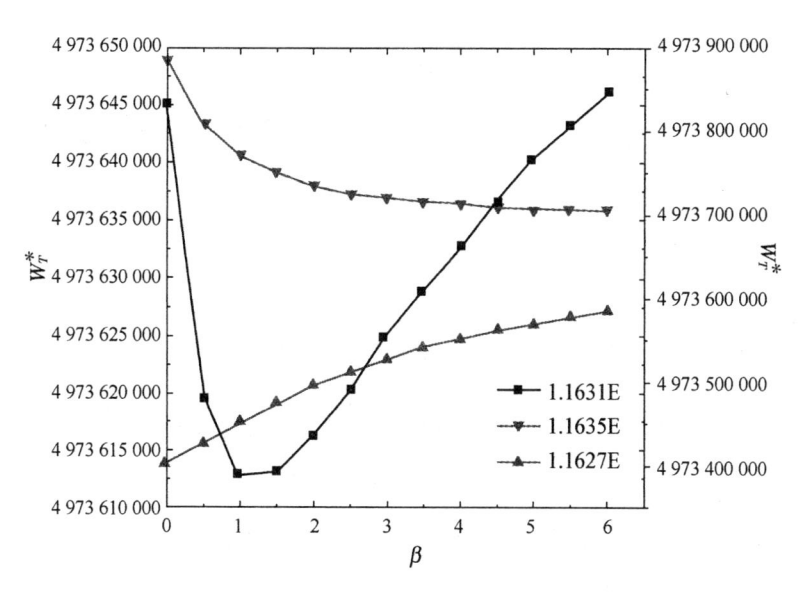

图 7-5 私人公平偏好对政府补偿有效性的影响

平偏好的增加先减小后增加,即政府补偿的社会有效性与私人公平偏好呈现典型的 V 型关系。

最后,还可讨论参数 λ 的变化对政府补偿有效性的影响,以及随着 λ 的变化,私人公平偏好的不同取值($\beta_1 < \beta_2 < \beta_3$)对补偿效率的敏感性,数值分析结果如图 7-6 所示。

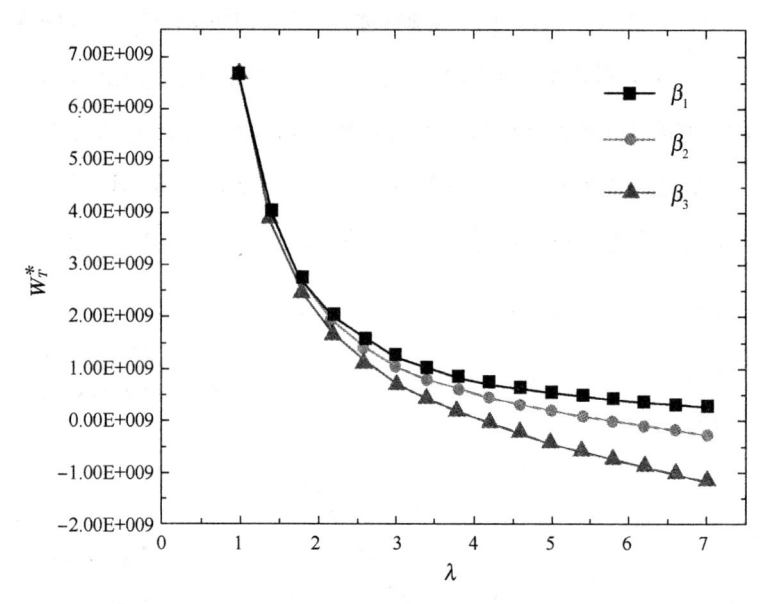

图 7-6 补偿成本对政府补偿有效性的影响

从图 7-6 可看出:随着补偿成本增加,补偿的社会效率降低,但补偿有效性对私人公平偏好的敏感性不断增加。这意味着,私人公平偏好对补偿有效性的影响将随补偿成本的减少而降低,如果补偿不存在社会成本,即 $\lambda=1$,则补偿有效性将与私人公平偏好无关。

第七章 基于私人公平偏好的 PPP 项目补偿契约有效性

六、本章小结

当政府通过契约方式给予 PPP 项目私人投资者补偿时,政府是契约的制定者,具有优势地位,而私人投资者处于弱势地位,渴望得到公平的补偿或倾向于关注补偿的公平性。而私人投资者对政府补偿的公平性感知,即形成私人的公平偏好。那么,PPP 项目私人投资者对政府补偿的公平偏好是否影响补偿契约参数的设计,是否影响契约的激励性和有效性?对此,本章将私人公平偏好引入到补偿契约结构研究中,主要借鉴 BO 模型的思想,将私人投资要求的特许收益作为其公平参考点,并通过对 FS 模型加以改进,构建私人公平偏好效用函数,从而运用主从博弈方法对政府补偿契约问题进行行为建模和分析,通过模型求解和均衡分析获得主要研究结果如下:

(1) 政府最优补偿契约对私人投资者有着较好的公平激励性,不仅能够激励私人选择信息对称情形下的最优投资,而且能使私人获取收益的同时承担相应的风险,即契约激励性更多地体现"风险收益对等"的公平原则。

(2) 政府最优补偿契约的有效性与私人公平偏好之间并不是一般直觉上的正相关或负相关,只有在一定条件下才会呈现出一致效应。当私人不存在无风险投资机会时,一致性的条件是政府准予的特许收益严格小于私人投资的机会收益;而当私人投资存在无风险情形,一致性的条件是政府准予的最大特许收益不大于私人投资的机会收益。

(3) 私人公平偏好对政府补偿有效性的影响程度还与补偿的社会成本有关,即补偿成本越大,补偿有效性对私人公平偏好越敏感。而且,有效补偿的实施还应基于私人投资要求的组合收益与项目期望收益的不同比较情景。

尽管以上所获得的研究结果较为丰富和新颖,但文中所构建的效用函数仅仅考虑了私人投资者公平偏好行为的存在,即私人感知有利不公平时产生正效用,而感知不利不公平时产生负效用,忽略了其他诸如损失规避等有限理性行为对效用的影响。所以,下一章还将会把私人投资决策的损失规避特征引入私人投资的期望效用函数,以研究私人投资者在政府补偿情景下的投资决策机制。

第八章 政府补偿下基于私人损失规避的PPP项目投资分析

第八章 政府补偿下基于私人损失规避的 PPP 项目投资分析

面对 PPP 项目收益的高风险性,私人投资并不一定会表现出风险规避的特征,相反还可能会是风险偏爱的或风险追求的,这往往要取决于私人投资者对损益的判断基准或参考点的选择。而且,私人投资者对相对于某一决策参考点的损失的反应通常要比对相同数量收益的反应更强烈,这其实就是私人投资者的损失规避行为特征,它已获得大量的实验和实证支持。为此,本章在介绍损失规避的内涵及其特征的基础上,考虑 PPP 项目私人投资者的损失规避行为特征,借助前景理论,以私人投资要求的特许收益作为其决策参考点,构建损失规避型私人投资者在政府补偿下的期望效用函数,从而建立基于政府不同补偿情景的私人投资决策模型,并通过研究模型解的存在性及其性质,讨论私人损失规避行为对其最优投资决策的影响机制,以及对政府补偿对策的启示。

一、损失规避的内涵及其特征

损失规避(Loss Aversion)的概念是由 2002 年诺贝尔经济学奖获得者美国普林斯顿大学的以色列籍教授卡尼曼(Daniel Kahneman)提出的,他将"心理学研究"和"经济学研究"有效地结合起来,给出了著名的前景理论(Prospect Theory),揭示了人们在风险条件下决策的损失规避行为特征。

所谓损失规避,是指人们在面对相同数量的收益和损失时,认为损失更加令他们难以忍受,或者说损失给他们带来的痛苦要远远大于收益给他们带来的快乐。损失规避反映了人们对待风险的偏好展现出反转特征,当人们面对收益时,人们倾向于风险规避;而当面对损失时,人们则表现为风险偏爱。例如,卡尼曼与特沃斯基通过实验表明,许多人宁愿选择无风险(即 100% 的机会)地获得 \$1 000,而不会选择有 50% 的机会赢得 \$2 000 的投资方案;然而,在同样的这些人当中会有一些人偏爱 50% 的机会损失 \$2 000,而不会选择 100% 的机会损失 \$1 000 的投资方案。

人们的损失规避行为特征表明,人们在风险条件下的决策好像并不是依赖于结果的本身而是结果与其目标之间的差距。也就是说,人们在风险条件下的决策总是以自己的视角或参考标准来衡量损益,以此来决定取舍。不妨以下面的赌博为例,来具体阐述损失规避的不完理性行为特征。

第八章 政府补偿下基于私人损失规避的 PPP 项目投资分析

比如一名赌徒去赌场赌博,随身带了 \$3 000。如果该赌徒赢了 \$100,这时要让他离开赌场可能没有什么;然而,如果该赌徒输了 \$100,这时同样要让他离开赌场可能就会变得很难。那么,这究竟是为什么?原因其实很简单,赢 \$100 时赌徒身上的现金为 \$3 100,赌徒认为自己获得收益,会表现风险规避,愿意离开赌场;而输 \$100 元时赌徒身上的现金为 \$2 900,赌徒却认为是损失,会表现风险追求,继续参与赌博而不愿离开赌场。事实上, \$3 100 和 \$2 900 本来就是两个独立的结果,但赌徒的感觉却和这两个不同结果并没有多大的关系,而是和这两个结果之间的差距有关。也就是说,输 \$100 在数值上本来就是 \$100,但赌徒在心理上感觉却是不止输了 \$100,因为输 \$100 所带来的不愉快感要比赢了 \$100 所带来的愉快感要更加强烈,这其实就是赌徒的损失规避心理。正是由于损失规避的存在,导致了赌徒在输钱的时候,存在一种不惜一切代价都要竭力避免损失的不完全理性心理,从而无法把握自己逐渐丧失的理性而却偏要抓住已经失利的局面不放,最终就是越输越多直到输得精光。

上述赌博的例子意味着,损失规避是人的一种不完全理性行为特征,人们的损失规避行为特征可概括为如下几个方面。

首先,人们对财富的变化是十分敏感的,而且人们对收益和损失的判断不是绝对的而是相对的,即存在参考点。

其次,一旦超过某个参考点,人们对相同数量的收益和损失的感受是相当不相同的,在这个参考点的附近,一定数量损失所引起的负效效用要远远大于相同数量收益所带来的正效用。

最后,随着价值数量的增加,这种正负效用也会向相反的方向增加,但人们厌恶损失的负效用仍然远远大于得到收益的正效用。

总之,损失规避作为前景理论的核心内容,已成为行为决策理论发展的理论基石,并被应用到投资、生产、消费等诸多领域。

二、PPP 项目私人损失规避的前景理论描述

在 PPP 项目收益高风险和政府给予补偿的情形下,私人投资者确定项目的收益或损失并不会是一个绝对量,往往会受到市场投资风险和收益的影响,即私人投资决策存在参考点依赖。而且,相对于同一决策参考点的收益或损失,私人投资者对损失的反应往往要比对相同数量收益的反应更强烈,即私人投资者存在损失规避行为。损失规避是由 Kahneman 和 Tversky(1979)在前景理论(Prospect Teory)的研究框架下提出的,它描述了人们在不确定或风险条件下决策的不完全理性行为特征。

(一) 前景理论概述

基于传统的效用理论无法给予解释的一些经济现象,行为学家 Kahneman 和 Tversky 通过放宽完全理性假设而对传统效用理论进行了修正和拓展,提出了著名的"前景理论"。他们首先通过一系列的经济学和心理学实验证明,个体决策具有不完全理性行为特征,具体表现在如下三个方面:

(1) 参考点依赖:人们对"获得"与"损失"的判断并不是绝对

第八章 政府补偿下基于私人损失规避的 PPP 项目投资分析

的,需要有一个参照点,认为高于参考点的收益是获得,而低于参考点收益是损失。

(2)损失规避:人们对"获得"与"损失"的敏感程度不同,对"损失"的重视程度要远远高于对"获得"的重视程度。人们在面对"获得"时是风险回避的;而在面临"损失"时是风险追求的。

(3)高估小概率(低估高概率):人们在判断客观事件发生的概率时通常会发生一定的系统性偏差,那就是人们在决策时会将大概率事件的概率缩小,而将小概率事件的概率放大。

基于上述人们在不确定条件或风险环境下决策所表现出的不完全理性行为特征,Kahneman 和 Tversky(1979)通过对 von Neuman-Morgenstern 期望效用理论的缺陷进行了必要的修正和拓展,提出了前景理论的效用度量体系,该体系主要包括价值函数、权重函数和前景效用函数。

1. 价值函数

前景理论中的价值函数是相对于某个参考点的收益或损失的价值,而不是传统效用理论所重视的期末财富最终效用。价值函数由两部分构成,一个是参考点的确定,另一个就是基于参考点的相对变化量。价值函数是 S 型曲线,如图 8-1 所示。

价值函数是增函数,即相对于参考点的财富越大,其价值越大。处于收益状态时,价值函数是凹函数,表示投资者是风险规避的,即价值函数满足:$v''(x)<0, x>0$;而处于损失状态时,价值函数是凸函数,表示投资者是风险偏爱的,即价值函数满足:$v''(x)>$

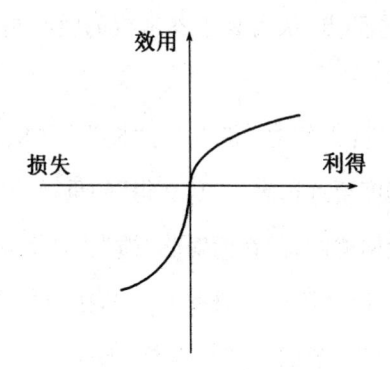

图 8-1 前景理论的价值函数

$0, x<0$。

在参考点附近,价值函数的斜率有一个突变,表明人们对风险态度的逆转,即风险回避与风险偏好的逆转。价值函数对财富变化的态度是损失的影响要大于收益,即 $v(x)<-v(-x), x>0$。这也就说,价值函数的斜率在损失状态时比处于收益状态时要陡。

基于价值函数的上述一些特征,通常假设价值函数具有如下形式:

$$v(x)=\begin{cases}(x-x_0)^\alpha, & x\geqslant x_0 \\ -\theta(x_0-x)^\beta, & x<x_0\end{cases} \quad (8-1)$$

其中参数 θ 表示损失规避系数,α 和 β 分别表示收益情况下的风险规避程度和损失情况下的风险偏爱程度。

2. 权重函数

当人们进行不确定性决策时,不确定性的期望价值在期望效用理论下可按所有可能结果出现的概率进行加权求和得到。然而,在前景理论中,不确定性的期望价值可通过每个结果的价值乘以一个决策权重,然后求和得到。决策权重并不是客观概率,但与客观概率相联系,决策权重是客观概率的一个非线性函数。如果设 p 表示客观概率,$\pi(p)$ 表示决策权重,则决策权重函数 $\pi(p)$ 如图 8-2 所示,并具有以下特点:

(1) $\pi(0)=0, \pi(1)=1$

(2) $p \to 0^+, \pi(p) > p; p \to 1^-, \pi(p) < p$

(3) $\pi(p) + \pi(1-p) \leqslant 1$

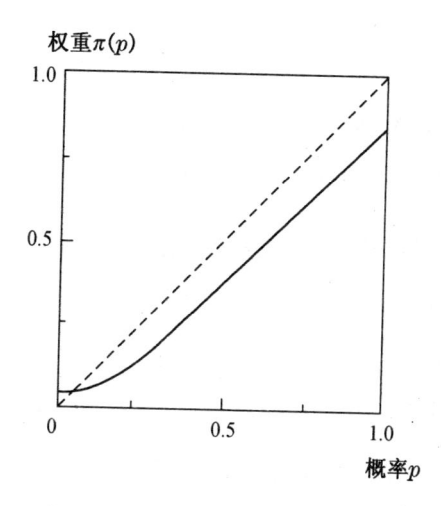

图 8-2 前景理论的决策权重函数

基于决策权重函数的特点,通常可假设决策权重函数具有如下形式:

$$\pi(p) = \frac{p^{\gamma}}{(p^{\gamma}+(1-p)^{\gamma})^{1/\gamma}} \qquad (8-2)$$

其中 p 表示不确定性事件发生的客观概率。

3. 前景效用函数

在前景理论中,不确定性的期望效用可通过价值函数与决策权重相乘,然后求和得到,即前景效用函数可表示为:

$$U(x,p;y,q) = \pi(p)v(x) + \pi(q)v(y), \pi(p) + \pi(q) \leqslant 1 \qquad (8-3)$$

其中 $(x,p;y,q)$ 表示以概率 p 收获 x,以概率 q 收获 y,从而上式表示决策者在有两种可能状态下的前景效用。

前景理论由于考虑到决策者的不完全理性行为特征(如参考点依赖,损失规避,高估小概率事件等),并给出较好的数学解析性描述,所以可较好地应用于行为决策建模。

(二) 私人投资 PPP 项目的损失规避描述

在 PPP 项目收益不确定条件下,私人投资决策不可避免地会表现出损失规避特征。特别是对于 PPP 项目收益的高风险性,如果没有政府事前准予的特许收益或其他收益作补偿,损失规避的私人投资者很可能会认为项目投资的低收益或政府补偿不足而坚持拒绝投资项目。私人投资决策的损失规避行为并不是绝对的,而是相对于某一决策参考点的收益或损失,决策者对损失的反应要比对相同数量收益的反应更强烈,这已获得大量的实验和实证支持。对于损失规避型的私人投资者,可利用前景理论将其效用

第八章 政府补偿下基于私人损失规避的 PPP 项目投资分析

函数近似地表示如下：

$$U(X)=\begin{cases} X-X_0 & (X \geqslant X_0) \\ \lambda(X-X_0) & (X<X_0) \end{cases} \quad (8-4)$$

其中 X 表示私人投资者将获得的实际财富，而 X_0 表示私人投资者的初始财富，即私人投资者判断损益的参考点。另外，$\lambda \geqslant 1$ 表示私人投资者的损失规避系数，反映私人投资者对损失的规避程度。当 $\lambda=1$ 时，表示私人投资者为损失中性，而当 $\lambda>1$ 时，表示私人投资者为损失规避型，λ 值越大，私人投资者的损失规避程度越高，越害怕利润损失。

三、损失规避型私人投资 PPP 项目的决策模型

在 PPP 项目收益高风险环境下，无论政府补偿情形如何，私人都将在投资能力约束条件下，选择尽可能使其期望效用最大化的初始投资。对于损失规避型的私人投资者，可利用前景理论构建其投资 PPP 项目的效用函数，从而建立政府补偿情景下的私人投资决策模型。

(一) 模型构建与相关假设

为了刻画私人投资决策时的损失规避行为特征，将 Kahneman 和 Tversky 给出的损失规避效用函数近似为一种线性形式，从而引入私人投资项目的损失规避效用函数如下：

$$U(\prod_p(\tilde{S},C)) = \begin{cases} \prod_p(\tilde{S},C) - V_0, & \prod_p(\tilde{S},C) \geqslant V_0; \\ \lambda(\prod_p(\tilde{S},C) - V_0), & \prod_p(\tilde{S},C) < V_0. \end{cases}$$

(8-5)

其中 $\prod_p(C,\tilde{S})$ 表示私人投资项目而将获得的实际单期利润,即由式(3-4)确定;V_0 表示私人投资决策时的单期初始禀赋,即私人决策参考点;$\lambda(\geqslant 1)$ 表示私人的损失规避度,即当 $\lambda=1$ 时,私人表现为损失中性,而当 $\lambda>1$ 时,λ 值越大,私人对损失越敏感。

根据式(8-5),并结合私人投资项目的能力约束和参与约束,可构建政府补偿情形下损失规避型私人投资决策模型如下:

$$\max_C E\{U(\prod_p(\tilde{S},C))\} = E[\prod_p(\tilde{S},C) - V_0] + (\lambda - 1)E[\prod_p(\tilde{S},C) - V_0]|_{-\infty}^{V_0}$$

(8-6)

$$\text{s. t. } 0 \leqslant C \leqslant C^0 \quad (8-7)$$

$$E\{U(\prod_p(\tilde{S},C))\} \geqslant 0 \quad (8-8)$$

其中,式(8-6)表示私人投资决策是要最大化其单期期望效用,损失规避型私人投资者的期望效用包括投资的相对期望利润和相对期望利润的损失;式(8-7)表示私人投资项目的能力约束,即私人对项目的初始投资不会大于其最大投资能力;式(8-8)表示私人投资的参与约束,即私人投资的期望效用不能为负,否则私

第八章 政府补偿下基于私人损失规避的 PPP 项目投资分析

人会放弃投资。

要对上述模型进行较为深入分析,还有必要给出三个假设和一个引理及其证明如下。

假设 8.1 私人投资项目以其要求政府准予的单期特许收益作为其决策参考点,即 $V_0 = R_g$,其中 $R_g = R_0$ 如式(3-2)所述,并可结合式(3-3)给出具体表示,即

$$R_g = \frac{r_f C}{T} + \beta \sigma_r T \qquad (8-9)$$

假设 8.2 私人事后无风险单期利润不会大于政府准予私人投资要求的单期特许收益,即

$$S_0 + S_1 - \frac{C}{T} \leqslant R_g \qquad (8-10)$$

假设 8.3 项目的单期收益 $\tilde{R}$ 在 $(0, S)$ 上服从均匀分布,即随机变量 $\tilde{R}$ 的密度函数与分布函数分别为:

$$f(r) = \begin{cases} \frac{1}{S}, & 0 < r < S; \\ 0, & r \geqslant S (\leqslant 0)。 \end{cases} \qquad F(r) = \begin{cases} 0, & r \leqslant 0; \\ \frac{r}{S}, & 0 < r \leqslant S; \\ 1, & r > S。 \end{cases}$$

$$(8-11)$$

对于假设 8.1~8.3,可分别做如下说明:

(1) 私人对项目的初始投资越大,其要求的特许收益就越大,而且私人对其实际收益小于特许收益更为敏感,所以将私人投资要求的特许收益作为其决策参考点要比传统的基于外生参考点的

行为建模更贴近现实。

(2) 政府设计补偿契约的根本目的不是要降低私人收益的风险,而是要激励私人与其共担风险、共享收益,所以在上述政府补偿契约下私人事后无风险利润不会大于其要求的特许收益。

(3) PPP 项目具有准公共物品属性,其运营收益一般较低且不确定,所以假设项目单期收益存在上下限,即下限为 0 而上限为 S,并在 $(0,S)$ 上服从均匀分布。

引理 当随机变量 $\tilde{R}$ 在 $(0,S)$ 上服从均匀分布时, $\tilde{R}$ 在 $(-\infty,R^0)$ 或 $(R^0,+\infty)$ 上的数学期望可分别由下式给出:

$$E[\tilde{R}]\Big|_{-\infty}^{R^0} = \begin{cases} \dfrac{(R^0)^2}{2S}, & R^0 \leqslant S; \\ \dfrac{S}{2}, & R^0 > S。 \end{cases} \quad (8-12)$$

$$E[\tilde{R}]\Big|_{R^0}^{+\infty} = \begin{cases} \dfrac{S^2-(R^0)^2}{2S}, & R^0 \leqslant S; \\ 0, & R^0 > S。 \end{cases} \quad (8-13)$$

证明 当 $R^0 \leqslant S$ 时,由式(8-11)中 $f(r)$ 的定义,可求得:

$$E[\tilde{R}]\Big|_{-\infty}^{R^0} = \int_{-\infty}^{R^0} rf(r)\mathrm{d}r = \frac{1}{S}\int_{0}^{R^0} r\mathrm{d}r = \frac{(R^0)^2}{2S} \quad (8-14)$$

而当 $R^0 > S$ 时,同理可求得:

$$E[\tilde{R}]\Big|_{-\infty}^{R^0} = \int_{-\infty}^{R^0} rf(r)\mathrm{d}r = \frac{1}{S}\int_{0}^{S} r\mathrm{d}r = \frac{S}{2} \quad (8-15)$$

式(8-14)和(8-15)表明,式(8-12)成立。而对于式

第八章 政府补偿下基于私人损失规避的PPP项目投资分析

(8-13),可通过下式求出:

$$E[\tilde{R}]\Big|_{R^0}^{+\infty}=E[\tilde{R}]-E[\tilde{R}]|_{-\infty}^{R^0}=\frac{S}{2}-E[\tilde{R}]\Big|_{-\infty}^{R^0} \quad (8-16)$$

证毕

(二) 情景分析与模型求解

对于上述模型(8-6)~(8-8),设 C^* 表示其最优解,首先可放宽私人投资能力约束(8-7),原因是:如果私人最优投资超出其最大投资能力,即 $C^*>C^0$,则可认为政府补偿具有较高刺激性,将激励私人通过债务融资等方式投资项目;而如果私人最优投资小于零,即 $C^*<0$,则表明政府补偿的激励性不足,将导致私人通过转让项目投资的方式而进行套现,即私人存在道德风险。其次,还可进一步放松私人投资的参与约束(8-8),以求得无约束优化问题(8-6)的最优解,因为如果最优解不满足私人参与约束,则表明政府需要调整补偿契约设计,以降低私人参与约束的条件。

对于式(8-6),首先计算损失规避型私人投资期望效用的第一部分,即私人投资项目的相对期望利润可根据假设8.1由下式给出:

$$E[\prod_p(\tilde{S},C)-V_0]=S_0+S_1-\frac{C}{T}+\Big(1-\frac{S_1}{R_g}\Big)E[\tilde{R}]-R_g$$

(8-17)

而式(8-6)的第二部分,即私人投资的相对期望利润损失,可通过以下三种情景进行分类讨论。进而根据不同情景,可对政府补偿情形下私人最优投资决策问题进行如下分析。

情景1 政府补偿契约参数 S_1 满足：$S_1 = R_g$

如果政府给予私人的单期运营补偿恰好等于准予私人的单期特许收益，即 $S_1 = R_g$，则由假设 8.1 和 8.2 可知私人投资的相对期望利润损失为：

$$E\left[\prod_p(\widetilde{S},C) - V_0\right]\Big|_{-\infty}^{V_0} = S_0 + S_1 - \frac{C}{T} - R_g \quad (8-18)$$

此时，由式(8-17)和(8-18)可知，损失规避型私人投资决策问题等价于求解如下模型：

$$\max_C E\{U(\prod_p(\widetilde{S},C))\} = \lambda\left[S_0 + S_1 - \frac{(1+r_f)C + \beta\sigma_r T}{T}\right]$$
$$(8-19)$$

由此，根据式(8-19)可得命题 8.1 及其结论如下：

命题 8.1 如果契约参数 S_1 满足：$S_1 = R_g$，则 $C^* \leqslant 0$，且 $\partial^2 E[U(\cdot)]/\partial C \partial \lambda < 0$。

证明 求式(8-19)关于变量 C 的一阶偏导数可得：

$$\frac{\partial E[U(\cdot)]}{\partial C} = -\frac{\lambda(1+r_f)}{T} < 0 \quad (8-20)$$

式(8-20)表明，私人投资者的目标函数 $E[U(\cdot)]$ 是关于 C 的严格减函数。所以，如果考虑私人投资能力约束(8-7)，则式(8-19)的最优解为 $C^* = 0$；而如果放宽私人能力约束，则 $C^* < 0$。而且，由式(8-20)进一步还可推得：

第八章　政府补偿下基于私人损失规避的 PPP 项目投资分析

$$\frac{\partial^2 E[U(\cdot)]}{\partial C \partial \lambda} = -\frac{1+r_f}{T} < 0 \qquad (8-21)$$

证毕.

命题 8.1 表明，如果政府给予私人投资者的运营补偿恰好等于准予私人投资要求的特许收益，则私人对项目没有投资的积极性，其最优策略将是转让项目投资和运营的特许权而进行套现，并且这种行为会随私人损失规避度的增加而愈加强烈，即损失规避度越高，私人投资的边际效用越小。这主要是因为在补偿情景 1 下，私人投资的参与约束(8-8)不能得到满足，即损失规避型私人投资者做任何投资都不能获得正的期望效用。

情景 2　政府补偿契约参数 S_1 满足：$S_1 < R_g$

如果政府给予私人的单期运营补偿小于准予私人要求的特许收益，即 $S_1 < R_g$，则由假设 8.1 和 8.3 可知私人投资的相对期望利润损失为：

$$E\left[\prod_p(\widetilde{S},C) - V_0\right]\bigg|_{-\infty}^{V_0} = \frac{(R_g - S_1)}{R_g}\left[E[\widetilde{R}]\bigg|_{-\infty}^{R^0} - R^0 F(R^0)\right]$$

$$(8-22)$$

其中参数 R^0 表示为：

$$R^0 = \frac{R_g\left(R_g + \dfrac{C}{T} - S_0 - S_1\right)}{R_g - S_1} > 0 \qquad (8-23)$$

此时，如果项目的实际收益充分小（即 $S \to 0$），以使 $R^0 > S$，则由式(8-17)和(8-22)，以及引理可知，私人投资者的期望效用为：

$$E\{U(\prod_p(C,\tilde{S}))\} = \lambda \frac{S}{2} \cdot \frac{R_g - S_1}{R_g} + \lambda \left[S_0 + S_1 - \frac{C}{T} - R_g\right]$$

$$< \lambda \left[\frac{R^0(R_g - S_1)}{2R_g} + S_0 + S_1 - \frac{C}{T} - R_g\right] \leq 0 \quad (8-24)$$

式(8-24)表明,如果政府给予私人的运营补偿较小而不能弥补项目实际较小收益,则私人投资的期望效用将小于零,此时私人必将放弃或拒绝对项目的投资,这就要求政府有必要增加对私人的运营补偿。

然而,如果项目的实际收益充分大(即 $S \to \infty$),以使 $R^0 \leq S$,则根据式(8-17)和(8-22),以及引理可知,私人最优投资决策问题即为求解如下模型：

$$\max_C E\{U(\prod_p(C,\tilde{S}))\} = \frac{S}{2} \cdot \frac{R_g - S_1}{R_g} + \left[S_0 + S_1 - \frac{C}{T} - R_g\right]$$

$$+ \frac{(1-\lambda)R_g}{2S(R_g - S_1)} \left[S_0 + S_1 - \frac{C}{T} - R_g\right]^2 \quad (8-25)$$

由此,根据式(8-25)可得命题 8.2 如下：

命题 8.2 如果契约参数 S_1 满足：$S_1 < R_g$,且项目的单期最大收益 S 充分大以使 $S \geq R^0$,则损失规避型私人投资者存在最优投资策略 C^*,并由如下方程给出：

$$r_f S_1[S^2 + (\lambda - 1)(R^0)^2] = 2(1+r_f)R_g^2[S + (\lambda - 1)R^0]$$

$$(8-26)$$

证明 计算式(8-25)关于变量 C 的一阶偏导数与二阶偏导

第八章 政府补偿下基于私人损失规避的 PPP 项目投资分析

数如下:

$$\frac{\partial E[U(\cdot)]}{\partial C} = \frac{r_f S_1 [S^2 + (\lambda-1)(R^0)^2]}{2STR_g^2} - \frac{(1+r_f)[S+(\lambda-1)R^0]}{ST}$$

(8-27)

$$\frac{\partial^2 E[U(\cdot)]}{\partial C^2} = \frac{1}{T^2} \left\{ -\frac{r_f^2 SS_1}{R_g^3} + \frac{(\lambda-1)g(R^0)}{R_g^2 S(R_g-S_1)} \right\} \quad (8-28)$$

其中式(8-28)中的 $g(R^0)$ 表示为:

$$g(R^0) = -r_f^2 S_1 (R^0)^2 + 2(1+r_f) r_f S_1 R_g R^0 - (1+r_f)^2 R_g^3$$

(8-29)

由式(8-29)可看出,$g(R^0)$ 是关于 R^0 的二次函数,其判别式如下:

$$\Delta = -4S_1 R_g^2 [(1+r_f)r_f]^2 (R_g - S_1) < 0 \quad (8-30)$$

由此可判断 $g(R^0)$ 恒小于零,从而结合式(8-28)可知,式(8-25)的目标函数是关于变量 C 的严格凹函数。

于是,根据凹规划的判别条件可知,上述优化问题(8-25)存在唯一最优解 C^*,并可由式(8-27)等于零求得,即方程(8-26)。

证毕.

情景 3 政府补偿契约参数 S_1 满足:$S_1 > R_g$

如果政府给予私人投资者的单期运营补偿大于准予私人要求的特许收益,即 $S_1 > R_g$,则由假设 8.1 和 8.3 可知私人投资的相对期望利润损失为:

$$E[V(C,\tilde{S}) - V_0] \Big|_{-\infty}^{V_0} = \frac{R_g - S_1}{R_g} [E[\tilde{R}]\Big|_{R^0}^{+\infty} - R^0 (1-F(R^0))]$$

(8-31)

其中参数 R^0 由式(8-23)所定义,但由 $S_1 > R_g$ 可知 $R^0 < 0$。

此时,由式(8-17)和式(8-31),并结合引理可知,私人最优投资决策问题等价于求解如下模型:

$$\max_C E\{U(\prod_p(C,\tilde{S}))\} = \frac{\lambda S}{2} \cdot \frac{R_g - S_1}{R_g} + \lambda\left[S_0 + S_1 - \frac{C}{T} - R_g\right] + \frac{R_g}{2S(R_g - S_1)}\left[S_0 + S_1 - \frac{C}{T} - R_g\right]^2 \quad (8-32)$$

由此,根据式(8-32)可得命题 8.3 如下:

命题 8.3 当政府补偿契约参数 $S_1 > R_g$ 时,如果私人投资者的损失规避度 λ 满足: $\lambda \geqslant \max\{1, [(1+r_f)R_g/(r_f S)]^2\}$,则私人投资者存在最优投资策略 C^*,并由如下方程给出:

$$r_f S_1[\lambda S^2 - (R^0)^2] = 2(1+r_f)R_g^2[\lambda S - R^0] \quad (8-33)$$

证明 类似于命题 8.2,考虑式(8-32)关于变量 C 的一阶偏导数与二阶偏导数如下:

$$\frac{\partial E[U(\cdot)]}{\partial C} = \frac{r_f S_1[\lambda S^2 - (R^0)^2]}{2STR_g^2} + \frac{(1+r_f)[R^0 - \lambda S]}{ST}$$

$$(8-34)$$

$$\frac{\partial^2 E[U(\cdot)]}{\partial C^2} = \frac{1}{T^2}\left\{-\frac{\lambda r_f^2 S_1 S}{R_g^3} + \frac{h(R^0)}{R_g^2 S(S_1 - R_g)}\right\} \quad (8-35)$$

其中式(8-35)中的 $h(R^0)$ 由下式给出:

$$h(R^0) = -r_f^2 S_1(R^0)^2 - 2(1+r_f)r_f S_1 R_g R^0 - (1+r_f)^2 R_g^3$$

$$(8-36)$$

根据式(8-36),并结合 λ 所满足的条件,可知式(8-35)必小

第八章　政府补偿下基于私人损失规避的PPP项目投资分析

于零,即:

$$\frac{\partial^2 E[U(\cdot)]}{\partial C^2} < \frac{1}{T^2}\left\{-\frac{r_f^2 R_g S}{R_g^3} \cdot \left[\frac{(1+r_f)R_g}{r_f S}\right]^2 + \frac{1}{R_g^2 S(S_1-R_g)}\right.$$

$$\left. \cdot \frac{4r_f^2 S_1(1+r_f)^2 R_g^3 - 4r_f^2 S_1^2(1+r_f)^2 R_g^2}{-4r_f^2 S_1}\right\} = 0 \qquad (8-37)$$

因此,上述优化问题(8-32)是严格的凹规划,必存在唯一最优解 C^*,并可由式(8-34)等于零确定,即方程(8-33)。

证毕.

四、私人损失规避对其投资决策的影响

根据上述不同情景的模型分析,可讨论私人损失规避度对其投资决策的影响机制,即模型最优解具有如下性质。

命题8.4　私人最优投资策略 C^* 与其损失规避度 λ 的关系为:

(1a) 如果 S_1 满足: $S_1 < \min\{R_g, [2(1+r_f)R_g^2]/[r_f R^0]\}$,则 $\mathrm{d}C^*/\mathrm{d}\lambda < 0$;(1b) 如果 S_1 满足: $[2(1+r_f)R_g^2]/[r_f R^0] < S_1 < R_g$,则 $\mathrm{d}C^*/\mathrm{d}\lambda > 0$。

(2a) 如果 S_1 满足: $S_1 > \max\{R_g, [2(1+r_f)R_g^2]/[r_f S]\}$,则 $\mathrm{d}C^*/\mathrm{d}\lambda > 0$;(2b) 如果 S_1 满足: $R_g < S_1 < [2(1+r_f)R_g^2]/[r_f S]$,则 $\mathrm{d}C^*/\mathrm{d}\lambda < 0$。

证明　当 $S_1 < R_g$ 时,根据隐函数定理,对方程(8-25)两边求关于 λ 的导数为:

$$\frac{dC^*}{d\lambda}\left\{\frac{2(\lambda-1)[r_f S_1 R^0 - (1+r_f)R_g^2]^2}{R_g(R_g - S_1)} + 4r_f R_g(1+r_f)[S + (\lambda-1)R^0]\right\} = [r_f S_1 R^0 - 2(1+r_f)R_g^2]R^0 T \tag{8-38}$$

根据式(8-38)可知,如果 S_1 满足(1a)的条件,则必有 $dC^*/d\lambda<0$;而如果 S_1 满足(1b)的条件,则必有 $dC^*/d\lambda>0$。

同理,当 $S_1>R_g$ 时,根据隐函数定理,对方程(8-33)两边求关于 λ 的导数为:

$$\frac{dC^*}{d\lambda} \cdot M = 2(1+r_f)R_g^2 - r_f S_1 S \tag{8-39}$$

其中参数 M 由下式给出:

$$M = \frac{-2(r_f S_1 R^0)^2}{STR_g(S_1 - R_g)} + \frac{-4\lambda r_f(1+r_f)SR_g}{ST} + \frac{2r_f(1+r_f)(3S_1 - 2R_g)R_g R^0}{ST(S_1 - R_g)} \tag{8-40}$$

由于 $S_1>R_g$,故 $R^0<0$,从而式(8-40)表明 $M<0$。于是,根据式(8-39)可知,当 S_1 满足(2a)条件时,$dC^*/d\lambda>0$;而当 S_1 满足(2b)条件时,$dC^*/d\lambda<0$。

证毕.

命题8.4表明,无论政府给予私人的运营风险补偿是大于特许收益还是小于特许收益,私人对PPP项目的最优投资决策都会受其损失规避大小的影响,而且这种影响并不是表现为一般意义上的正相关或负相关。如果政府给予私人的运营风险补偿较大,则政府补偿契约对损失规避的私人投资者具有较好激励性,即能

第八章 政府补偿下基于私人损失规避的 PPP 项目投资分析

够激励私人对项目的初始投资随其损失规避度的增加而增加。然而，如果政府给予私人的运营风险补偿较小，则政府补偿契约会抑制损失规避的私人投资积极性，即私人对项目的初始投资将随着其损失规避度的增加而减少。

五、数值分析

为进一步解释 PPP 项目政府补偿情景下私人损失规避度对其投资决策的影响机制，这里将通过数值算例对上述研究结论进行检验。

假设某 PPP 项目的年收益在 $(0, 3.5\times 10^8)$ 上服从均匀分布，即 $S=3.5\times 10^8$，$\sigma_r=10^8$；政府准予私人投资建设和运营的特许权期为 $T=30$ 年；政府给予私人的单期建设补偿和运营补偿分别为 $S_0=2\times 10^8$ 和 $S_1=6.2\times 10^8$；私人投资的无风险利率为 $r_f=0.05$；市场单位风险溢价为 $\beta=6.1$。具体地，相关参数的取值如表 8-1 所示。

表 8-1 数值分析的相关参数取值

$\bar{r}$	σ_r	T	r_f	β	S_0	S_1
$1.75*10^8$	10^8	30	0.05	6.1	$2*10^8$	$6.2*10^8$

将上述表 8-1 中已知的参数取值分别代入方程(8-25)和(8-32)，并注意到私人投资决策变量 C^* 的取值范围，可讨论政府不同补偿情景下私人损失规避度对其投资决策的影响如图 8-3 所示。

291

从图 8-3 可以看出,如果政府运营补偿相对特许收益较大,则私人最优投资决策表现较高的损失规避性,且投资与损失规避度正相关;而如果政府运营补偿相对特许收益较小,则私人最优投资表现出较低的损失规避行为,且投资与损失规避度呈负相关性。

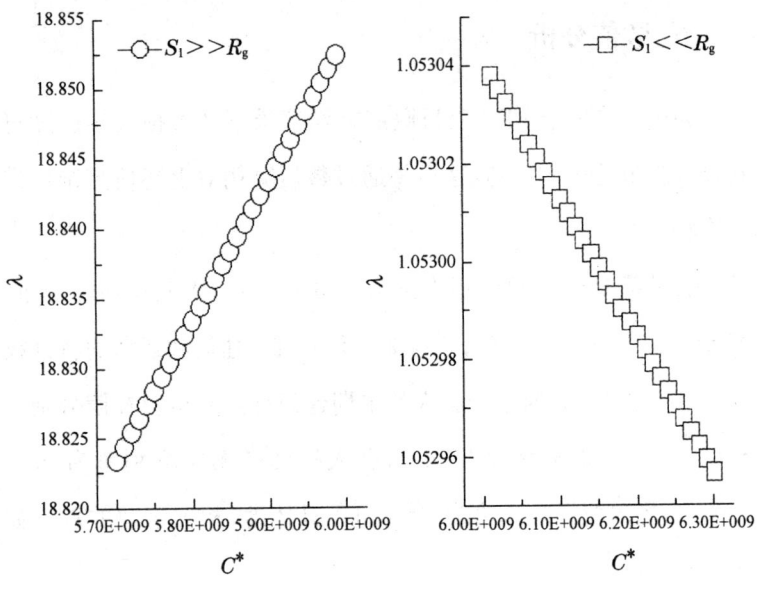

图 8-3 私人损失规避度对其投资决策的影响

六、本章小结

在 PPP 项目政府补偿情形下,针对私人投资行为的损失规避特征,本章首先借助前景理论,以私人要求的特许收益作为其决策参照点,构建私人损失规避的效用函数;然后结合私人损失规避的效用函数,建立政府补偿情形下的私人投资决策模型,并研究模型

第八章 政府补偿下基于私人损失规避的 PPP 项目投资分析

解的存在性及性质;最后,运用数值分析对所获结论进行验证。研究结果表明:

(1) 如果政府给予私人的运营风险补偿等于事前特许收益,或小于事前特许收益但项目实际收益比较小,则政府补偿契约不会被私人投资者所接受,因为这两种补偿情景下私人投资将获得负的期望效用。

(2) 如果政府给予私人的运营风险补偿大于事前特许收益,或小于事前特许收益但项目实际收益非常大,则在这两种补偿情景下,私人对项目的初始投资将存在最优策略,并受其损失规避度的影响,而且这种影响并非一般意义上的正相关或负相关。

(3) 当私人在政府补偿情景下存在最优投资决策时,如果政府给予私人的运营风险补偿较大,则政府补偿契约能够激励损失规避度较高的私人做较多的初始投资,即私人最优投资与其损失规避度正相关;而如果运营风险补偿较小,则政府补偿契约对损失规避度较高私人投资者的激励性不够明显,即私人最优投资与其损失规避度负相关。

本章所获结果不仅为私人对 PPP 项目决策提供依据,也为政府对补偿契约的设计提供一定的理论支撑。但本章由于仅仅考虑损失规避的私人对项目投资的最优决策问题,尚未考虑政府的最优补偿决策,以及政府最优决策对私人投资决策的影响,所以未来研究将会进一步考虑损失规避的私人投资者与政府之间的利益博弈与协调问题。

第九章 PPP项目政府补偿研究：结论与展望

第九章　PPP项目政府补偿研究:结论与展望

作为本书的结束语,本章将围绕PPP项目的政府补偿问题,首先对全书的研究内容和获得的研究结果做简要的概括与总结;然后指出研究中还存在的不足或有待改进之处,以及未来还有可能进一步研究的相关问题;最后在本书目前研究的基础上,结合PPP模式在我国的发展实际,通过对现有研究的延伸和拓展,提出未来会对PPP模式下邻避项目的补偿机制做更深入的研究。

一、研究结论

政府补偿是解决PPP项目投资收益不足并实现其社会效益的主要途径,有关这方面研究目前主要表现在:一方面从投资者的角度,提出政府应在事前给予补偿或担保,如准予私人最小收益或特许收益等；另一方面从政府的角度，考虑补偿的社会效率，认为补偿应基于项目实际收益情况，即补偿应在事后实施。然而，事前补偿很容易过高或不足，而只有事后补偿又往往会降低私人事前投资积极性。为此，本书首先通过引入项目运营收益的广义补偿指数，构建了一种广义补偿契约，即考虑政府事前准予私人投资要求的特许收益，而事后根据项目实际收益与特许收益的比较而给予私人一种广义的上补偿。其次，注意到私人投资者在 PPP 项目风险环境下和政府补偿情形下会表现出不同的非理性或不完全理性行为特征（如风险规避、过度自信、不公平厌恶、损失厌恶等），本书还借助偏好或序理论，构建了私人不完全理性投资行为的期望效用函数，并运用行为博弈的方法研究私人投资 PPP 项目的决策机制与相应的政府补偿对策。研究结果可简要概括如下：

（一）基于私人不同风险投资行为的 PPP 项目补偿对策

PPP 项目的未来收益是高度不确定的，具有较高风险性。对于 PPP 项目的风险，不同的私人投资者可能会表现出不同的风险投资行为。基于私人投资决策存在的不同风险偏好行为，本文借助"均值—方差"模型，建立了私人投资的期望效用函数，并运用主从对策博弈分析了私人投资策略与政府补偿情景，从而通过情景建模来研究政府补偿契约的最优设计及应对策略。研究表明：尽管私人投资项目的积极性与其风险规避度负相关，但政府最优补偿契约将使私人对项目的初始投资与其风险规避度正相关。最后，还通过数值分析进一步说明，虽然政府不希望给予风险规避度高的投资者较多补偿,但可通过契约参数的最优设计来激励私人增加初始投资、减少期望利润、提高项目最佳社会效益。

(二) 基于私人过度投资行为的 PPP 项目补偿对策

在 PPP 项目的收益风险环境下,政府给予私人投资者一定的补偿是非常重要的,但政府补偿往往会使私人投资表现出过度自信行为。基于私人投资者在政府补偿下会存在过度自信行为,本文通过"均值-方差"描述而引入了私人过度自信系数,建立了私人投资的期望效用函数,从而运用主从博弈方法分析了私人过度投资行为以及对政府最优补偿契约的影响,进而在私人过度自信不可观察情形下,讨论政府对最优补偿契约的设计与选择。研究表明:虽然私人过度投资行为并不一定有助于项目预期社会效益改善,但政府总可通过相应地调整契约参数来设计适应私人不同过度自信行为的最优补偿契约,并当私人过度投资不可观测时,根据其过度自信的概率分布情况来选择使项目预期社会效益比较大的最优补偿契约。

(三) 基于私人不公平厌恶行为的 PPP 项目补偿对策

在 PPP 项目收益风险环境下,政府给予私人补偿究竟是否具有激励性和有效性,不仅需要政府补偿是公平的,更需要私人投资者感知到政府补偿的公平性。而私人投资者对政府补偿公平与否的感知一般是在比较基础上形成的,比较对象或利益参考点的选择不一样,私人投资者所形成的公平感知或公平偏好就不一样。

针对此情形,本书将私人公平偏好引入补偿契约结构研究中。主要是借鉴 BO 模型的思想,将私人投资者要求的特许收益作为其公平参考点,并通过对 FS 模型加以改进,构建私人公平偏好效用函数,从而运用主从对策博弈对补偿契约问题进行行为建模和分析,以研究契约参数最优解以及私人公平偏好对最优契约有效性的影响。研究表明:政府最优补偿契约对私人投资者有着较好的公平激励性,但私人公平偏好与最优补偿的社会效率之间并不存在直觉上的正相关或负相关,只有在一定条件下才会呈现出一致效应。研究还发现:私人公平偏好对政府补偿有效性的影响将随补偿成本的减少而变弱,而且有效补偿的实施应依赖于私人投资者要求的组合收益与项目期望收益的比较情景。

(四) 政府补偿下损失规避私人投资 PPP 项目的决策机制

在 PPP 项目的收益高风险和政府补偿情形下,私人投资者对项目的收益或损失的判断并不是一个绝对量,即私人投资项目存在决策参考点,而且相对于同一决策参考点的收益或损失,私人投资者对损失的反应要比对相同数量收益的反应更强烈,即私人投资者存在损失规避行为。针对私人投资行为的损失规避特征,本书借助前景理论,以私人投资要求的特许收益作为其决策参考点,构建私人损失规避的效用函数,从而建立基于政府不同补偿情景的私人投资决策模型,并研究模型解的存在性及性质,而且还通过数值分析对所获结论进行验证。研究结果表明:私人在政

第九章　PPP 项目政府补偿研究:结论与展望

府补偿情景下对项目的最优投资与其损失规避度并非一般意义上的正相关或负相关,而是取决于政府事前对补偿契约参数的不同设计。

以上所获得的研究结果颇为丰富,不仅有利于政府对 PPP 项目补偿契约的设计和相应的补偿决策,也为 PPP 项目的投资和运营管理提供了较好的理论支撑。然而,本文由于分别考虑私人投资决策的某种不完全理性行为对政府补偿契约最优设计的影响,缺乏对私人投资决策受多种非理性行为因素影响的综合考虑,所以理论研究与现实还存在一定的偏差。具体地,从已获得的研究结果来看,本文还有待进一步研究的问题包括:

(1) 私人对 PPP 项目的投资决策一般受多种行为因素的影响,而本文仅仅是从私人投资者决策的某种不完全理性行为特征出发,构建私人投资的期望效用函数,所以下一步还需建立一种能够反映私人投资者不同行为特征的效用函数,以使理论研究更加贴近实际情况。

(2) 不仅私人投资者决策会表现出不完全理性行为特征,而且政府决策也会存在系统性偏差,如政府出于维护 PPP 目补偿的公平性往往代表社会公众而具有内生于社会公平约束的公平偏好,所以未来还可将政府的一些偏好(如公平偏好等)也引入 PPP 项目补偿问题研究。

(3) 尽管本书将私人投资者决策的不完全理性行为假设引入 PPP 项目补偿契约研究中,但由于私人投资者实际的决策行为很难通过现场调研或问卷访谈进行验证,所以本书的相关实证研究还有待进一步完成,具体可结合一些典型的决策案例展开实证分析,以检查或修正本文的相关假设和获得的结论。

二、研究展望

在本书对 PPP 项目政府补偿研究的基础上,结合 PPP 模式在我国应用和发展的实际情况,未来研究还可通过对本文的内容做适当的延伸和拓展,以便及时地探讨目前急需解决的 PPP 模式下邻避项目补偿问题。

邻避项目是指引起公众邻避行为的一些公益性设施,这些项目在为大多数公众带来正效益的同时,却会给其所在地的生命健康、环境质量和资产价值等方面带来负面的影响,从而导致所在地的公众激发嫌恶情节,滋生"不要建在我家后院(NIMBY: Not-In-My-Back-Yard)"的邻避行为(Michael,1990)。例如,污水处理厂、垃圾掩埋厂、发电厂、核电站、停车场等邻避设施都有可能会引发公众的邻避行为。近年来,我国因公众邻避行为酿成的群体冲突事件频频发生。据国家环保总局发布数据显示,1996 年以来,邻避冲突事件一直保持年均 29% 的增速。2005 年以来,环保部直接处置的邻避事件共 927 起,其中重特大事件 72 起,且 2011 年重特大事件比上年同期增长 120%。2012 年似乎更加频繁,在不到一个月时间里,四川什邡和江苏启东先后发生了"钼铜项目事件"和"王子排污项目事件"。从 2012 年到 2014 年,邻避冲突更是呈

第九章 PPP项目政府补偿研究:结论与展望

高发态势,其中浙江宁波、云南昆明、广东茂名等地先后发生的"PX事件"最为典型,已引发严重的社会风险。邻避冲突最终导致项目建设基本上走入"上马-抗议-暂停"的恶性循环,呈现经济与社会的双输之局面。因此,如何解决邻避冲突就成为我国邻避项目管理目前急需研究的课题。对此,考虑政府补偿来协调邻避冲突就是其中需要研究的关键科学问题之一。

尽管政府补偿是解决邻避冲突的重要途径,但我国对邻避冲突问题的研究还处于起步阶段。对于邻避冲突问题,究竟应该采取怎样的补偿方案,什么样的补偿方案对具有不同行为偏好的人群或不同类型的邻避项目更为有效?目前无论是理论界还是实业界都没有对该问题给予科学的回答,而本书的研究恰好为这些问题的研究奠定了较好的基础。

而且,近年来受国家政策的驱动,像垃圾处理场、地铁等一些邻避项目正在大力推广使用政府与社会资本合作的 PPP(Public-Private Partnership)模式,以鼓励社会资本通过特许经营等方式参与邻避项目的建设融资。然而,邻避项目由于自身的准公共物品属性及其风险性,目前却很难受到社会资本的青睐。所以,政府补偿对 PPP 模式下邻避项目的运作就显得更加重要。

那么,在 PPP 模式下,如何通过政府补偿来协调政府部门、私营部门和社会公众等利益相关者之间的利益冲突,以形成对邻避项目的协同管理?本书后续研究可在现有研究的基础上通过引入公众行为偏好等因素,基于复杂系统分析和多主体建模方法,探讨

PPP模式下邻避项目协同管理的政府补偿对策,以便通过政府的补偿机制让邻避项目的建设方、运营方、附近居民与政府管理者之间形成既相互约束又相互协同的组织格局,并建立PPP模式下基于政府补偿的邻避项目适应性综合管理体系。

所以说,本书的后续研究将是对现有研究进行延伸和拓展,将把政府对PPP项目投资者的补偿问题拓展到PPP模式下对邻避项目居民的补偿问题,这既符合问题研究的现实性,也符合科学研究的自然规律。由此说来,PPP模式下邻避项目的补偿问题将会成为本文未来研究的重要方向。

三、本章小结

本章主要是对本书关于PPP项目政府补偿研究做简单的总结和展望。首先,对全书的研究内容和获得的研究结果做简要的概括与总结,主要是基于PPP项目私人投资者在风险环境下的各种不完全理性行为,给出项目投资策略和政府补偿对策,具体包括四方面内容:(1)基于私人不同风险投资行为的PPP项目补偿对策;(2)基于私人过度投资行为的PPP项目补偿对策;(3)基于私人不公平厌恶行为的PPP项目补偿对策;(4)政府补偿下损失规避私人投资PPP项目的决策机制。其次,在给出本研究结论的同时,本章还指出本研究中还存在的不足或有待改进之处,以及未来还有可能作进一步研究的相关问题。最后,在目前研究的基础上,本章基于PPP模式在我国公共基础设施领域被大力推广使用的

第九章 PPP项目政府补偿研究:结论与展望

现实背景,针对PPP项目当前面临的邻避困境,拟通过对现有研究做适当的延伸和拓展,以期望未来对PPP模式下邻避项目的补偿机制做更深入的研究。

参考文献

[1] Berkelaar A B, Kouwenberg R, Post T. Optional portfolio choice under loss aversion [J]. Review of Economics and Statistics, 2004, 86(1): 973-987.

[2] Bettignies J E, Ross T W. Public-private partnerships and the privatization of financing: an incomplete contracts approach [J]. International Journal of Industrial Organization, 2009, 27(3): 358-368.

[3] Bolton G E, Ockenfels A. ERC: A theory of equity, reciprocity, and competition [J]. American Economic Review, 1993, 83(5): 1281-1302.

[4] Cesarini D, Sandewall O, Johannesson M. Confidence

参考文献

interval estimation tasks and the economics of overconfidence [J]. Journal of Economic Behavior Organization, 2006, 61 (3): 453-470.

[5] Charness G, Rabin M. Understanding social preference with simple tests [J]. Quarterly Journal of Economics, 2002, 9 (1): 151-17.

[6] Cheah C Y J, Liu J. Valuing governmental support in infrastructure projects as real options usingMonte Carlo simulation [J]. Construction Management and Economics, 2012, 24(2): 545-554.

[7] Choi T M, Li D, Yan H, Chiu C H. Channel coordination in supply chains with agents having mean-variance objectives [J]. Omega, 2012, 36(4): 565-576.

[8] Chowdhury A N, Charoenngam C. Factors influencing finance on PPP projects inAsia: A legal framework to reach the goal [J]. International Journal of Project Management, 2009, 27(1): 51-58.

[9] Clark A E, Masclet D, Villeval M. Effort and comparison income: Experimental and survey evidence [J]. Industrial and Labor Relations Review, 2010, 63(3): 407-425.

[10] Copeland T E, Weston J F, Shastri K. Financial Theory and Corporate Policy [M]. Beijing: Pearson Education

Peking University Press, 147-158, 2007.

[11] Cui T H, Raju J S, Zhang Z J. Fairness and channel coordination [J]. Management Science, 2007, 53(8): 1303-1314.

[12] Darrin Grimsy, Mervyn K. Lewis. Evaluating the risk of public private partnerships for infrastructure projects [J]. International Journal of Project Management, 2012, (20): 107-118.

[13] Dean P, Cui Q B, Mehmet E B. Public-private partnerships in U. S. transportation: Research overview and a path forward [J]. Journal of Management in Engineering, 2011, 27(3): 126-135.

[14] Debruyn A, Bolton G E. Estimating the influence of fairness on bargaining behavior [J]. Management Science, 2008, 54(10): 1774-1791.

[15] Dela Rosa L E. Overconfidence and moral hazard [J]. Games and Economic Behavior, 2011, 73(2): 429-451.

[16] Depalma A, Lindsey R, Proost S. Investment and the use of tax and toll revenues in the transport sector [J]. Research in Transportation Economics, 2007, 19(4): 415-433.

[17] Eric M, Jean T. Public-private partnerships and

government spending limits [J]. International Journal of Industrial Organization, 2008, (26): 412-420.

[18] Fearnley N, Bekken J T, Norhem B. Optimal performance-based subsidies in Norwegian intercity rail transport [J]. International Journal of Transport Management, 2004, 2(1): 29-38.

[19] Fehr E, Schmidt K. A theory of fairness, competition and cooperation [J]. Quarterly Journal of Economics, 1999, 114(3): 817-868.

[20] Galasso A, Simcoe T S. CEO overconfidence and innovation [J]. Management Science, 2011, 57(8): 1469-1484.

[21] Gan X H, Sethi S P, Yan H M. Channel coordination with a risk-neutral supplier and a downside-risk-averse retailer [J]. Production and Operations Management, 2005, 14(1): 80-89.

[22] Gervais S, Heaton J B, Odean T. Overconfidence, compensation contracts, and capital budgeting [J]. The Journal of Finance, 2011, 66(5): 1735-1777.

[23] Hart O, Moore J. Contracts as Reference Points [J]. Journal of Economics, 2008, 123: 1-48.

[24] Hirshleifer D, Luo G Y. On the survival of overconfident

traders in a competitive securities market [J]. Journal of Financial Market, 2001, (4): 73-84.

[25] Ho S P, Liu L Y. An option pricing-based model for evaluating the financial viability of privatized infrastructure projects [J]. Construction Management and Economics, 2002, 20(2): 143-156.

[26] Ho S P. Model for financial renegotiation in public-private partnership projects and its policy implications: Game theoretic view [J]. Journal of Construction Engineering and Management, 2006, 132(7): 678-688.

[27] Ho S, Liang Y. An option pricing-based model for evaluating the financial viability of privatized infrastructure projects [J]. Construction Management and Economics, 2012, 20(2): 143-156.

[28] Ho T H, Zhang J J. Designing pricing contracts for bounded rational customers: Does the framing of the fixed fee matter? [J]. Management Science, 2008, 54(4): 686-700.

[29] Holmstrom B, Milgrom P. Aggregation and linearity in the provision of intertemporal incentives [J]. Econometrica, 1987, 55(2): 303-328.

[30] Hsieh C C, Lu Y T. Manufacturer's return policy in a

two-stage supply chain with two risk-averse retailers and random demand [J]. European Journal of Operational Research, 2013, 207(1): 514-523.

[31] Iyer K C. Hierarchical structuring of PPP risks using interpretative structural modeling [J]. Journal of Construction Engineering and Management, 2010, (2): 151-158.

[32] Jeremy K, Huang Z. Arrogance can be a virtue: overconfidence, information acquisition, and market efficiency [J]. Journal of Financial Economics, 2007, 84 (2): 529-560.

[33] Jin X H. Determinants of efficient risk allocation in privately financed infrastructure projects inAustralia [J]. Journal of construction Engineering and Management, 2010, (2):138-150.

[34] Jonathanf P D R. Reassessing risk in developing country infrastructure [J]. Long Rang Planning, 2003, (36):337-353.

[35] Jun J. Appraisal of combined agreements in BOT project finance: Focused on minimum revenue guarantee and revenue cap agreements [J]. International Journal of Strategic Property Management, 2010, 14 (2): 139-155.

[36] Kahneman D, Knetsch J L, Thaler R. Fairness, competition on profit seeking: Entitlements in the market [J]. American Economics Review, 1986, 76(4): 728 - 741.

[37] Kahneman D, Tversky A. Prospect theory: an analysis of decision under risk [J]. Econometrica: Journal of the Econometric Society, 1979, 47(2): 263 - 291.

[38] Ke Y J, Wang S Q, Chan Albert P C. Risk allocation in Public-private partnership infrastructure projects: a comparative study [J]. Journal of Infrastructure System, 2010, (4): 1 - 37.

[39] Lau H S, Lau H L. Manufacture pricing strategy and return policy for a single period commodity [J]. European Journal of Operational Research, 1999, 2(116): 291 - 304.

[40] Li B, Akintoye A, Edwards P J, et al. Critical success factors for PPP/PFI projects in theUK construction industry [J]. Construction Management and Economics, 2005, 23(5): 459 - 471.

[41] Li B. The allocation of risk in PPP/PFI construction project inUK [J]. International Journal of Project Management, 2005, (23): 25 - 35.

[42] Loch C H, Wu Y Z. Social preferences and supply chain

performance: An experimental study [J]. Management Science, 2008, 54(11): 1835-1849.

[43] Malmendier U, Tate G, Yan J O N. Overconfidence and early-life experiences: The effect of managerial traits on corporate financial policies [J]. The Journal of Finance, 2011, 66(5): 1687-1733.

[44] Markowitz H M. Portfolio Selection [J]. Journal of Finance, 1952, 7(1): 77-91.

[45] Mason P, Baldwin C Y. Evaluation of government subsidies to large-scale energy projects [J]. Advances in Futures and Options Research, 1988, (3):169-181.

[46] Medda F. A game theory approach for the allocation of risk in transport public private partnerships [J]. International Journal of Project Management, 2007, 2(5): 213-218.

[47] Munro A, Sugden R. On the theory of reference-dependent preferences [J]. Journal of Economic Behavior & Organization, 2003, 50(4): 407-428.

[48] Nicholas A. Fairness as a constraint on reciprocity: Playing simultaneously as dictator and trustee [J]. Journal of Socio-Economics, 2012, 41(2): 211-221.

[49] Ozgun C D, Chen Y H, Li J B. Channel coordination under fairness concerns and nonlinear demand [J]. European

Journal of Operational Research, 2010, 207(3): 1321 - 1326.

[50] Peter M, Geoffrey W. Private funded infrastructure in theUK: Partnerships' risk in the Skye Bridge Project [J]. Transport Policy, 1995, 2(2): 129 - 134.

[51] Ren Y, Croson R. Overconfidence in newsvendor orders: An experimental study [J]. Management Science, 2013, 59 (11): 1 - 16.

[52] Sandra L, Philipp C. Overconfidence can improve an agent's relative and absolute performance in contests [J]. Economics Letters, 2011, 10(3): 193 - 196.

[53] Schweitzer M, Cachon G. Decision bias in the newsvendor problem with a known demand distribution: Experimental evidence [J]. Management Science, 2000, 46(3): 404 - 420.

[54] Shefrin H. Behavioral corporate finance [J]. Journal of Applied Corporate Finance, 2001, (14): 113 - 124.

[55] Shi K R, Xiao T J. Coordination of a supply chain with a loss-averse retailer under two types of contracts [J]. International Journal of Information and Decision Sciences, 2008, 1(1): 5 - 25.

[56] Starks L T. Performance incentive fees: An agency

theoretic approach [J]. Journal of Financial and Quantitative, 1987, 22(1): 17-32.

[57] Tversky A, Kahneman D. Advances in prospect theory: Cumulative representation of uncertainty [J]. Journal of Risk and Uncertainty, 1992, 5(4): 297-324.

[58] United Nations Institute for Training and Research. PPP for sustainable development [M]. New York, 2000.

[59] Vanreeven P. Subsidisation of urban public transport and the Mohring effect [J]. Journal of Transport Economics and Policy, 2008, 42(2): 349-359.

[60] Viktorija B. Public private partnership as a last resort for traditional public procurement [J]. Panoeconomicus, 2006, 53(3): 299-311.

[61] Wang C X, Webster S. Channel coordination for a supply chain with a risk-neutral manufacturer and a loss-averse retailer [J]. Decision Sciences, 2007, 38(3): 361-389.

[62] Wang C X. The loss-averse newsvendor game [J]. International Journal of Production Economics, 2010, 124(2): 448-452.

[63] Wibowo A. Valuing guarantees in a BOT infrastructure project [J]. Engineering, Construction and Architectural Management, 2004, 11(6): 395-403.

[64] Ye S D, Liu Y S. Study on development patterns of infrastructure projects [J]. Journal of Construction Engineering and Management, 2008, 134(2): 94-102.

[65] 保罗 A 萨缪尔森,威廉 D 诺德豪斯. 萧(译). 经济学(第十八版)[M]. 北京:人民邮电出版社,2008.

[66] 曹启龙,盛沼瀚,周晶,等. 基于公平偏好的我国政府投资项目代建制激励-监督模型[J]. 中国软科学,2014,(10):144-153.

[67] 查博,郭菊娥,晏文隽. 风险投资三方委托代理关系—基于创业企业家过度自信与风投公司监督努力[J]. 系统管理学报,2015,24(2):190-199.

[68] 陈梅. PPP 项目融资模式解析[J]. 湖北财经高等专科学校学报,2008,2(3):6-8.

[69] 陈其安,杨秀苔. 基于代理人过度自信的委托-代理关系模型研究[J]. 管理工程学报. 2007,21(1):110-116.

[70] 丁川,王开弘,冉戎. 基于公平偏好的营销渠道合作机制研究[J]. 管理科学学报,2013,16(8):80-94.

[71] 杜少甫,杜婵,梁樑,等. 考虑公平关切的供应链契约与协调[J]. 管理科学学报,2010,13(11):41-48.

[72] 杜少甫,朱贾昂,高冬,等. Nash 讨价还价公平参考下的供应链优化决策[J]. 管理科学学报,2013,16(3):68-72.

[73] 杜亚灵,尹贻林. PPP 项目风险分担研究评述[J]. 项目管理,

2011,(4):29-34.

[74] 杜亚灵,尹贻林.PPP项目风险分担研究评述[J].项目管理,2011,(4):29-34.

[75] 段庆康,周晶,吴孝灵.考虑资本分担公平性的大型跨界工程项目融资博弈模型[J].软科学,2014,28(5):95-100.

[76] 甘小冰,钱丽玲,马利军,等.电子商务环境下两级生鲜供应链的协调与优化[J].系统管理学报,2013,22(5):655-664.

[77] 高昊,徐飞.战略联盟利益决策—基于契约的参考点分析[J].系统管理学报,2011,20(3):335-339.

[78] 高文军,陈菊红.基于CVaR的闭环供应链优化与协调决策研究[J].控制与决策,2011,26(4):489-494.

[79] 高颖,张水波,冯卓.不完全合约下PPP项目的运营期延长决策机制[J].管理科学学报,2014,17(2):48-57.

[80] 高颖,张水波,冯卓.不完全合约下PPP项目的运营期延长决策机制[J].管理科学学报,2014,17(2):48-57.

[81] 高颖,张水波,冯卓.不完全合约下PPP项目的运营期延长决策机制[J].管理科学学报,2014,17(2):48-57.

[82] 关于在公共服务领域推广政府和社会资本合作模式的指导意见[M].北京:人民出版社,2015.

[83] 何涛,赵国杰.基于随机合作博弈模型的PPP项目风险分担[J].系统工程,2011,29(4):88-92.

[84] 华冬冬,沙凯逊,亓霞.参与人不同风险态度组合下的委托代

理模型[J].系统工程学报,2011,29(3):114-116.

[85] 黄健柏,杨涛,伍如昕.非对称过度自信条件下委托代理模型[J].系统工程理论与实践,2009,29(4):92-102.

[86] 姜玮怡.Markowitz均值-方差模型与RAROC模型在中国证券市场的实证研究[J].经济研究导刊,2010,(2):103-106.

[87] 王守清.基础设施PPP项目的风险分担[J].建筑经济,2008,(4):31-35.

[88] 赖丹馨,费方域.公私合作制(PPP)的效率:一个综述[J].经济学家,2010,(1):97-104.

[89] 赖丹馨.基于合约理论的公私合作制(PPP)研究[D].上海:上海交通大学,2011.

[90] 李绩才,周永务,肖旦,等.考虑损失厌恶一对多型供应链的收益共享契约[J].管理科学学报,2013,16(2):71-82.

[91] 李娟,郝忠原,陈彩华.过度自信委托代理人间的薪酬合同研究[J].系统工程理论与实践,2014,34(6):1379-1387.

[92] 李秀辉,张世英.PPP:一种新型的项目融资方式[J].中国软科学,2002,(2):51-54.

[93] 廖楚晖,刘向杰,段吟颖.政府融资项目的财政补贴机制研究[J].中南财经政法大学学报,2011,184(1):39-44.

[94] 刘珩.考虑损失规避型决策者的价格补贴契约研究[D].电子科技大学博士论文,2010.

[95] 刘明.中国公共资金边际成本估量与分析[J].财经论丛,2009,(6):31-38.

[96] 刘作仪,查勇.行为运作管理:一个正在显现的研究领域[J].管理科学学报,2009,12(4):64-74.

[97] 裴进松.PPP项目在中国的发展应用-以北京地铁4号线运营为例[J].经济师,2010,(10):23-26.

[98] 亓霞,柯永建,王守清.基于案例的中国PPP项目的主要风险因素分析[J].中国软科学,2009,(5):107-113.

[99] 邱若臻,黄小原.基于条件风险值准则的供应链回购契约协调策略[J].运筹与管理,2011,20(4):10-16.

[100] 沈厚才,徐进,庞湛.损失规避偏好下的定制件采购决策分析[J].管理科学学报,2004,7(6):37-45.

[101] 石岿然,周扬,蒋凤.考虑零售商过度自信的供应链决策与协调[J].工业工程,2014,17(3):46-50.

[102] 宋波,徐飞.不同需求状态下公私合作制项目的定价机制[J].管理科学学报,2011,14(8):86-96.

[103] 宋波,徐飞.基于多目标群决策迭代算法的PPP项目合作伙伴选择[J].系统管理学报,2011,20(6):690-695.

[104] 孙玉玲,石岿然,张琳.库存能力约束下损失规避型零售商的鲜活农产品订货决策[J].系统工程理论与实践,2013,33(12):3020-3027.

[105] 谭志加,杨海,陈琼.收费公路项目Pareto有效BOT合同

与政府补贴[J].管理科学学报,2013,16(3):10-20.

[106] 汤薇,陈森发,仇向洋.城市轨道交通周边土地估价[J].系统管理学报,2007,16(2):185-188.

[107] 汤薇,陈森发,仇向洋.城市轨道交通周边土地估价[J].系统管理学报,2007,16(2):185-188.

[108] 田厚平,刘长贤,吴萍.非对称信息下参与人不同风险偏好组合的委托代理问题[J].管理工程学报,2007,21(3):24-28.

[109] 仝允桓.城市快速交通线项目的最优票价与政府补偿[J].系统工程理论与实践,2001,(4):88-91.

[110] 万东君,王要武.基础设施PPP融资模式及其在小城镇的应用[J].土木工程学报,2006,(6):115-119.

[111] 王刚,庄焰.地铁项目融资模式研究[J].深圳大学学报(理工版),2006,(3):217-222.

[112] 王健,安实,赵泽斌.基于财政补贴的拥挤定价下公交收费策略研究[J].管理工程学报,2006,(2):84-89.

[113] 王健,庄新田.基于过度自信的资本市场委托代理关系[J].系统管理学报,2008,17(2):189-195.

[114] 王勇,张斌.项目管理知识体系指南(PMBO指南)第4版[M].北京:电子工业出版社,2009.

[115] 吴孝灵,周晶,洪巍.基于有效运营期的BOT项目特许权期决策模型[J].系统工程学报,2011,26(3):373-378.

[116] 吴孝灵,周晶,彭以忱,等.基于公私博弈的PPP项目政府补偿机制研究[J].中国管理科学,2013,21:198-204.

[117] 吴孝灵,周晶,王冀宁,等.BOT项目投资与特许权期的二维招标合同设计[J].管理工程学报,2012,26(3):191-196.

[118] 吴孝灵,周晶,王冀宁,等.基于CAPM的BOT项目"有限追索权"融资决策模型[J].管理工程学报,2012,26(2):175-183.

[119] 吴孝灵,周晶,俞潇阳.基于总包商施工效率的BOT项目工期激励合同研究[J].科技进步与对策,2011,28(13):75-80.

[120] 吴孝灵,周晶,王冀宁,等.依赖特许收益的PPP项目补偿契约激励性与有效性[J].中国工程科学(中国工程院院刊),2014,16(10):77-83.

[121] 吴孝灵,周晶,王冀宁.基于参与约束的BOT融资实施风险研究[J].预测,2011,30(6):63-68.

[122] 吴孝灵,周晶,朱振涛,等.BOT项目的风险补偿分配研究—CAPM方法[J].中国管理科学,2010,18(zk):153-158.

[123] 徐玉发,刘哲睿,王海娟.信息不对称下具有过度自信零售商的供应链激励契约研究[J].运筹与管理,2014,23(3):113-118.

[124] 闫森,郭瑜桥.基于不确定风险偏好的代理人激励机制[J].科技管理研究,2011,(3):136-137.

[125] 杨帆,杨琦,张珺,等.公共交通定价与最优政府补偿模型[J].交通运输工程学报,2010,10(2):110-115.

[126] 余后强,李玲.Markowitz模型的遗传算法求解与实证研究[J].湖北科技学院学报,2013,33(6):17-20.

[127] 袁竞峰,王帆,李启明,邓小鹏.基础设施PPP项目的VfM评估方法研究及应用[J].现代管理科学,2012,(1):27-30.

[128] 袁永博,叶公伟,张明媛.基础设施PPP模式融资结构优化研究[J].技术经济与管理,2011,(3):91-95.

[129] 张克勇,吴燕,侯世旺.具公平关切零售商的闭环供应链差别定价策略研究[J].中国管理科学,2014,22(3):51-58.

[130] 张茂军,秦学志,南江霞.损失厌恶下带有风险约束的委托投资组合模型[J].系统工程学报,2012,27(4):514-519.

[131] 张维迎.博弈论与信息经济学[M].上海:上海人民出版社,1996.

[132] 张喆,贾明.PPPs合作中控制权配置实验[J].系统管理学报,2012,21(2):166-179.

[133] 张征争,黄登仕.不同风险偏好的过度自信代理人薪酬合同设计[J].管理工程学报.2009,23(2):104-110.

[134] 赵道致,吕昕.随机需求下基于供应商过度自信的VMI模

型[J].系统工程学报,2011,29(8):1-7.

[135] 赵立力,卜祥智,谭德庆.基础设施BOT电厂项目中的政府购买保证研究[J].管理工程学报,2008,22(1):45-48.

[136] 赵立力,卜祥智,谭德庆.基础设施BOT项目中的两种政府保证研究[J].系统工程学报,2009,24(2):190-197.

[137] 郑昌勇,张星.PPP项目利益相关者管理探究[J].项目管理技术,2009,7(12):39-43.

[138] 庄新田,王健.基于过度自信和监督机制的动态激励契约研究[J].系统工程学报,2010,25(5):642-650.

后　记

　　世纪之初,出于对科学研究的向往和追求,我告别了六年的高中教师生涯,进入南京航空航天大学攻读应用数学专业硕士学位。经过硕士论文的一番学术训练和导师的精心指导,我真心地感受到数学理论研究的重要及其应用价值。也许是急于对数学理论的应用,我硕士毕业后就报考了南京大学管理科学与工程专业的博士研究生,并且有幸成为周晶教授的一名博士生。在攻读博士学位期间,周老师正主持一项国家自然科学基金重点项目《基于复杂性分析的大型工程建设综合集成管理:理论、方法与应用》(项目编号:70831002),她结合我的数学研究基础要求我应用运筹学中的决策论和博弈论来研究大型工程的组织协调问题,从而开始把我从应用数学领域带到管理学领域。这种跨领域的学习开拓了我的

后 记

学术视野,点燃了我的科研激情,但学科跨度较大又会常常让我对科研选题充满了迷茫和彷徨。就是在这样的情境下,我利用了一年多的时间对经济学、管理学、金融学、投资学、运筹学、博弈论和系统论等不同学科进行交叉学习和反复思考,最终围绕大型工程的组织协调问题,将博士论文选题为《基于博弈模型的 BOT 项目利益相关者利益协调机制研究》,并取得了一定的成果。

本书可以说是我博士论文的延续,同时也是我博士后工作的成果。我的博士论文主要是以大型工程 BOT(Build-Operate-Transfer)融资模式为背景,运用系统论的分析方法探讨 BOT 项目实施过程中可能存在的一些利益冲突问题,并构建相应的博弈模型来刻画 BOT 项目利益相关者之间存在的冲突,进而通过模型求解和均衡分析来研究解决冲突的利益协调机制。博士论文的研究成果已有部分内容发表在《管理工程学报》《系统工程学报》《科技进步与对策》等重要的学术期刊上,同时也有部分内容已通过著作《大型工程复杂性管理:组织、文化与决策》公开出版。这些研究成果奠定了我对工程项目管理研究的信心,并激励着我对该领域继续做些学术上的探索。于是,博士研究生毕业后,我又在南京大学从事博士后研究工作,主要是在博士论文的基础上再做进一步的研究,研究成果通过适当的汇集和整理即形成本书内容。

我的博士后研究工作主要关注近年来在大型基础设施工程领域被政府大力推广使用的 PPP(Public-Private-Partnership)融资模式,针对 PPP 项目收益的高风险性,提出了政府补偿的契约问题,并将私人投资者在风险环境下所表现出的各种不完全理性行为引入 PPP 项目投资决策与政府补偿对策研究中。博士后研究工作取得的成果主要发表和录用在《中国工程院院刊》《中国管理科学》《系统管理学报》《运筹与管理》《Discrete Dynamics in Nature and Society》《China Finance Review International》《Sustainability》等重要期刊上。本书正是我博士后研究成果的总结,也是我博士后研究工作报告的拓展和完善。

以上所有成果的出版和发表都需要特别感谢中国博士后科学基金面上项目《兼顾效率与公平的 PPP 项目政府补偿机制研究》(项目编号:2012M521053)、江苏省高校哲学社会科学研究基金项目《PPP 项目契约合作对策研究》(项目编号:2012SJB630029),江苏省普通高校研究生科研创新计划资助项目《大型工程 BOT 融资模式及其应用研究》(项目编号:CX10B_020R),国家自然科学基金面上项目《互联网环境下考虑内生信息的邻避集群行为演化机理研究》(项目编号:71571099)给予的资助,以及相关评审专家和审稿专家给予的富有较高价值的评审修改意见。

以上所有成果的取得更离不开我尊敬的导师周晶教授给予的指导和帮助。多年来,周老师不仅在学习和科研方面对我谆谆教导,而且在生活上也给予我热情的关怀。这一直都激励着我能够在从事科学研究的过程中攻坚克难,积极完成各种课题研究工作。恩师的言传身教向我诠释了何谓学者、何谓师者。她那为人正直、勤勉和宽厚的品格一直都在感染着我;她对专业的热爱和对工作

后 记

的执着一直都在激励着我。恩师的一言一行无不让人起敬。值此本书完稿之际,我要向恩师致以最诚挚而深切的感谢!

本书的顺利完成还应归功于南京大学工程管理学院各位老师以及课题组成员的大力支持和帮助,感谢他们一直为我博士和博士后工作所付出的辛勤劳动。衷心感谢盛昭瀚教授在科研方面的引领,盛老师作为业内德高望重的前辈,对年轻人不吝援手、循循善诱,为我们的科研筑巢铺路、指明方向。感谢学院李心丹教授、沈厚才教授、周献中教授、肖条军教授等为我们科研工作提供的诸多教导和帮助,并为我们创造较好的科研氛围。感谢课题组的程书萍副教授、徐薇副教授、徐红利副教授、李迁副教授等,他们为我的课题研究工作提出了许多宝贵的建议。感谢院办的陶莉莉、李晓智、唐迪明、徐爱萍等老师,他们为我科研工作提供了诸多便利。与此同时,我也要感谢南京财经大学会计学院的同事们,是他们让我拥有一个良好的工作环境,让我能够有充沛的精力和愉悦的心情完成本书的统稿、初稿、定稿等相关工作。

此外,我还要向一直支持我的家人表示深深的感谢。感谢我的爱人曹银娥女士,她的理解、包容和分担给了我工作的自由和家庭的温暖,使我度过了生活和工作中的道道难关。感谢宝贝儿子,他的童言无忌总是给我科研工作带来了兴奋剂,使我感到科研工作的乐趣。感谢远在家乡的父母和亲人,我选择了去哪里,他们的心就跟到了哪里,他们永远是我的坚强后盾,使我在任何时候都能昂首挺胸、迈步向前。

总之，我要将本书献给我亲爱的老师、同学、家人和朋友，以表达我对他们的深深谢意！

吴孝灵

2017年5月于南大陶园21舍